DESCRIPTIONS ET THÉORIES DE LA LANGUE FRANÇAISE
sous la direction de Bernard Colombat et Jean-Marie Fournier
8

Série *Remarques et observations sur la langue française*
dirigée par Wendy Ayres-Bennett
4

Les Remarques sur la langue francoise

Jean de Wapy

Les Remarques sur la langue francoise

Édition critique par Douglas A. Kibbee

PARIS
CLASSIQUES GARNIER
2025

Douglas A. Kibbee, professeur émérite à l'université de l'Illinois à Urbana-Champaign est l'auteur notamment de *Language and the Law » Linguistic Inequality in America* (Cambridge, 2016), coauteur de *French : A Linguistic Introduction* (Cambridge, 2006) et coéditeur, avec Marcus Keller, de la *Liberté de la langue françoise dans sa pureté* de Scipion Dupleix (Paris, 2018).

ISBN 978-2-406-18607-6 (livre broché)
ISBN 978-2-406-18646-5 (livre relié)
ISSN 2275-9115

INTRODUCTION

LA NAISSANCE D'UN GENRE

Comment se crée une langue standard ? Dans le cas de la langue française, à la fin des années 1620, un groupe de littéraires[1] se réunissait chez Valentin Conrart pour discuter et disputer des questions de langue. Ils ne cherchaient pas à écrire une grammaire ; ils s'adressaient plutôt aux limites de l'usage, aux cas douteux. Mais puisqu'« [i]ls avoient arresté de n'en parler à personne » (Pellisson 1672 : 7), leurs décisions restaient inconnues du grand public. La publication des remarques sur la langue française dévoilait les secrets du bon usage.

Le premier remarqueur à contester l'interdiction fut Jean Wapy : « il ne nous reste plus qu'un petit souhait à faire : à sçavoir que ces Messieurs ne cachassent plus au public les remarques qu'ils y observent » (1634 : 5), un sentiment confirmé par Sorel (1664 : 11) :

> On a passé beaucoup de temps à parler de la pureté de la Langue Françoise, sans que personne osast se presenter pour en écrire ouvertement. On sçavoit que M. de Malherbe en avoit donné quelques regles, que ses Disciples avoient augmentées, mais cela estoit gardé secrettement dans une espece de Cabale où le vulgaire avoit peine à penetrer.

Sorel attribua la première publication de ces décisions à Vaugelas, mais avant ce célèbre grammairien un imprimeur de Verdun s'y lança :

> Je ne veux nullement entrer en un si glorieux sentiment de mon esprit ou de ma suffisance, que de me faire accroire d'avoir plus heureusement penetré dans

1 Selon Pellisson (1672 : 6), au début ils étaient huit : Antoine Godeau (1605-1672), Jean Ogier de Gombauld (1576-1666), Valentin Conrart (1603-1675), Louis Giry (1596-1665), Philippe Habert (1604-1637), Jacques de Serizay (1594 ?-1653), Claude Malleville (1597-1647), Germain Habert de Cerisy (1615-1654).

> ces secrets qu'une infinité d'habiles hommes, qui les estiment de fort difficile quête : Mais aussi je ne tremperay jamais dans le blâme d'estre si jalousement amoureux des fruits de mon travail, que je veuille prendre tout seul mon contentement à les idolatrer, sans en donner la veuë à ceux qui penseroient y pouvoir prendre avec satisfaction une avantageuse part. Comme je profite volontiers de l'acquis des honnêtes gens aussi ne suis-je point chiche à mes amys du fruit de mes plus curieuses études. (Wapy 1634 : 8-9).

Des discussions privées des salons est né le genre « remarques et observations de la langue française ».

LES CARACTÉRISTIQUES DU GENRE « REMARQUES SUR LA LANGUE FRANÇAISE[2] »

C'est un genre caractérisé par son format, son contenu, son public et son idéologie. Les remarques traitent les cas douteux qui constituent le bon usage, l'usage qui distingue les « bien-disans », ceux qui parlent « à la mode et selon l'air du temps », comme annonce le titre des remarques de Wapy.

Le format

Le format est « un recueil de remarques détachées, qui s'enchainent pêle-mêle, sans lien apparent » (Ayres-Bennett et Seijido 2011 : 43), plutôt que l'organisation par parties du discours typique des grammaires. Il faut noter que ce format est variable : plusieurs remarqueurs (Vaugelas, dans son manuscrit (1637 (?), Dupleix (1651), Alemand (1688), et Andry de Boisregard (1692, 1693)) rangent leurs commentaires par ordre alphabétique, et Bouhours (1674) par catégories (mots, phrases, constructions, netteté du langage, exactitude du style). L'ouvrage de Wapy a un format hybride, chacune des quatre parties organisées d'une façon différente. La première partie (p. 1-63) est constituée de quinze remarques détachées ; la seconde (p. 63-122), présentée en parties du discours ; la troisième (p. 123-142), des remarques concernant les prépositions, par ordre alphabétique ; la quatrième (p. 143-169), des exemples de « liaisons » (conjonctions et expressions conjonctives), organisés de deux façons : par ordre alphabétique, et ensuite par leur emploi au début, au milieu, et à la fin d'un discours.

---

2 Nous reprenons les éléments qui constituent ce genre de l'étude magistrale d'Ayres-Bennett et Seijido (2011 : 42-47).

Le contenu

Si l'organisation est variée, le contenu est semblable à celui des autres remarqueurs. Dans chaque partie[3] Wapy n'a pas l'intention de fournir tous les détails de chaque partie du discours ; il se contente de chercher les faits de langue qui constituent la grâce, la gentillesse, la douceur, et l'élégance du français[4], ce qui distingue le bon usage du mauvais, les traits essentiels de l'entregent.

Dans le texte de Wapy, la première partie comprend quinze remarques ; la deuxième partie, même si organisée par parties du discours, est encore une série de faits de langue, non pas une grammaire complète : ce sont encore des remarques et observations. Pareillement, la troisième partie, qui traite les prépositions par ordre alphabétique, ne prétend pas à l'exhaustivité. Wapy décrit plutôt comment les prépositions les plus communes, par la diversité de leurs significations, « contribuent …à l'élegance et à la richesse de la langue françoise » (1634 : 124).

Le public

Le remarqueur s'adresse aux « honnêtes gens » « partout ou l'on parle françois », d'une manière agréable, sans le pédantisme des grammaires. L'exhaustivité des grammaires risque d'ennuyer le lecteur : « Mais comme il y auroit beaucoup à dire sur chacune d'elles [les "petits mots" – conjonctions, prepositions, interjections] pour celuy qui auroit entrepris de faire une grammaire françoise, nous renvoyrons cela dans l'école, & dirons seulement, pour couper court, ce qui fait à nôtre dessein, & qui regarde la grace des plus petits mots françois » (1634 : 64). De la même façon, il dédaigne de fournir des listes d'adverbes de chaque catégorie afin d'« éviter les trop ennuyeuses longueurs » (1634 : 91) et des listes d'enclitiques : « Ceux qui auront plus de loisir que moy, en feront recueil à leur aise » (1634 : 122).

Le métalangage de Wapy reflète cette approche : il se limite aux termes grammaticaux de base (parties du discours, temps du verbe) et deux

3 Nous excluons la quatrième partie, qui n'a que des exemples de l'emploi des expressions conjonctives.

4 Voir ci-dessous (p. 33-36) comment Wapy utilise ces termes (grâce, gentillesse, douceur, élégance).

termes d'origine grecque : *solécisme* (1634 : 62) et *enclitique* (1634 : 121, 134). Wapy regroupe les petits mots sous un terme non-technique, *parcelle* (*y* et *en* (1634 : 85) ; *ce* (1634 : 93) ; toutes les prépositions (1634 : 108)).

L'idéologie

Les remarqueurs définissent le bon usage selon des critères plutôt sociaux, la classe sociale des « plus avenans de la cour » (1634 : 2) et géographiques. Le point de départ de Wapy, comme des autres remarqueurs, est la notion qu'il y a un bon et un mauvais usage. Des expressions prescriptives reflètent cette perspective : « il faut dire » « une lourde faute », « un grand deffaut[5] ». L'opposé est ce qui est reçu, ou recevable par les « Maistres passés en l'artifice de bien dire » (1634 : 3). Ce jugement dépend du milieu social et du clivage entre Paris et les provinces. Parfois il s'agit de la prétention des faux savants : « ils vous font des ramas de paroles bruyantes, étrangeres, et non receuës, pour acquerir à faux tiltre parmy l'ignorante populace l'opinion d'hommes relevés en sçavoir, ou profons en doctrine » (1634 : 13-14). Parfois, les régionalismes sont condamnés comme « des façons de parler non receuës[6] ».

LA DATE DE NAISSANCE DU GENRE

Les préoccupations grammaticales, lexicales et stylistiques captées par Wapy dans cet ouvrage animaient les débats de langue dans le premier XVIIe siècle. Ses *Remarques* manifestent les caractéristiques qui définissent le genre « remarques et observations sur la langue française », le format, le contenu, le public visé et l'idéologie. Le genre est né donc au plus tard en 1634, non pas en 1647, et à Verdun, non pas à Paris. Ces remarques reflètent bien les préoccupations grammaticales et stylistiques de l'époque, une époque où les querelles de langue étaient nombreuses

---

5 Par exemple, en ce qui concerne l'ordre du substantif et de l'adjectif, « il faut donc dire pour parler correctement » (1634 : 54) et l'antéposition de l'adjectif de couleur, « une lourde faute » (1634 : 49) et la postposition des possessifs, « une faute de ces quartiers du Lyonnais » (« *la patience nôtre* » (1634 : 57)).

6 « La dizieme est d'eviter les façons de parler non receuës, comme seroit celle-cy, *nous deux luy*, pour dire *luy, & moy*, avec tant d'autres qu'on employe aux confins de la France, en Savoye, en Lorraine, au Liege, & aux quartiers des pays bas, ou la langue VValonne à plus de vogue » (1634 : 41-42).

et la langue standard se créait, à l'aide de l'Académie Française, fondée en 1635, un an après la publication de ce texte.

Pourtant, *Les Remarques sur la langue françoise. Pour parler à la Mode et selon l'air du Temps* s'est perdu de vue pendant plusieurs siècles. Son auteur, Jean (de) Wapy est, lui aussi, tombé dans l'oubli. Pourquoi ?

Cet ouvrage fut presque inconnu à l'époque et ne semble pas avoir influencé l'évolution ultérieure de ce genre de commentaire lexical et grammatical. Les *Remarques* de Jean Wapy furent victimes de la Guerre de Trente Ans, des conflits entre Verdun et la monarchie, et de la peste. À une époque marquée par la centralisation du pouvoir royal, l'origine provinciale contribua à son invisibilité. Le texte fut imprimé à Pont-à-Mousson, probablement destiné aux étudiants de l'université jésuite de cette ville[7]. Cette université fut affligée de la peste au milieu des années 1630 et envahie par l'armée du cardinal de la Valette en 1635 : le nombre d'étudiants se réduisit de 1500 à 150 (Favier 1878 : 11 ; aussi Carayon 1970 : 512), avant de fermer les portes pendant une dizaine d'années. La peste frappait également à Verdun, et la ville était au milieu des conflits de la Guerre de Trente Ans.

Même si le texte de Wapy n'a pas influencé les remarqueurs qui le suivaient, ses *Remarques* nous obligent à repousser l'histoire de ce genre au moins à 1634, et probablement à la fin des années 1620 (si Wapy est, en fait, mort en 1631)[8].

7 L'Université de Pont-à-Mousson, par les efforts de Charles, cardinal de Lorraine et le duc de Lorraine Charles III, ouvrit les portes le 27 octobre 1574 (O'Keefe 1998 : 427) et s'établit rapidement comme une des meilleures de la région francophone, attirant des élèves de la plus haute noblesse. À la rentrée en octobre 1575 l'Université reçut 323 élèves (Carayon 1870 : 91). Louis Wapy (1587-1638), frère de Jean, enseigna à l'université dans les années 1622-1628 et 1633-1636 (O'Keefe 1998 : 438).

8 Il se peut que Vaugelas eût déjà rassemblé, fin des années 1620-début des années 1630, ses remarques, mais il ne les a exposées à l'Académie que dans son manuscrit de 1637. Pour l'évolution du manuscrit, voir l'édition d'Ayres-Bennett (2018 : 17-22). Pour l'histoire du genre à partir de la publication des *Remarques* de Vaugelas, en 1647, consulter Ayres-Bennett et Seijido (2011).

LE CONTEXTE SOCIAL

Verdun, situé à la frontière de l'Empire et du Royaume de France, et à la frontière entre le protestantisme et l'église catholique, avaient besoin de fins négociateurs, un rôle souvent confié à Jean Wapy. Verdun était un des trois évêchés (avec Toul et Metz), qui, depuis le traité de Chambord (1552), étaient sous la souveraineté du Saint-Empire mais protégées par le roi de France. Les évêques tenaient à maintenir leur souveraineté, et les droits de lever des impôts, battre monnaie, et rendre justice. Les Verdunois comptaient garder les libertés et privilèges accordées par leur statut dans l'Empire, tout en refusant de financer la guerre contre le Turc[9], et en profitant de la présence militaire du roi de France.

Tandis que les trois évêchés poursuivaient des alliances avec le pape et l'Empire, la France cherchait depuis Chambord à intégrer cette région dans le royaume[10]. En 1601 Henri IV demanda aux Verdunois de lui prêter serment de fidélité, ce qu'ils refusaient de faire à moins que ce serment ne fasse « préjudice à nos droits, juridictions, franchises et libertés » (Petitot-Bellavène 1891 : 231). La bourgeoisie soutenait plutôt cette affirmation, mais l'évêque a résisté au transfert de son pouvoir au gouverneur du roi. En 1611, lorsque la confrérie des arquebusiers de Verdun défilait sous l'enseigne de l'Aigle impérial, le gouverneur français protesta vivement mais sans effet (Schwindt 2012 : 178).

Le conseil de la ville avait la charge de construire et maintenir les fortifications[11] et de protester contre les dégâts commis par les soldats du roi[12]. Le conseil devait également réglementer certains aspects de

9 Notons, par exemple, la réponse du conseil, Wapy présent, aux demandes de l'Empire (24 novembre 1603) : « Messieurs ont receu ung mandement imperial donné à Spire le vingt troisiesme septembre dernier, portant que ceste cité a esté cottisée en la diette derniere par les estatz de l'empire à grande somme par chacun mois pour fournir à la guerre contre le Turc, avec injonction d'y satisfaire, à peine de privation des privileges et droict de regale du St. Empire » (Bibliothèque nationale, Nouvelles acquisitions françaises 3361).

10 Vignal-Souleyreau (2004 : 2021) trace l'histoire des démarches diplomatiques concernant la justice épiscopale.

11 Wapy était un des négociateurs entre la ville et l'armée du roi.

12 Par exemple, cette commission confiée à Wapy : « Premier octobre 1624 Le Sieur Wapy retourné de Nancy a faict veoir lettres de monseigneur de Vandemour, avec rapport verbal de ce que le dict Seigneur lui auroit dict. Surquoy messieurs ont commis les Sieurs negociateurs

la vie quotidienne de la ville, par exemple, les précautions à prendre contre la peste. Wapy, dans son rôle dans le conseil, a souvent participé aux négociations pour protéger les droits de l'évêque, d'abord Charles de Lorraine, et ensuite son frère François de Lorraine. Le roi contestait ces droits et cherchait à imposer son autorité sur la ville[13].

En 1603, Henri IV créa le poste de procureur du roi à Verdun, menaçant les droits de la justice[14] de l'évêque et accentuant les clivages entre la bourgeoisie, l'évêque, le diocèse[15] et la noblesse. Henri IV et puis Louis XIII, au cours d'une vingtaine d'années, cherchaient à étendre les pouvoirs du roi à Verdun et dans le Verdunois. Dans les années 1620, la Guerre de Trente Ans fit évoluer la situation. Les ravages de l'armée protestante d'Ernst von Mansfeld (1622) mirent en danger la frontière de la France, et la ville de Verdun. La ville était obligée d'accepter, toujours à regret, la présence de soldats français et de construire de nouvelles fortifications, entraînant de lourdes dépenses et la destruction de certains quartiers. Le 13 novembre 1624 le roi dépêcha à Verdun un conseiller d'état, Cardin Le Bret, pour imposer l'autorité du procureur[16]. Le 4 juin 1625 Le Bret « rétablit la liberté du commerce du sel, habilite le procureur du roi à juger en dernier ressort les petites affaires civiles et en appel, au nom du président de Metz et décrète que la police générale de la ville (salubrité, logement et subsistance des troupes) relèvera conjointement du gouverneur et du Magistrat » (Girardot 1982 : 142-144).

Le 26 décembre 1626, François émit un monitoire contre les officiers du roi qui s'emparaient des biens de l'évêque. La réponse fut immédiate. Le premier janvier 1627, le procureur du roi fit déchirer les lettres affichées.

---

et Wapy pour délivrer à monsieur de Sezonne lettres de monseigneur de Vaudemont qu'il luy escript, ensuitte luy faire plaincte des insolences que commettent les soldatz de cette garnison, notamment d'une querelle arrivée la nuict derniere » (*Conclusions du Conseil de la Cité de Verdun*, Bibliothèque nationale de France, Nouvelles Acquisitions Françaises 3361).

13 Roussel (1863-1864 [1745], tome 2) décrit en détail, du point de vue de l'église, les disputes entre les évêques de Verdun et le roi.

14 À qui devait-on faire appel, au procureur ou à l'évêque ? Voir, par exemple, la plainte du conseil du 31 août 1624 : « Charge aux Sieurs negociateurs de se porter appellans de la sentence rendue le 27 de ce mois par messieurs de la justice contre Paul Maupassant... ». La compétence est contestée entre les négociateurs du Conseil et le procureur.

15 Pour la distinction entre les pouvoirs de l'évêché et du diocèse (le chapitre) voir Schwindt (2012 : 170-171).

16 Voir les lettres de commission de Louis XIII, Archives nationales Trésor des chartes, Série J 789. Cardin Le Bret théorisa ses idées sur la souveraineté indivisible de la monarchie dans son traité *De la souveraineté du roy* (1632). Voir Vignal-Souleyreau (2004 : 124-127).

Le 2 janvier François excommunia le procureur et ses officiers. Le président de Metz arriva à Verdun le 8 février, déclara l'excommunication nulle, fit brûler la lettre d'excommunication de François, et condamna ce dernier à une amende de dix mille francs. Une dernière tentative de garder l'indépendance de la justice municipale de celle du roi échoua le mois suivant, en dépit des efforts de Wapy :

> Premier mars, 1627 Messieurs prenans déliberation sur l'advis donné de la part de Monsieur de Marillac, au rapport du Sieur Vapy deputé en cour, à ce d'envoyer en cour députez de leur part pour solliciter la confirmation du Roy des anciens droictz et privileges de ceste cité et du magistrat d'icelle, offrant le dict Seigneur d'y emplorer ses faveurs et assistances, messieurs ont jugé necessaire et expedieux de faire ceste poursuitte et s'en communiquer avec monsieur le président, pour quoy faire sont commis les Sieurs negociateurs. (*Conclusions du conseil de la Cité de Verdun*)

Après cet échec, François s'enfuit, et les conseillers qui le soutenaient furent renvoyés, dont Jean Wapy. Le bailliage de Verdun, créé en 1641, mit fin à ces questions d'autorité.

LE CONTEXTE LINGUISTIQUE

Dans les premières décennies du XVIIe siècle la langue française n'a pas de standard. Le premier dictionnaire (plus ou moins) monolingue, celui de Nicot, ne date que de 1606. Aucune grammaire du XVIe siècle ne fit autorité. Le français variait énormément, selon les régions et les couches sociales, même parmi les auteurs les plus renommés.

Pourtant, le français préclassique commence à se stabiliser avec la centralisation du pouvoir royal et avec la culture de la cour. Plusieurs éléments contribuent à cette centralisation : les réformes de la justice depuis la fin de la Guerre de Cent Ans (l'édit de Montil-les-Tours, 1454) jusqu'aux Codes de Louis XIV (1667, 1670), l'expansion de la noblesse de robe, en partie par la vénalité des offices, et l'expansion de la bureaucratie royale. Cette centralisation de l'administration renforce la culture de la cour, ce qui entraîne la conformité aux modes des courtisans, y compris la conformité linguistique.

Les grammaires de Maupas (1607, 1618) et d'Oudin (1632, 1640) ainsi que les réunions de l'Académie Française, à partir de 1635, reflètent ces changements politiques et sociaux. Les *Remarques* de Wapy se situaient au beau milieu de ces discussions, qui constituent les paramètres d'un chronolecte, pour reprendre le terme de Philippe Caron (2002 ; voir aussi Ayres-Bennett et Caron 2016).

DES COMMENTAIRES[17] SUR LA LANGUE AUX REMARQUES[18]

Les grammaires de l'époque furent organisées par parties du discours, présentant la morphologie et la syntaxe de la langue. Les commentaires sur la langue notèrent divers faits de langue pour expliquer un texte, un texte qui faisait autorité, pour un public estudiantin ou général. Ils servent par la suite à raffiner la langue du lecteur. Dans le genre des remarques, comme dans les *Remarques* de Wapy, les commentaires sont libérés du texte. Le but de la perfection de la langue se substitua à la compréhension du texte original.

Au cours de la Renaissance italienne, Valla (1480 [1440]) ajouta cinq cents commentaires sur les textes de Cicéron, insérant parmi les remarques littéraires des commentaires sur la langue, tels la distinction de synonymes, l'accord et l'usage. Agostino Dati, professeur à Sienne et chancelier de la République, adressa son *Elegantiolae* (1470) aux jeunes ambitieux (voir Warner 2012). Il cita une vingtaine d'auteurs latins pour démontrer ce qui distingue le courtier qui parle et écrit bien. Les faits de langue commentés furent souvent les mêmes que les remarqueurs français reprendraient au XVIIe siècle : la répétition[19], l'accord[20],

17 Céard (1981 : 102) fournit une liste des termes employés dans la tradition latine de la Renaissance : *commentarii*, *interpretatio*, *expositio*, *explanatio*, *castigatio*, *glosa*, *scholium*, *annotatio*, *observatio*, *animadversio*, *exercitatio*, *nota*.

18 Pour une discussion sur la transformation du genre « commentaires » à celui des « remarques », voir Kibbee 2018.

19 Pour un résumé des remarques sur la répétition chez Vaugelas, et la réponse de Dupleix, voir l'introduction à l'édition de Dupleix (2018 [1651]) : 156-165).

20 Par exemple, la remarque de Vaugelas : « Un adjectif avec deux substantifs de different genre » (1647 : 82-85).

la substitution d'une préposition à une autre[21], la critique de la langue des juristes[22], parmi d'autres.

Au XVIe siècle, Bembo (1525), Gabriele (1529) et Daniello (1568) passèrent à la critique de la langue vernaculaire, surtout de la langue de Dante et de Pétrarque, afin d'établir une langue standard. La France n'ayant pas de texte autoritaire comme Dante, les premiers commentaires de la tradition française furent rattachés aux textes, comme, par exemple, les « remarques » de Marc-Antoine Muret sur les *Amours* de Ronsard (1553), et ceux de François de Malherbe sur la poésie de Philippe Desportes au début du XVIIe siècle. Muret s'intéressa principalement à l'explication de la poésie ronsardienne. Dans ses commentaires linguistiques, il s'agit de questions de lexique : la distinction de synonymes ou paronymes, les néologismes, les archaïsmes, les emprunts, et les mots techniques.

Malherbe lui aussi rattacha ses commentaires à un texte, la poésie de Philippe Desportes, un poète bien apprécié à la cour. Mais plutôt qu'une activité d'exégèse, c'est une « activité de censure », comme le note Mathieu-Castellani (1984 : 354). Malherbe orienta ses commentaires à la clarté, reprochant à Desportes des excès poétiques qui obscurcissent la transmission du message. La langue poétique doit obéir aux mêmes règles que celles de l'« éloquence efficace » (Mathieu-Castellani 1984 : 356)[23].

Jean de Chabanel était poète[24], traducteur[25], maître d'école et curé de l'église de la Daurade à Toulouse. Dans son *Élégance*, Chabanel cita Valla et Bembo comme modèles du genre de commentaires, mais il ne se limita pas à un seul auteur. Plutôt, il tira ses exemples d'une vingtaine d'auteurs du XVe et du XVIe siècle. Ses remarques ne

---

21 Chabanel consacra presqu'une centaine de pages à l'usage des prépositions (1612 : 28-124), Wapy une vingtaine de pages (1634 : 123-142)

22 La langue du palais était pourtant célébrée au XVIe siècle (Geoffroy Tory, Abel Mathieu, Pierre de la Ramée (Payen 1939 : 128-130)), même si Agrippa d'Aubigné traitait ce vocabulaire de « puants vocables » (Payen 1939 : 124-125). Quand la langue de la Cour devint l'idéale, les remarqueurs rejetèrent la langue du palais. Vaugelas condamna *submission* comme un « terme de palais » (1647 : 25).

23 Voir aussi Sancier-Château 2004 qui trace les liens entre le *Traité sur l'éloquence françoise* (1595) de Du Vair et la recherche de la netteté chez Malherbe.

24 Selon Du Mège (1858 : LXXV) Chabanel remporta plusieurs prix aux Jeux Floraux pour ses chants royaux.

25 Par exemple, sa traduction du *Traicté de la confession et communion* de Louis de Grenade (1601).

sont pas un commentaire sur un texte, mais un commentaire sur la langue, organisé en parties du discours, et focalisé sur l'article, les prépositions et la conjugaison des verbes. Comme Malherbe, il rejeta l'extravagance, la « bragardise » (1612 : 3) en faveur du « droit usage » (1612 : 6) des parties du discours afin de donner aux oraisons « efficace & vertu » (1612 : 4).

Wapy constitue la prochaine étape dans l'évolution du genre : des remarques décousues, libérées du texte littéraire même si basées sur l'analyse de textes et de traductions. Si le format varie d'une partie à l'autre, le contenu, le public visé, et l'idéologie correspondent aux caractéristiques typiques du genre remarques au XVIIe siècle (voir ci-dessus, p. 8-10).

BIOGRAPHIE

Jean Wapy était bien connu de son vivant, au moins à Verdun, mais il reste mystérieux pour le lecteur moderne. Nous ne connaissons pas les dates de sa naissance ni de sa mort, ni comment écrire son nom. Les notices bibliographiques de la Lorraine mettent sa naissance autour de 1560 et sa mort ca. 1631[26]. Un livre publié en 1631 fait mention du « feu le sieur Iean de Waipy[27] ». Si cette date est exacte, l'ouvrage que nous considérons est posthume et composé encore plus en avance des *Remarques* de Vaugelas.

Quant à son nom, dans les documents de l'époque, son nom s'écrit de plusieurs façons : Wapy, Waipy, Wappy, Wepy, Vepy, Vuepy. Wapy s'attribue parfois le particule (Jean de Wapy), mais uniquement dans les œuvres qu'il a composées, non pas dans les œuvres qu'il a imprimées. Il réclamait les privilèges de la noblesse, notamment l'exemption de la taille, l'exemption de l'obligation de loger des soldats, et le droit de servir au conseil municipal de Verdun. Dans la lettre à l'évêque de son

26 Ronsin mettrait la date de sa mort à 1637 (1975 : 55), citant Petitot-Bellavène, mais le Wapy mort en 1637 selon ce dernier fut François Wapy (1891 : 605).

27 *Le bref usage de l'Arithmétique par la plume & les jettons, tiré de quelques Ecrits portant questions d'Arithmétique, laissé par feu le Sieur de Waipy, &c* à Verdun, chez Loüis le Géant 1631.

Addresse (1625), il remercie l'évêque, ou plutôt un évêque antérieur, qui introduisit son père[28] dans la magistrature[29].

La première mention de Wapy à notre connaissance est dans les registres de l'église Saint-Pierre-l'Angelé (21 mars 1578)[30]. L'évêque de Verdun lui a accordé un privilège d'imprimer en 1592[31]. La même année, paraît-il, un jeu de caractères qu'il avait commandé fut saisi par les soldats du Comte de Brienne, peut-être sous prétexte que Wapy imprimait des textes de l'église réformée, une fausse accusation. En 1598 un rapport au conseil de la ville de Verdun confirma le lignage de Jean et de Louis Wapy, son frère[32]. Comme descendants de la famille Estouff ils avaient le droit de postuler pour des postes de magistrat et de conseiller de la ville, ce que Jean Wapy fit en 1600, prenant le siège de son beau-père, Claude Senocq.

Il participait activement à la vie politique de Verdun. Chaque année le conseil de la ville nomma trois négociateurs[33] ; Jean Wapy fut sélec-

---

28 Louis Wapy, à ne pas confondre avec Louis Wapy, le frère de Jean Wapy, professeur à l'Université de Pont-à-Mousson.

29 « …ne seroy-je pas trop ingrattement oublieux des faveurs que feu mon pere a receues de vostre tres-illustre maison, ayant esté gratuitement introduit par nos tres-honnorés Seigneurs vos devanciers en estat de Magistrature dans vostre Cité de Verdun » (1625 : *Lettre de dédicace*).

30 Jean Wapy et autres membres de sa famille figurent souvent dans ces registres, que nous avons trouvés dans les Archives départementales de la Meuse (GG33). La dernière mention est du 21 janvier 1622 à l'occasion des dons offerts à l'église (réproduite dans Labande et Vernier 1891). L'église se trouva « sur un tertre, au milieu de la rue Saint Pierre actuelle » (Simon 2015 : 109). Elle fut démolie au début du XIXe siècle. En 1624 Wapy et son épouse ont également offert deux terrains à l'Abbaye de Beaulieu-en-Argonne (Roussel 1863-1864 [1745], tome 2 : 229).

31 "1592, 20e jour d'Aoust. Ayant veu les lettres obtenues de Monseigneur [Nicolas Boucher, évêque et comte de Verdun] par Jean Wapy, portantes privilège d'imprimer et aultres lettres par lesquelles il est nommé l'ung des domestiques, Messieurs [les gens du conseil de la cité impériale de Verdun] luy ont enteriné lesdites lettres, et de grâce speciale, et de leur authorité, l'ont exempté du logis et non de garde, sinon en cas de necessité et quand les dicts sieurs l'adviseront et à la discretion d'iceulx ».

32 Depuis le XIVe siècle les citains se distinguaient des bourgeois; seuls les descendants d'un des trois lignages nobles avaient le droit au statut de citain (Simon 2015 : 75). Les citains étaient exempts de la taille, n'avait pas l'obligation de loger des gens de guerre, et pouvaient servir au conseil de la ville. Pourtant, l'oncle de Jean Wapy, Louis Wapy, fut catégorisé « marchant bourgeois » (Archives départementales de la Meuse, 20 juin 1592).

33 Selon Simon (2015 : 47) « les négociateurs étaient chargés de tous les actes d'administration, formant ainsi le pouvoir exécutif, de même que le Sénat était le pouvoir législatif. Ils procédaient à la levée des impôts, à l'adjudication des fermes de la Cité, à l'administration

tionné huit fois entre 1605 et 1637 (Petitot-Bellavène 1891 : 619-620)[34]. Souvent, dans les tumultueuses années 1620, le conseil confia à Wapy des négociations délicates, notées dans les *Conclusions du Conseil de la Cité de Verdun* (manuscrit Bibliothèque Nationale, Nouvelles acquisitions françaises 3361) :

> Premier mai, 1621 Sont commis les Sieurs de St Maurice et Vapy pour se trouver par forme d'estat vers monsieur de Montigny, lequel a faict appeler de chacun corps quelques députés, pour aller vers monseigneur d'Angoulesme pour la descharge et soulagement de ceste province des gens de guerre, vers lequel monsieur de Montigny les dictz sieurs de Saint Maurice et Vapy s'excuseront au nom de messieurs du conseil, d'aultant que le subject touche particulierement l'evesché et le chapitre et pour certaines aultres considerations …

En 1628, il fut renvoyé du conseil municipal avec plusieurs collègues qui avaient choisi de soutenir l'évêque de Verdun contre le roi de France. Wapy avait une bonne raison pour ce choix, car son imprimerie dépendait des commandes de l'évêché. Dans la préface de sa traduction de Drexel (1629 ; voir ci-dessous, p. 26-27), il essaya de rétablir ses rapports avec la cour royale, louant en termes hyperboliques les qualités du roi Louis XIII[35] et fêtant la victoire du roi contre les Protestants à La Rochelle[36].

Inspiré par son activité diplomatique, Wapy s'intéressa de moins en moins à son travail d'imprimeur et se mit à faire partager des leçons de rhétorique. Son premier texte est l'*Addresse pour acquerir la facilité de*

---

des propriétés de la Ville, aux mesures de police, de salubrité, etc. ». L'évêque Nicolas Psaume (comte-évêque de 1548 à 1575) établit dans son règlement de la ville : « Du nombre susdit seront choisis par chacun an deux ou trois negotiateurs, qui seront ceux que l'on trouvera les plus propres et capables pour la ditte charge, soit qu'ils soient du nombre des eschevins ou non, et sans y avoir égard. Lesquels négotiateurs ainsy choisis, seront biennaux ou triennaux, selon que le temps le requerra… » (Frizon 1886 [1574] : 153). Il spécifie que les gages des négotiateurs seront « par chacun an cinquante francs ». (Frizon 1886 [1574] : 181).

34 Il se peut que Petitot-Bellavène confond Jean et François Wapy, puisqu'il met Jean Wapy dans ces fonctions en 1628, après qu'il fut renvoyé du conseil en 1627, et en 1633 et 1637, lorsque seul François se trouve dans la liste des conseillers.

35 « … *tandis que la seule pensée d'eterniser la memoire des miraculeuses conquestes de V. Mté. leur* [les mieux disans & plus polis escrivains de France] *occupe tout l'esprit ; n'auray-je point l'honneur d'estre de la partie & de contribuer comme une des moindres estoiles entre les grands Astres quelque petit éclat de lumiere à la splendeur de vostre renommée ?* »

36 « *VOSTRE MAJESTÉ retourne à la bonne heure toute rayonnante de gloire, après avoir heureusement reduit cette rebelle & opiniastre Rochelle…* »

persuader et parvenir a la vraye Eloquence (1625), publiée dans son atelier, probablement sous la direction de son cousin Nicolas Jacquet[37].

WAPY, L'IMPRIMEUR

L'imprimerie arrive en Lorraine en 1501 (Ronsin 1975 : 1) et à Verdun en 1559, un instrument de l'évêque Nicolas Psaume dans la Contre-Réforme[38]. Il invita l'imprimeur Nicolas Bacquenois à Verdun pour promouvoir les réformes proposées par le Concile de Trente (Walsby 2017 : 25-28 ; Ronsin 1975 : 50-51) et pour soutenir l'enseignement au collège de Verdun, établi en 1570. Martin Marchant succéda à Bacquenois en 1572, avant de céder le rôle d'imprimeur officiel de l'évêque à son fils Mathurin Marchant en 1587. Après la mort de celui-ci, Richard Grégoire était l'imprimeur officiel de l'évêque de 1590 à 1592. Wapy fut nommé en 1592. Il semble que Wapy ait quitté ces fonctions en 1625, en faveur de son cousin Nicolas Jacquet[39] ; il est certain que Jacquet fut l'imprimeur de l'évêque à partir de 1630.

Entre 1592 et 1625, Wapy publia vingt-six livres. La moitié des livres publiés par l'imprimeur de l'évêque sont des textes religieux ou concernant l'administration de l´évêché. Sa première impression fut une déclaration en faveur des réformes proposées au Concile de Trente, fortement soutenues par plusieurs évêques de Verdun.

La fondation du collège de Verdun (1570)[40] et de l'université à Pont-à-Mousson (1575) encouragea la publication de textes scolaires : la

37 À la page de titre la publication est attribuée à « l'imprimeur de l'Illustrissi. & Reverend. Prince Monseigneur l'Evesque & Comte de Verdun ». Wapy semble avoir cédé la direction de son imprimerie en 1625.

38 Bacquenois publia, par exemple, le traité « *Préservatif contre le changement de religion* ».

39 « À partir de 1625 il [Wapy] semble s'être à peu près désintéressé de son imprimerie, dont il ne signait même plus les productions ; il la faisait probablement gérer dès cette époque par Nicolas Jacquet, son cousin germain, auquel il la céda définitivement vers 1630 » (Lepreux 1911, Vol 2 : 398).

40 La charte du collège se trouve dans Frizon (1888 [1570] : tome 4, 177-186). Le collège sera, selon la charte, « une pepiniere de la republicque, officine des Lettres humaines, Grecques et Latines, source de toutes vertus et comme fontaine de paradis terrestre » (1888 [1570] : tome 4, 180).

grammaire latine de Manuel Alvarez[41], le *Traité de la maniere de bien prescher* du jésuite Saint François de Borgia (traduit de l'espagnol, édition espagnole de 1592), le *De sermone latino epitome* d'Adriano Castellesi (première édition 1513), l'*Art oratoire* de Cicéron, et la rhétorique de Wapy lui-même, en 1625 (*Addresse pour acquerir la facilité de persuader et parvenir à l'eloquence*). D'autres textes fournissent des leçons pour la formation des jeunes : les *Satires* de Perse, le *Hercule furieux* de Sénèque, les *Épigrammes* de Martial, les *Sentences* de Theognis et, traduit en français par Louis Wapy, *L'Idée de l'Écolier parfait.*

LA RHÉTORIQUE DE WAPY

Après 25 ans dans le conseil municipal de sa ville natale Wapy se mit à partager ses leçons sur l'éloquence dans la chaire, dans les cours de justice, et dans la vie publique. Son *Addresse pour acquerir la facilité de persuader et parvenir à l'eloquence* (1625) a connu trois éditions et fut adaptée sous un autre titre, *Le stylle des bons orateurs* dans les années 1640.

La rhétorique était au cœur de l'enseignement des Jésuites dans leurs collèges (dont le collège de Verdun) et à l'Université de Pont-à-Mousson. Favier décrit le programme de la première année des humanités (l'équivalent de la seconde dans un lycée moderne) :

> Après avoir étudié la grammaire, les élèves devaient acquérir les connaissances regardées comme la base de l'éloquence. Premièrement, ils cherchaient à bien posséder la langue latine, par l'étude des orateurs, et en particulier de Cicéron ; par celle des historiens comme César, Salluste, Tite-Live, Quinte-Curce etc. … Secondement, ils étudiaient l'histoire ancienne dans les auteurs latins, pour acquérir une érudition suffisante, sans laquelle un orateur ne peut soutenir tous ses arguments. Enfin, pendant le second semestre, on leur enseignait sommairement les premiers principes de la rhétorique. À cet effet, on leur faisait traduire et commenter les discours *pour la loi Manilia, pour Marcellus*, etc. (Favier 1880 : 366).

41 À l'époque de Wapy, les étudiants de première et de deuxième année au collège des Jésuites étudiaient la grammaire d'Alvarez (O'Keefe 1998 : 422). C'est une grammaire traditionnelle en parties du discours. Voir la fiche du Corpus des textes linguistiques fondamentaux : http://ctlf.ens-lyon.fr/notices/notice_515.htm.

L'année suivante était consacrée à la rhétorique, afin d'acquérir « une éloquence aussi parfaite que possible » (*ibid.* p. 367), en étudiant le manuel de Cyprien Suarez (première édition, 1562).

Cette passion pour l'éloquence entraîna la composition d'une vingtaine de traités de rhétorique en français, entre Du Vair (1595) et la publication de l'*Addresse* de Wapy[42]. Certains ciblèrent les avocats du palais de justice, d'autres les prêcheurs de la chaire. Le point de départ pour cet « âge d'éloquence » (reprenant le titre de l'œuvre magistrale de Fumaroli (1980)), est *De l'eloquence françoyse* de Du Vair, un ouvrage cité par Wapy.

L'éloquence est, selon Du Vair, « la perfection de la parole » : « D'autant que la parole rend l'homme plus excellent que les autres animaux, d'autant l'Eloquence le rend elle plus excelent que les autres hommes » (1595 : 12)[43]. Du Vair critiqua ses contemporains, les meilleurs orateurs du palais, qui n'atteignaient pas, selon lui, le niveau des orateurs de l'antiquité[44]. Prévoyant la culture de la Cour au siècle suivant, l'heure est venue, dit-il, que la noblesse se transforme de guerriers en orateurs[45].

Les traités de rhétorique et d'éloquence de cette époque poursuivent diverses approches. Le texte de Du Vair comprend six cents pages de textes exemplaires, traduits du latin, suivies d'un traité de soixante pages sur la nature de l'éloquence. Il préféra enseigner par exemples que par préceptes[46]. Le texte de Behourt (1610) fut un dictionnaire de

42 Pour des listes de traités, voir Caplan et King (1950), Kuentz (1968) et la bibliographie extensive de Fumaroli (1980).

43 C'est un lieu commun de l'époque. Voir pareillement Charron : « Comme la parolle rend l'homme plus excellent que les bestes, aussi l'eloquence rend ses professeurs plus excellens que les autres hommes » (Charron 1601 : 773).

44 Guy du Faur de Pibrac, l'avocat général au Parlement de Paris et puis conseiller d'état, employa, selon Du Vair, « un langage si entrelacé de divers passages & diverses allegations » [*i. e.*, trop de citations de l'antiquité] et ses oraisons publiées furent « plates pour les mouvemens & sentences » (1595 : aiiii r°). Pareillement, les discours du mal-fortuné Barnabé Brisson « estoient si remplis de passages d'allegations & d'authoritez qu'à peine pouvoit-on bien prendre le fil de son oraison » (Du Vair 1595 : a v v°).

45 « En France l'éloquence a esté tousiours quasi mesprisee de noz Princes & de nostre vieille Noblesse, ils s'estoient persuadez qu'il valloit mieux bien faire que bien dire, & contents du rang que leur donnoit leur naissance ou vaillance, ils ne cherchoient point d'autre honneur que celuy des armes à la guerre, & du mesnage en la paix » (Du Vair 1595 : 22 r°).

46 « Apprendre par preceptes est un chemin bien long pource que nous avons peine à les entendre, apres les avoir entendu à les retenir, & apres les avoir retenus à les mettre en usage » (Du Vair 1595 : 30 v°-31 r°).

lieux communs, présentés par ordre alphabétique. D'autres, comme le livre de Binet, sont encyclopédiques, les termes qu'il faut connaître dans une soixantaine de domaines (la vénerie, la guerre, les fleurs…). Puget de la Serre (1624) recueillit des lettres, des discours et de courts traités philosophiques de Du Perron et Malherbe, parmi d'autres.

Du côté des prêcheurs, Saint François de Sales, dans sa *Lettre sur la prédication* (octobre 1604 ; publiée dans ses œuvres complètes (1875 [1604] : Vol 12 : 299-325) conseille aux prédicateurs d'« enseigner et esmouvoir … et delecter » (p. 304). Mais il distingue la délectation sacrée et la délectation séculière. La bonne délectation est « le playsir d'apprendre bien et saintement le chemin du Ciel ». La délectation séculière, en revanche, est « un chatouillement d'oreilles, qui provient d'une certaine elegance seculiere, mondaine et prophane, de certaines curiosités, ageancemens de traitz, de parolles, de motz, bref, qui depend entierement de l'artifice : … il la faut laisser aux orateurs du monde, aux charlatans et courtisans qui s'y amusent » (1875 [1604], vol 12 : 304-305). Il conclut :

> La forme, dit le Philosophe [Aristote], donne l'estre et l'ame a la chose. Dites merveilles, mais ne les dites pas bien, ce n'est rien ; dites peu et dites bien, c'est beaucoup. Comme donq faut il dire en la predication ? Il se faut garder des quanquam et longues periodes des pedans, de leurs gestes, de leurs mines, de leurs mouvements : tout cela est la peste de la predication. Il faut une action libre, noble, genereuse, naïfve, forte, sainte, grave et un peu lente. (1875 [1604] : vol. 12, p. 321).

Wapy poursuivit une route méprisée par ces éminents auteurs. Contre Du Vair, il trouva utile d'enseigner par préceptes :

> Je n'ignore point qu'entre les esprits brillans de nos François, il n'y en ait qui croyent que les preceptes sont une gesne & une tyrannie, qui rend les plus belles pointes du naturel inutiles… (1647 (?) : 1).

Dans ses *Remarques* il réitéra l'importance des préceptes, une leçon qu'il avait apprise de Séneque[47]. Wapy observa le dédain des Français pour les règles : « nos François sont ennemis de toute sorte de contraintes : & que leur parler de regles, c'est comme leur monstrer une conciergerie, où leurs esprits se doivent rendre prisonniers » (1634 : 6). Dans sa rhétorique il

47 Dans la dédicace au Marquis d'Everly : « Seneque m'a de long temps appris que n'aller en avant qu'autant que les preceptes nous guident ».

choisit une autre voie : « je mettray ces Regles en avant » (1641 (?) : 5). Cela dit, Wapy inclut également des exemples, mais non pas les longs extraits que nous trouvons dans Du Vair.

La rhétorique de Wapy fut publiée sous deux titres, chacun avec des variations : l'*Addresse pour acquerir la facilité de persuader et parvenir à l'éloquence* et *Le Stylle des bons orateurs* [ou *Le stile de l'orateur*], chacun en plusieurs éditions. Seule la première édition de l'*Addresse* (1625) parut du vivant de l'imprimeur verdunois ; seule cette première édition se publia à Verdun[48]. Cardin Besogne publia l'*Addresse*[49], « revue et corrigée[50] » en 1636. Martin Collet dit avoir trouvé le texte du *Stylle*. Sans en connaître l'auteur, et après avoir demandé l'avis de

> plusieurs hommes de qualité et d'experience en l'art de bien dire : les uns ayans paru avec honneur dans les premieres chaires, les autres dans le barreau, & d'autres s'estans acquis la qualité de bien-disans parmy le monde (1647(?) : f° aii r°)

il décida de le publier.

Le *Stylle* et l'*Addresse* ne sont pas identiques, mais certaines parties ne varient que par de petits détails d'orthographe. La préface dédiée à François, l'évêque et comte de Verdun, ne paraît que dans la première édition de l'*Addresse* (1625) et la lettre de « l'imprimeur aux lecteurs », dans le *Stylle* manque à toutes les éditions de l'*Addresse.*

L'*Addresse* (1625)

> La culture propre & speciale du bien disant comprend l'*estude des preceptes* (que nous nommerons Art), *l'imitation & l'exercice*, & en outre *la connaissance* de toutes choses, ou à tout le moins de beaucoup : non pas une cognoissance usagere pour se mettre en besongne comme feroit un artisant, mais telle que par elle il puisse parler de la chose mesme aussi proprement que l'artisant qui la manie tous les jours. Et celuy là se peut dire à bon droit le plus eloquent, qui (le fondement jetté des trois choses necessaires cy devant mentionnées) a la cognoissance d'une plus grande varieté de choses, suivant le dire de Platon,

48 La mention « L'imprimeur de Monseigneur l'Evesque et Comte de Lorraine » signale normalement, à partir de 1625, Nicolas Jacquet, qui prit l'imprimerie de Wapy et ses fonctions officielles pour l'évêque (voir Lepreux 1911 : 389).

49 Besogne altéra quelquefois l'orthographe, par exemple du titre, enlevant un <d> du titre, *Adresse*, et substituant *casuelle* (1636 : 45) à *causelle* (1625 : 30).

50 On se demande qui l'a corrigée ; pareillement, l'édition de 1647 du *Stylle* se dit « reveus & corrigées [*sic*] de nouveau en ceste derniere Edition ».

> qui tient pour homme eloquent celuy qui est bien versé en la cognoissance de la chose dont il parle. (p. 14-15)

Le Stylle (1641(?))

> L'oeuvre que j'entreprens de traiter sera donc de ce travail, qui comprend ces trois parties, *L'estude des preceptes* (que nous nommerons Art) *L'exercice, & L'imitation*, & en outre *La connaissance* quasi de toutes choses, pour en parler en termes propres. Et celuy-là se peut dire à bon droit le plus eloquent, qui apres avoir acquis les trois choses necessaires cy-devant mentionnées, possede une connoissance des choses tout à fait generale. Suivant le dire de Platon, qui tient pour homme eloquent celuy qui est bien versé en l'intelligence du sujet qu'il traite. (p. 7)

En gros, les mêmes « traités », comme Wapy les désigna, se retrouvent dans les deux ouvrages, mais parfois dans un ordre différent, et parfois plus élaborés dans l'*Addresse.* Au début du traité *De l'art* de l'*Addresse* (p. 16-17), nous trouvons plusieurs paragraphes qui manquent au *Stylle*, avant que les deux textes se rejoignent. Dans les parties suivantes, l'*Addresse* a des exemples absents dans le *Stylle*[51]. La notion de conjoints ou adjoints est beaucoup plus développée dans l'*Addresse.* Dans le *Stylle*, c'est une liste de sept questions ; dans l'*Addresse* chaque question mérite un paragraphe avec exemples. Le *Stylle* insère ici une section « *Methode pour ayder les non-lettrés à donner une estenduë reglée à leur Discours* », un traité de trente-six pages (1641(?) : 94-129) qui paraît une centaine de pages plus loin dans l'*Addresse* (1636 : 233-255). Les deux textes se retrouvent dans *De l'entretien. Premier Genre d'Eloquence* (p. 130 du *Stylle*, p. 112 de l'*Addresse* (dans l'édition de 1636).

Le métalangage des deux textes n'est pas identique non plus. Les *reservoirs* de l'*Addresse* sont, dans le *Stylle*, des *lieux de l'invention*, la *naturalization* remplacée par la *definition*, la *confrontation* par la *comparaison*, les *conjoints* par les *adjoints* ou *accidents.*

Il vaut mieux, alors, considérer les deux titres comme une seule œuvre. Martin Collet, dans sa lettre de l'imprimeur aux lecteurs du

---

51 Par exemple, dans *De la diversité des Questions, l'Addresse* inclut comme exemples du *poinct de cognoissance* : « Si le Temple d'Ephese tant prisé des Anciens & mis entre les miracles du monde, estoit de figure ronde en façon de dome, ou bien en ovale ou en quarte ?... Si Alexandre le Grand estoit un homme bien fait & de bonne mine, grand ou large, & bien fourny de corps, de teinct masle, ou blafard, & de quel poil il estoit » (1636 : 31-32). Ces exemples manquent au *Stylle.*

Stylle, ignorait, paraît-il, l'existence du livre publié cinq ans plus tôt par Cardin Besogne : « Cette copie m'estant tombée depuis quelque temps entre les mains… ». La nature de cette copie n'est pas claire ; qui aurait effectué les changements entre les deux textes ?

Quoi qu'il en soit, il est certain que la première édition de l'*Addresse* précéda la composition des *Remarques*. Dans la dédicace, il décrit son travail comme « ces premiers essays de ma plume qui desirent de veoir le jour ». Nous retrouvons dans la partie des *Remarques* consacrée aux « liaisons » la passion de Wapy pour la rhétorique.

WAPY LE TRADUCTEUR

En 1629 parut la traduction de Jean de Vuepy (Wapy), *Le secret de la cour saincte, pour acquerir & se conserver la faveur du Souverain Monarque.* C'est une traduction de la *Recta intentio omnium humanarum actionum amussis* de Jeremias Drexel, né à Augsbourg en 1581, mort à Munich en 1638. La première édition en latin date de 1626. Niceron (1729-1745, volume 22 : 372) offre cette appréciation du père jésuite :

> Ses fonctions de Prédicateur ne l'empêcherent pas de composer un grand nombre d'ouvrages pour l'instruction de la jeunesse. Il a sçu y mêler l'agréable avec l'utile, & temperer le serieux des préceptes qu'il y donne, par l'agrément des petites histoires qu'il ne manque jamais d'y joindre. Les figures fort jolies qu'il y fait ajouter ont aussi leur merite.

Ses ouvrages connurent un grand succès éditorial, et furent traduits en plusieurs langues[52]. La *Recta intentio* fut également traduit en anglais, au XIXe siècle.

Wapy le connaissait ; Drexel a peut-être passé un séjour à l'université jésuite de Pont-à-Mousson. Wapy le décrit comme « mon petit Allemand vestu à la françoise » et rappelle « ce petit estranger nay en la Cour de Baviere, à qui je pense avoir appris à parler assez passablement bien nostre langue » (1629, Dédicace au roi Louis XIII). Le *Secret de la cour* comporte

52 https://en.wikisource.org/wiki/Catholic_Encyclopedia_(1913)/Jeremias_Drechsel, consulté le 8 décembre 2023.

trois livres de douze chapitres, où Drexel distingue la bonne intention de la mauvaise, avec des conseils pour les courtisans (III, chapitre 9).

WAPY LE MATHÉMATICIEN

En 1631 paraît *Le bref usage de l'Arithmetique par la plume & par les jettons. Tiré de quelques escrits portants diverses questions d'Arithmetique, laissés par feu le sieur J. de Waipy Conseiller en la Cité de Verdun.* La publication serait donc apparemment posthume, ce qui voudrait dire que *Les Remarques*, publiées en 1634, avaient été écrites, elles aussi, avant 1630.

La phrase « quelques escrits » feraient croire qu'il s'agit d'une collection de remarques recueillies au hasard. Or, ce n'est pas du tout le cas : c'est une initiation à l'arithmétique bien organisée : « La façon de nombrer par la plume » en quatorze chapitres, « la façon de nombrer par les jettons » en douze chapitres, « Les fractions » en quatorze chapitres, « auquel on a adjoint sur la fin un autre usage de l'Arithmetrique sans plume & sans jettons[53] ».

Les deux moyens de compter sont nécessaires, selon Antoine Cathalan[54] (1566 : A2), car ceux qui ne sont pas lettrés peuvent toujours faire leurs calculs par jetons :

> Nous ferons un petit traicté d'Algorisme par la plume, pour ceux qui savent lire & escrire, & par les gectz pour plusieurs Marchans, & autres qui ne savent lire n'y escrire.

La concurrence des deux méthodes devait continuer jusqu'à la Révolution, même si les avantages de la plume dans les opérations plus complexes étaient évidents (Hebert 2005 : 1).

---

53 C'est ce que promet Blaise Pascal à la reine de Suède dans une lettre de juin 1652 : « cet ouvrage… est une machine pour faire les regles d'arithmetique sans plume et sans jetons ». La « pascaline » qu'il avait créée au début des années 1640, se vit accordée le privilège du roi en 1649 (Temam 2009).

54 Métin et Guyot (2005 : 5) émettent des doutes concernant l'auteur : « Il y a un doute sur l'existence de l'auteur, puisqu'un certain Anthoine Cathalan publie la même année à Lyon une *Épistre de la vraie foi catholique*, et que l'éditeur Thibault Payan est connu pour ses contrefaçons ».

L'utilité de ces connaissances est évidente dans les exemples fournis par Wapy. Un problème confronté par les marchands de l'époque est la diversité des monnaies. Dans son chapitre XIII, « De la reigle d'alliage », Wapy montre comment résoudre ce problème :

> Posons le cas que je veux changer 4000 livres de monnoye en pieces d'or... & je veux avoir des doubles pistolles vallans 16 livres, des nobles vallans 10 livres, des doubles Albert vallans 11 livres, des pistolles vallans 8 livres & des escus vallans 4 livres[55]...(1631 : 83-84).

Le bref usage n'aborde pas les questions morales entamées par certains manuels d'arithmétique du XVIe siècle, concernant l'usure et l'avarice[56].

WAPY, LE REMARQUEUR

En composant son *Addresse*, Wapy s'intéressait plutôt à l'organisation des arguments dans un discours et n'avait pas l'intention de s'attaquer aux détails de la langue française :

> Le beau parler consiste en deux conditions principales, à *l'Elegance* & à la *structure du langage*... Je n'ay pas dessein de m'estendre davantage sur ces conditions, & ne croy pas qu'on attende de moy l'oeuvre de quelque Grammairien pour servir de guide à parler correctement, car cela doit estre appris d'ailleurs avant que de s'appliquer à la parfaite Eloquence. » (1636 : 384-385)

Bientôt il se réorienta dans ses *Remarques*, trouvant que l'élégance se situe en partie dans la structure du langage même. La première partie comprend quinze « remarques », portant sur les choix de mots (archaïsmes, synonymes, paronymes, régionalismes, les mots « à la mode », les mots du palais), les figures, la clarté, et la pragmatique. L'influence de Malherbe et de ses disciples est évidente (voir Brunot 1891).

La deuxième partie, contrairement aux remarqueurs après Wapy, est organisée en parties du discours, mais, comme ces remarqueurs,

55 Darras (1898 : 31-32) fournit la valeur d'une quarantaine d'espèces que le marchand aurait pu utiliser au XVIe siècle.

56 Voir Davis 1960.

Wapy ne prétendit pas fournir une grammaire complète. Il décrivit plutôt certaines difficultés rencontrées dans l'emploi des articles, des pronoms, des verbes, des adverbes, des prépositions, des interjections et des conjonctions. Il n'omit que les noms et les adjectifs, qu'il traita dans les quinze remarques, par exemple l'emploi de l'infinitif comme un nom (remarque 14), les formes féminines de certains adjectifs et l'ordre adjectif-nom (remarque 13).

Dans la troisième partie il reprit les prépositions par ordre alphabétique. Chaque préposition aurait un sens principal, et se substituerait aux autres prépositions dans certains cas. Par exemple, la « naturelle valeur » de la préposition *à* est comme l'équivalent du datif en latin, mais elle peut signifier *pour, avec, selon, contre, jusque, après*. En plus, cette préposition a d'autres significations et d'autres collocations qui contribuent à son « elegance », devant un adjectif, un verbe, ou un substantif.

La quatrième partie poursuit son appréciation des « petits mots », dans ce cas les liaisons : conjonctions et d'autres expressions qui relient deux périodes, ou deux parties d'une période. Cette préoccupation reflète son intérêt dans la structure du discours, sa passion pour la rhétorique. La première liste, avec exemples, est par ordre alphabétique, la deuxième selon l'emploi de chaque expression conjonctive, au début, au milieu ou en conclusion d'un discours. Ce sont des éléments qui contribuent à l'éloquence, les ornements qui permettent au harangueur d'« esmouvoir » et non seulement « enseigner[57] ». L'ensemble permettrait aux jeunes gentilshommes de « parler à la mode & selon l'air du temps ».

LES SOURCES DE L'AUTORITÉ DANS LES *REMARQUES* DE WAPY

Une des caractéristiques du genre des remarqueurs, comme du *Dictionnaire de l'Académie Française* de 1694, est de ne pas citer les noms des auteurs de leur vivant ; Wapy conseilla « la lecture des plus excellens ecrivains » et consulta « un des plus parfaits Maistres de bien dire » (1634 : 9) mais il ne les nomma pas. Pourtant, nous pouvons extraire de l'*Addresse* (1636 : 517-519 ; également dans le *Stylle*, 1641 : 508-510) une idée des sources du bon usage chez Wapy :

57 Selon Wapy, « le harangueur a trois fonctions qui ont du rapport aux trois genres d'Eloquence… de contenter, d'enseigner, & d'esmouvoir. » (*Addresse* 1636 : 506 ; voir aussi 1636 : 471). Du Vair n'y voit que deux fonctions : « la fin de l'orateur [est] d'esmouvoir & persuader » (1595 : 27 r°).

« Il faut donc suivre les Auteurs qui ont passé par l'adveu de plusieurs siecles, & si vous n'avez l'intelligence de leur langue naturelle, lisez ceux qui sont traduits en nostre idiome, car les meilleurs parlent maintenant François. M. du Vair outre ce qui est de son invention, a translaté les pieces les plus exquises tant des Grecs que des Latins. M. Coeffeteau, outre que ce qui est de la sienne, a tourné Florus Romain, & quelques traictez d'Aristote : un autre a traduit Tite Live, qui[58] Seneque, qui Saluste, qui Plutarque, qui Platon, & une infinité d'autres : si bien que pour le faire court, on peut succer par l'entremise de ces traducteurs François la moësle de l'antiquité. Vous avez en l'Eglise les Docteurs Grecs & Latins qui parlent pour la pluspart maintenant en nostre langue, & si l'on ayme les nouveaux, vous avez M. Du Perron qui peut-estre ne doit rien à plusieurs des susnommez. Le maniement des Poëtes pour imiter leur netteté de langage & la force des passions est aussi grandement utile, qui faisoit dire à un des celebres predicateurs de nostre temps, que pour avoir le François à commandement il n'y avoit meilleur moyen que de lire une fois par an tous les escrits de Ronsard, Sainct Gelais, Belleau, & autres : Garnier pour les mouvemens tragiques, sans oublier les recents, comme Bertaud & Malherbe, & plusieurs bien approuvez, quoy que differens du Harangueur par leur cadence poëtique, ne sont pas à negliger. Puis estans corroborez vous aurez droit de feuilleter tous Auteurs, voir quelquefois les plus ineptes (comme l'on dit qu'on apprend des sages & des fols) pour eviter leurs deffaux[59].

Dans les *Remarques*, Wapy ne cite explicitement que Coeffeteau, dans les remarques 9 et 10. Pourtant, certains exemples révèlent d'autres lectures de l'imprimeur, dont Malherbe et :

- Jean-Pierre Camus (1584-1652), théologien qui ajouta à son *Alcime* (1625) des commentaires sur la langue (*Issue aux censeurs*) ;

58 Vaugelas, dans sa remarque *Qui, repeté plusieurs fois, pour dire les uns, les autres*, condamna cette façon de parler « fort en usage, mais non pas parmy les meilleurs Escrivains » (1647 : 51-52), même s'il l'employa dans sa traduction des sermons de Fonsèque (voir l'édition d'Ayres-Bennett 2018 : 322, note 214).

59 Guillaume du Vair (1556-1621), homme politique, traducteur d'Épictète, et auteur de *De l'éloquence françoise* (voir ci-dessus p. 22); Nicolas Coeffeteau (1574-1623), auteur de l'*Histoire romaine* (1623) et traducteur de l'*Histoire romaine* de Florus (1615) ; Jacques Davy Du Perron (1556-1618), cardinal et auteur des *Fleurs de l'eloquence françoise extraictes des Epistres héroïques d'Ovide* (1615); Pierre de Ronsard (1524-1585), « Prince des poètes » de la Pléiade ; Octavien de Saint-Gelais (1468-1502) traducteur de l'*Énéide* et poète ; Rémy Belleau (1528-1577), poète de la Pléiade et traducteur des *Odes* d'Anacréon ; Robert Garnier (1545(?)-1590), poète et dramaturge de tragédies ; Jean Bertaut (1552-1611), poète et évêque de Sées ; François de Malherbe (1555-1628), poète et critique de Desportes, dont les opinions informèrent les futurs académiciens.

- François Garasse (1585-1631), père jésuite, participant dans la « querelle des lettres » ;
- Honoré d'Urfé (1568-1625), un des fondateurs, avec Vaugelas, de l'Académie Florimontane et auteur de l'*Astrée*[60] ;
- Baltasar Baro (1596-1650), académicien et secrétaire d'Urfé qui ajouta la fin de l'*Astrée* ;
- Jean-Louis Guez de Balzac (1597-1654), connu surtout pour ses lettres, et adversaire de Garasse dans la querelle des lettres ;
- Vital d'Audiguier (1565 (?)-1624 (?)), poète et traducteur de Cervantes ;
- La traduction (1610) de Joseph Hall (1574-1656), auteur de plusieurs ouvrages de la vie dévote.

Dans ces listes, Wapy ne distingua pas, comme a fait Vaugelas une quinzaine d'années plus tard[61], les anciens, des demi-modernes, des modernes. Ce mélange des traductions d'auteurs de l'antiquité et des ouvrages français du XVIe siècle et du premier quart du XVIIe siècle informa les notions de la langue française de Wapy, mais les auteurs contemporains étaient jugés plus fiables, car « jamais il n'en fut des hommes qui parlent François avec tant de perfection » (1634 : 4-5).

Wapy a consulté certains de ces « bien disans », encore non-identifiés. Pour résoudre quand l'adjectif est antéposé ou postposé il dit avoir consulté « les plus habiles », qui, à sa déception, « ne sçavent autrement resoudre sinon qu'il s'en faut remettre à l'usage » (1634 : 45). Il semble assez frustré par le recours à l'usage, même l'usage des « mieux disans » : « Comme il y a un bon & un mauvais usage, qui m'apprendra à reconnoître celuy dont je ne me dois point departir ? » (1634 : 46).

60 Ayres-Bennett (2007a) trace la position d'Urfé entre les demi-modernes et les modernes, un classement rendu d'autant plus difficile par la compliquée histoire éditoriale de *l'Astrée* (voir Chatelain 2007).

61 Ayres-Bennett (2007b) établit trois générations dans les sources littéraires de Vaugelas : les anciens (Ronsard et sa génération qui écrivaient au milieu du XVIe siècle) ; les demi-modernes qui dominaient le début du XVIIe siècle ; et les modernes, à partir de 1620. Wapy préféra les modernes, mais n'exclut pas les anciens ; en fait, il n'exclut même pas les mauvais auteurs car on peut apprendre de leurs défauts.

LES CARACTÉRISTIQUES DU PARLER À LA MODE ET SELON L'AIR DU TEMPS

Les remarques de l'imprimeur cherchent à préciser la frontière entre ces deux pôles de l'usage. La perfection se définit selon des critères temporel, géographique et social : le bon usage avant celui de Vaugelas.

Parler « à la façon des bien-disans d'aujourd'huy » (1634 : 62) n'admet pas les archaïsmes et les mots qui sentent l'antiquité. Les mots et les expressions « à qui la vieillesse ôte le cours » (1634 : 42), comme *ains* et *iceux*, sont des « façons de parler non receuës » à part dans les textes de « prattique judiciaire » (1634 : 41-42). L'antéposition de l'adjectif de couleur (*blans-manteaux*) est également « un vieil usage d'une mauvaise façon de parler » (1634 : 49).

Les façons de parler non-reçues comprennent également les mots et les structures introduits par la traduction. Sa première remarque condamne les emprunts au grec et au latin, que les pédants emploient pour « donner de l'admiration aux ignorans » (1634 : 12-13). Dans sa remarque huit, il déconseille les expressions qui « donnent les atours du Latin à notre langue » (1634 : 43). Les remarques onze et treize en fournissent des exemples : le pluriel de *mille* (*ibid.*), l'emploi du pronom sujet et l'ordre de l'adjectif et du nom (*premier chapître / chapître premier*, (1634 : 53-54)). Se trompent ainsi ceux qui « croyent qu'il n'é point de bonne [façon de parler] qui ne soit allignée aux regles de la langue latine, comme si le françois n'avoit pas, ainsi que toutes les autres langues ses graces particulieres » (1634 : 43). Une de ces grâces est l'article, dont l'emploi permet au français de distinguer trois sens, « *apporter de l'aveine, apporter l'Aveine, & porter Aveine, où le latin est limité à un seul : Avenam afferre ou ferre* » (1634 : 28).

L'indépendance du français contemporain de ses racines latines et même de ses racines françaises est soulignée dans la deuxième remarque, dans laquelle Wapy étale des mots à la mode « qui se peuvent remarquer és entretiens des bien-disans, & dont la plus part des bons livres sont remplis » (1634 : 16). C'est le sens figuré de ces mots que souligne Wapy dans ses exemples.

Les « bien disans d'aujourd'huy » (1634 : 62), « les plus avenans de la Cour » (1634 : 2), se distinguent de deux autres catégories de Français – « le peuple » et les provinciaux. Les « gens de basse etoffe » n'ont pas le droit de faire la mode (1634 : 2). Le parler doit être « un peu elongné de celuy du vulgaire » ; les mots devraient être « ordinaires et intelligibles », mais « ils ne doivent pas être rangés à la façon commune dont le peuple à coutume de se servir » (1634 : 23-24). L'élégance et la grâce qui caractérisent la langue de la cour manquent au parler ordinaire du peuple.

Wapy condamne surtout l'usage des provinces de l'Est et du Lyonnais. Natif de Verdun, Wapy fut particulièrement sensible aux divergences des dialectes de l'Est du français de la Cour. La dixième remarque conseille d'« eviter les façons de parler non receuës, comme seroit celle-cy, *nous deux luy*, pour dire *luy, & moy*, avec tant d'autres qu'on employe aux confins de la France, en Savoye, en Lorraine, au Liege, & aux quartiers des pays bas, ou la langue Wallonne à plus de vogue » (1634 : 41-42). Il condamna également l'antéposition des adjectifs de couleurs (*blanc pain*), une « lourde faute » typique des dialectes de l'Est (1634 : 49), et la postposition du déterminant possessif qu'il attribua au lyonnais (*patience nôtre*) (1634 : 57). Le mauvais emploi des temps du subjonctif est signalé comme une faute typique de « quelques pays qui confinent la France » : *J'ay eu peur qu'il ne le *pongnarde* (présent du subjonctif), où il faut *pongnardât* (imparfait du subjonctif)), une faute que Wapy trouve même dans les écrits de certains Parisiens (1634 : 86-88). Il trouve que les provinciaux ont tendance à latiniser leur français : « Ceux qui nêtans pas nourris dans le cœur de la France donnent les atours du Latin à nôtre langue, & en font une vraye mascarade » (1634 : 34).

ÉMOUVOIR : LES QUALITÉS DU BIEN DIRE

Parler bien demande plus que la grammaire correcte. Dans ses remarques Wapy proposa de tirer des auteurs et traducteurs contemporains les façons de parler qui donnent « un bel éclat » au discours, la « gentillesse » de la langue. Ces gentillesses constituent « une des plus considerables parties de l'entregent » (1634 : 2), l'ensemble des comportements qui permettent au jeune courtisan de réussir à la Cour.

L'adaptation au contexte n'est pas tout : pour faire impression dans les entretiens à la Cour, le courtisan doit maîtriser l'emploi des « petits mots » – les articles, les conjonctions, les prépositions et les interjections –, la source de la grâce et de la gentillesse :

> Quelques uns ne s'étudians à ces menuës recherches, font de lourdes fautes en toutes les parties du discours, & quoy que ce ne soit pas grande gloire de les sçavoir, c'êt neanmoins un grand deffaut de les ignorer (1634 : 70).

À ces connaissances, il faut ajouter la douceur, qui provient surtout de la prononciation et s'oppose à la rudesse.

La gentillesse est un terme rare chez les autres remarqueurs ; pour Wapy il signifie les ornements de langue qui dépassent la simple grammaticalité. Le plus souvent, ce terme caractérise la répétition ou les façons d'éviter la répétition des déterminants, des noms, des pronoms et des prépositions. Le déterminant (l'article ou le possessif) se répète : « *j'ay fait cela pour son bien & son honeur* » (1634 : 82). Les démonstratifs permettent d'éviter la répétition qui « importuneroit l'oreille » : « *Ma seule peur sera celle / la peur de l'offencer* » (1634 : 78).

La préposition ne se répète pas si les compléments sont synonymes ou paronymes : « *pour la vertu et la sagesse que j'ay reconnues en luy* » (1634 : 66) et « *c'êt un personnage de condition, de courage et de merite* » (1634 : 109). Mais pour accentuer l'opposition, la répétition de la préposition est une grâce : « quant les noms qui suivent ces prepositions font une contrarieté *: ou quand la contrepointe êt* au sens … Exemple, *sa jeunesse sans reproche fut exposée à la mercy d'un médisant sans pitié* » (1634 : 109-110).

Quant aux pronoms, la non-répétition constituerait une gentillesse dans certains contextes. L'insertion du pronom sujet *il* est superflue en deux contextes : si le sujet est déjà clair : « *l'homme qui craint Dieu, & qui se maintient en pureté de conscience, il peut vivre* … » ou bien si *qui* sert déjà de sujet : « *je vous diray ce qu'il / ce qui me vient en pensée* » [nous soulignons] (1634 : 71]. L'emploi du pronom *en*, que Wapy classe parmi les prépositions, afin d'éviter la répétition, est également classé parmi les grâces :

> Elle [le pronom *en*] a de plus une grace qui êt fort particuliere à la langue françoise qui fait eviter deux écueils, dont l'un nous engageroit à des redites, & l'autre en evitant ces redites, à n'exprimer assez ce qu'on auroit intention de signifier : Exemple, après avoir parlé d'une mélée, *Il en êtoit des plus avant.* Cette enclitique *En*, êt icy mise pour ne redire le mot *mélée*, & d'autre part pour remplir ce qui seroit defectueux si on ne disoit que ce qui suit, *Il êtoit des plus avant* (1634 : 134).

La douceur, c'est-à-dire la prononciation (voir ci-dessous), s'insère parfois dans les remarques concernant la répétition : dans la construction *soit…*

soit, devrait-on répéter le verbe *soit* ou bien remplacer le deuxième *soit* par *ou* ? Wapy trouve *soit... soit* acceptable, « quoy qu'en certaines liaisons l'oreille ayt de la peine à s'y accoutumer » (1634 : 85-86).

Chez Wapy, le terme *grâce* désigne le plus souvent des constructions particulières à la langue française – l'article partitif qui manque au latin (1634 : 28) ; la négation exclusive *ne...que* (1634 : 99) ; *quelque* comme adverbe (*quelque beau semblant qu'il fasse...* ; 1634 : 78-79) ; *aussi... que*, construction comparative (1634 : 91-92) ; la formation de verbes avec *entre* (*s'entre-méler, s'entremettre* (1634 : 135-136)).

Ces grâces sont à utiliser « sobrement & avec consideration » (1634 : 115)[62]. Il ne faut « faire employ des plus beaux mots françois » que « bien à propos & peu souvent » : « le trop donneroit témognage d'affaiterie » (1634 : 15-16). La conjonction *car*, dont l'usage fut contesté (voir ci-dessous, p. 117), est « tres bon hors la trop frequente redite » (1634 : 120). Pareillement Wapy conseille qu'« il n'en faut user que sobrement » d'autres parties du discours comme substantif (*le parler, le poli, le beaucoup*) (1634 : 58) : « quand on se sert à tout bout de champ » de ces façons de parler, « cela tourne à dégoût, & déchire les oreilles » (1634 : 116).

L'oreille est la clef de la douceur de la langue, une qualité basée sur la prononciation, qui s'oppose à la rudesse. La recherche de la douceur règle plusieurs choix concernant les pronoms. Le pronom objet devrait se mettre devant son infinitif et non pas devant l'auxiliaire, un usage en pleine transformation au XVIIe siècle : « pour la plus grande douceur » (et contrairement à Vaugelas), Wapy préfère « *je ne veux pas vous dire à Dieu* » à « *je ne vous veux pas dire à Dieu* » (1634 : 68). Wapy trouve « plus élegamment receus », « une autre douceur de langage » qui ajoute un *s* à la fin des pronoms *luy-memes* et *soy-memes*, en prononciation et en l'orthographe (1634 : 68-69). L'élision des voyelles devant le pronom *y*, *laissez-m'y* plutôt que *laissez-moi-y* est une autre « grande douceur », la forme non-élidée ayant une « trop grande rudesse » (1634 : 69)[63]. Les consonnes de liaison servent à « eviter la rudesse qui se feroit au choc

62 Vaugelas emploie une expression semblable pour contraindre l'emploi de néologismes, jugés acceptables « pourveu ... qu'on en use sobrement & avec discretion » (1647 : 122-123) ; ailleurs, « avec jugement & discretion » (1647 : 491)).

63 Vaugelas étend la notion de douceur par l'élision aux adverbes formés à partir du féminin des adjectifs et les noms en *-ment* dérivés des verbes : « Comme les langues se polissent, & se perfectionnent jusqu'à un certain point, on a supprimé pour une plus grande douceur l'*e* », par exemple, *polie* > *poliment, remercier* > *remerciment* (1647 : 442-444).

& à la rencontre des voyelles », dans l'impératif (*vas-y, va-t-en*) et dans l'inversion (*y a t'il esté ?*) (1634 : 83-84).

Chez Wapy, l'élégance caractérise souvent ce qui sert à réduire le nombre de mots nécessaires pour exprimer une idée, par exemple, substituer un nom à une construction verbale : « *cette eau n'avoit point de décharge*, pour dire *n'avoit pas où se décharger* » (1634 : 33). L'interjection pareillement « a beaucoup d'efficace » car elle peut « faire coup sur l'imagination, & la gaigner de prime abord » (1634 : 115). Les adverbes en *-ment* servent au même but :

> Ces adverbes terminés en *ment* ont beaucoup de naïveté pour abreger un discours qui par son étenduë apporteroit de l'ennuy ou de la confusion. Exemple, *Il s'est acquitté tres-dignement de la commission qu'on luy avoit donnée*, qui vaut autant à dire que ce qui suit, *Il s'y est gouverné en toute honeur, il l'a geré avec fidelité, & y a reüssy au contentement de ceux qui l'ont employé* (1634 : 95).

Vaugelas est moins enthousiaste : il n'approuve pas *longuement* (1647 : 244) et *mesmement* (1647 : 57-58), comme vieillis, une conclusion que Dupleix a contestée (1651 : 317-318).

ENSEIGNER : LA RHÉTORIQUE ET LES REMARQUES

Malherbe a insisté sur la netteté et la clarté de l'expression : la transmission du message prime l'ornementation. Vaugelas invoque cette idée pour déconseiller l'emploi de néologismes, parce qu'« on ne parle que pour se faire entendre, et personne n'entendroit un mot, qui ne seroit en usage » (1647 : 122). Wapy est moins strict en ce qui concerne les néologismes (voir *dignement* ci-dessus), mais il condamne l'équivoque et l'ambiguïté : « on doit se donner si clairement à entendre que les paroles ne puissent souffrir un autre sens que celuy qu'on a intention de faire connêtre par leur entremise » (1634 : 21). La netteté et la clarté sont assurées surtout dans le choix de mots et dans certaines structures, comme la référence des pronoms.

Wapy consacre quatre remarques à ces choix lexicaux (1634 : 15-27), et une autre à l'emploi des métaphores qui, employés avec discrétion, « donne un bel éclat au langage » (1634 : 34-35). La deuxième remarque fournit une liste d'une quarantaine de mots « qui se peuvent remarquer és entretiens des bien-disans, & dont la plus part des bons livres sont remplis » (1634 : 16). La cinquième remarque encourage le lecteur à différencier les mots dont la signification est proche mais non pas identique, par exemple *mauvais, malin*, et *méchant* : on n'offenserait pas un honnête homme en le qualifiant de *mauvais garçon*, mais on risque offense en disant *malin garçon* ou *méchant garçon* (1634 : 25-27).

La neuvième remarque avertit le lecteur de distinguer les mots qui « approchent de ton, quoy que fort élongnés de signification », comme *recouvrer* et *recouvrir.* Cette discussion amène Wapy à examiner la morphologie dérivationnelle possible (*considérer, considérable, considérant ; contempler, contemplation*) et impossible (*considératif ; contemplage, contemplace, contemplement, contemplature*) (1634 : 37-39).

D'autres remarques entament la question de l'ambiguïté dans l'emploi des pronoms. La clarté si prisée dans le cercle de Malherbe exclut l'ambigüité. Dans ses critiques de Desportes, Malherbe reproche au poète l'équivoque du possessif *sa*, qui pourrait signifier « d'elle » ou « de la raison » (« La Raison aussitost s'avance à mon secours / Qui m'ouvre les prisons et guarit ma pointure : / Libre alors, je maudy sa mechante nature », cité dans Brunot 1891 : 393).

L'équivoque est très souvent évoquée au cours du XVIIe siècle. Jean d'Aisy consacra cinq pages à plusieurs catégories d'équivoque, ce qu'il considérait « le plus grand de tous les vices contre la Netteté » (1685 : 326).

L'équivoque est non seulement une faute contre la netteté mais également une faute morale, comme l'indique le père Garasse : « la seconde ruse dont ils se servent pour authoriser l'atheisme, c'est de parler et discourir avec des ambiguités et sous-ententes » (1623 : 1007). De l'autre côté de la Réforme, Agrippa d'Aubigné dénonce « ces faux Sedecias » qui « vaincront par doux propos sous le nom du sauveur ; flatteurs, ils poliront de leurs friandes limes le discours equivoque et les mots homonimes » (dans l'édition de Garnier et Plattard (1932 [1616] : V « Les Fers », 167-170 ; le texte de 1616 que nous avons consulté ne comporte pas ces vers) ; selon l'édition de Fanlo, ce serait une référence aux jésuites (2006 : 581)).

L'ambigüité peut porter sur d'autres aspects de la langue. Au niveau du mot, Bonaventure des Periers a construit une nouvelle « à propos de l'ambiguité de motz qui gist en la prolation, les Françoys ont une façon de prononcer assez douce : tellement que de la pluspart de leurs paroles on n'entend point la dernière lettre. Dont bien souvent les motz se prendroyent les uns pour les aultres, si ce n'estoit qu'ilz s'entendent par la signification des aultres qui sont parmy » (1561 : 140). Confondant *dos* et *dot*, une jeune femme a voulu refuser une offre de mariage car on lui avait dit que son futur mari avait mangé le dos, en fait le dot, de sa première femme. (*Dot* était masculin jusqu'au XVIIe siècle.) Dans ses critiques du *Cid*, Scudéry trouve que *s'abbat* peut être équivoque, compris comme *sabat*, une critique rejetée par Chapelain dans les *Sentimens de l'Académie sur le Cid* (1637 : 37).

La troisième remarque de Wapy considère l'équivoque dans la phrase *il vous faut donner un présent* – « on ne sçait si cela veut dire il faut que vous donniez un present ou bien il faut qu'on vous donne un present » (1634 : 22). Lorsqu'il y a deux antécédents possibles, on peut éviter l'ambiguïté du référent du pronom relatif *qui* en y substituant *lequel*, « afin d'ôter l'incertitude qui pourroit provenir de ne sçavoir auquel des deux le relatif se doit rapporter » (1634 : 76-77)[64].

Le possessif de la troisième personne du singulier (*son, sa, ses*) se prête également à ce genre d'ambiguïté, pour laquelle Wapy suggère trois solutions (1634 : 81-82). *Tout*, dans les constructions négatives, risque l'équivoque. Wapy avertit le lecteur :

> Nous nous donnerons garde d'y chopper, & ne péle-mélerons pas les propositions ou la negation precede ce mot *Tout* avec celles où elle le suit, comme font ceux qui n'y avisans pas de si prés prennent les propositions suivantes indifferemment l'une pour l'autre. *Toutes vos affaires ne vont pas bien. Vos affaires ne vont toutes bien ?* (1634 : 102).

Une solution est d'employer *toujours* plutôt que *tout*, substituant « ce qui reluit n'est pas toujours d'or » à « tout ce qui reluit n'êtoit pas or » car « si tout ce qui reluit n'êtoit pas or, l'or méme qui reluit ne seroit point Or » (1634 : 103).

Les principes de la « doctrine de Malherbe » dominent les commentaires sur la langue au cours du XVIIe siècle. Ce sont les principes qui guident le cercle de Conrart même si ses membres gardent le secret. La netteté et la clarté s'opposent à l'ambiguïté et l'équivoque afin que le message du locuteur soit compris par l'interlocuteur. L'ornementation n'est pas

64 À partir de 1660, Corneille a corrigé ce genre d'ambigüité dans les versions remaniées de ses pièces (voir Fournier 1998 : 82-83).

exclue, mais le courtisan bien-disant doit s'en servir avec discrétion. Wapy essaie, dans ses *Remarques*, de répandre dans le grand public ces principes et leur application.

L'ORIGINALITÉ DES *REMARQUES* DE WAPY

Si les *Remarques* de Wapy sont conformes au modèle pour le genre que nous appelons aujourd'hui « remarques et commentaires sur la langue française », nous devons reconnaître en même temps l'originalité de certaines de ses analyses.

L'antéposition et la postposition des adjectifs

Dans la treizième remarque, l'interprétation de la place de l'adjectif que Wapy fournit est une des plus originales analyses de son texte, rapportant la place de l'adjectif aux cinq sens de l'être humain. La place de l'adjectif épithète est peu commentée dans les grammaires et dans les remarques avant Wapy, avec divers critères invoqués. Palsgrave a proposé une règle simple : « *If an adjectyve be joyned with a substantyve, as to put a difference or to avoyde confusyon bycause there is dyverse of suche sortes as the substantyve signyfieth, than the adjectyve shall ever in the frenche tonge followe the substantive* » (1530 : f° LXXXII r°). Muret, dans ses commentaires sur Ronsard, laisse passer sans commentaire des constructions comme *fière moitié, un chaste feu, une amere liqueur, une aimantine foi* (1553 : 20 ; 21 ; 25 ; 26). Henri Estienne, sans fournir beaucoup de détails, classe les adjectifs en trois catégories : ceux qui se mettent toujours avant le substantif (*bon, beau*), ceux qui se mettent après le substantif (les adjectifs de couleur et la plupart des autres), et ceux qui peuvent se mettre avant ou après, notant que « l'oreille a plus de plaisir à entendre *un habile homme* qu'*un homme habile* » (1999 [1582] : 411-412). Maupas (1618 [1607] : 58 r°-v°) souligne le jugement moral en choisissant la place de l'adjectif : « les adjectifs de loüange ou blasme semblent avoir meilleure grace devant leurs substantifs ».

Wapy rapporte la place de l'adjectif aux cinq sens : la vue, l'ouïe, le toucher, le goût, et l'odorat (qu'il appelle « le flairer ») (1634 : 49-53). La vue comprend les adjectifs qui dénotent la couleur, toujours postposés, à part les archaïsmes (*les blancs-manteaux*) et dans les dialectes de l'Est (*un noir habit*, « une lourde faute » typique des Wallons). Les adjectifs qui correspondent à l'ouïe sont également postposés (*ton aigu, bruit sourd*). Le toucher est plus compliqué, car l'adjective *raze* peut se mettre avant (s'il dénote la quantité : *raze campagne*) ou bien le sens propre de toucher (*velours raze*). Le tissu ras se sent au toucher, la rase campagne signifie l'absence de protection d'un pays découvert, que Wapy perçoit comme rapportant à la quantité (ou l'absence de quantité).

Après Wapy, Oudin ajoute un critère morphologique (le « preterit passif » (participe passé)) et d'autres classes sémantiques : « Les adjectifs de couleurs, de qualitez elementaires, & de nations, se mettent apres le substantif… Les adjectifs de loüange, blasme, quantité, & de bonne ou mauvaise condition & qualité, se mettent devant le substantif » (1640 [1632] : 97). Il conclut que « les autres se doivent apprendre par usage … parce qu'il s'en rencontre qui se mettent tantost devant & tantost après, & n'ont point d'autre fondement » (1640 : 97-98). Vaugelas dresse une courte liste d'adjectifs qui précèdent toujours le nom (*bon, petit*, etc.) et ne mentionne qu'une catégorie sémantique, les adjectifs de couleur (1647 : 183). Chiflet (1659 : 243-245) critique ces règles comme trop simples et mal-fondés :

> Voilà ce qui trompe ces Grammairiens. Quand il est question de former une regle de Grammaire, ils s'arrestent à dix ou douze mots, qui se presentent à leur mémoire ; par exemple, que *bon, beau, gros, petit &c.* vont devant les substantifs ; & là dessus, sans examiner plus avant, ils prononcent leurs arrests de l'usage de la langue. Je n'en ay pas usé de la sorte : car avant que de former les regles de ce traité, j'ay parcouru & examiné tous les adjectifs de la langue Françoise : & si quelcun m'est eschapé, ce n'est pas faute.

Il propose alors plusieurs règles, avec exceptions[65].

La pragmatique

Par souci de l'entregent, Wapy inclut plusieurs commentaires sur la pragmatique de certaines expressions et structures[66]. La douzième remarque demande l'accord de la réponse à la formation de la question :

---

65 Thuillier (2013) présente un excellent résumé de la question en français moderne. L'antéposition est favorisée par la fréquence de l'adjectif, à l'exception des adjectifs de couleur, ainsi que par sa longueur, et par d'autres critères syntaxiques.

66 La pragmatique analyse la langue dans le discours, dans son contexte discursif. Pour une introduction à la pragmatique, voir l'introduction d'Armengaud (2007).

si la question posée est « ou t'en vas-tu ? », il faut répondre « je m'en vay à l'Eglise » et non pas « je vay à l'Eglise » (1634 : 45). Selon le contexte l'adverbe *aussi* sert à des buts différents : « tantôt par desir que la chose soit telle… tantôt par reproche… tantôt par avertissement » (1634 : 91-92). Pareillement Wapy fournit plusieurs exemples des adverbes de comparaison, dont l'emploi « se fait … tantôt par opposition de l'un à l'autre [*plus…moins*], tantôt par augmentation [*plus…plus*] » (1634 : 105-107). Wapy décrit le contexte pour utiliser l'interjection *ha !* : quelqu'un « qui offroit la vie à un sien ennemy, qu'il ne tenoit pas encor, au cas qu'il voulût rendre les armes, la réponse fut, *Tu me donnes la vie ? ha ! j'ay la vie encore : J'ay le cœur assez bon, & le bras assez fort, pour te donner bien tôt ou la vie ou la mort* » (1634 : 116).

CONCLUSIONS

Depuis 350 ans, le nom de Vaugelas et la date de publication de ses *Remarques sur la langue françoise*, 1647, marquent une étape importante dans la standardisation de la langue française. Déjà au XVIIe siècle Charles Sorel, dans sa *Bibliothèque françoise*, avait noté l'importance des *Remarques* de Vaugelas. Au tricentenaire de la mort de Vaugelas, l'Académie a rappelé la contribution de ces remarques à l'unification du pays (Herriot 1950). L'histoire éditoriale des *Remarques* de Vaugelas reflète cette renommée : plus de cinquante éditions et réimpressions dans le siècle après la première édition. Des éditions modernes de Chassang (1880), Streicher (1934), Lagane (1969), Marzys (2009) et Ayres-Bennett (2018) attestent du statut de cet ouvrage dans l'imaginaire de la langue française[67]. En revanche, les *Remarques* de Wapy n'ont paru que dans la seule édition de 1634. Nous avons hasardé ci-dessus (p. 11) des explications, du point de vue de l'histoire sociale, de ce fait : l'origine provinciale, les troubles de la Lorraine au moment de la publication (la guerre, la peste), la disparition du public visé après la fermeture de l'Université de Pont-à-Mousson…

67 Ayres-Bennett (2018 : 831-836) fournit une bibliographie des principales éditions et réimpressions des *Remarques* de Vaugelas.

Mais ce n'est pas uniquement le contexte social qui détermine le destin des *Remarques* de Wapy. Il faut reconnaître également que l'œuvre de Vaugelas touche à beaucoup de matières qui manquent aux *Remarques* de Wapy, éléments de grammaire essentiels pour la standardisation. Vaugelas consacre presqu'une cinquantaine de commentaires sur la bonne prononciation, Wapy se contente de brèves mentions (soy-mesmes (1634 : 69), l'élision de la voyelle dans *laissez-m'y ~laissez-moy-y*, et *l'ardeur~la ardeur* (1634 : 70) ; *je t'y veux mener~je te y veux mener* (1634 : 85), l'insertion de consonnes de liaison (*vas-y, a-t-il* (1634 : 83-84), et la prononciation du groupe vocalique <oi> (*paroître~parêtre*, 1634 : 88). Vaugelas a une trentaine de jugements sur le genre de certains noms ; Wapy n'en a aucun.

En plus, Vaugelas consacre une bonne partie de sa préface et plusieurs remarques à la définition du bon usage, à sa méthode et à son métalangage, comme le barbarisme et le solécisme. Wapy se contente, à part quelques brèves mentions, d'étaler les détails du bon usage qu'il a pu glaner des écrivains réputés et de ses interactions avec les bien-disants de la Cour.

Vaugelas mérite à juste titre son renom au cours des siècles, mais il faut toutefois reconnaître la contribution de l'imprimeur de Verdun à l'histoire de ce genre. Ses *Remarques sur la langue françoise pour parler à la Mode & selon l'air du Temps* est la première publication qui répond à la demande de dévoiler au grand public les débats sur la langue standard du cercle de Conrart et de les disséminer « par tout ou l'on parle François » (1634 : a i v°). Le contexte social de sa publication ne lui a pas permis d'atteindre son but, mais sa publication ici nous permet de mieux comprendre l'évolution de la notion du français standard.

LES REMARQUES SUR LA LANGUE FRANCOISE
Pour parler à la Mode & selon l'air du Temps.

DEDIÉES A MONSIEUR LE MARQUIS D'EVERLY, &c.
FILS DE MONSIEUR LE MARQUIS DE FOSSEZ, &c.
AU PONT A MOUSSON, Chez PHILIPPE VINCENT.
1634 [8-BL-1597]

A MONSIEUR LE MARQUIS D'EVERLY[1]. &C.

Ne vous figurez point je vous prie que je vous presente ces Remarques pour vous donner des Regles ou des enseignements à pratiquer : Je ne suis pas indiscret à ce point là, que je vueille vous rappeller du droit chemin, & vous divertir de la plus abregeante route, pour vous jetter dans les détours, & vous obliger à plus de travail pour moins avancer. Seneque m'a de long temps appris que n'aller en avant qu'autant que les preceptes nous guident, c'est en marchant à pas de plomb faire un tour de cinquante lieuës pour une : là où se former sur une personne de qui toutes les actions & les paroles sont des exemples, c'est voler à tire d'aile, & raccourcir sa carriere presque des deux moitiés. Et donques à quel propos vous ramener aux preceptes ? Vous MONSIEUR qui avez l'honeur d'appartenir à un Pere qui a mis en sa personne le *Bien-faire* & le *Bien-dire* en une si belle alliance, que sans sortir de vôtre Maison vous y avez un Original sur lequel tout en vous joüant vous contre-[a i v°] tirez en vous méme l'une et l'autre de ces perfections. Non, non : Monsieur ne craignez point que ces Remarques viennent vous en retirer, elles ne viennent pas à vous en qualité de Regentes pour vous donner la Loy, elles n'y vont qu'en posture d'écolieres pour la recevoir de vous : Elles se rendent en vos mains pour être soumises à la Touche : Si vous les jugez de bon alloy ; & frappées au méme coin que ces riches exemples dont vos façons de parler sont de fideles copies, elles se promettent d'avoir cours, par tout ou l'on parle François, & qu'il n'y aura celuy dans ou hors le Royaume qui ne les estime recevables. Que si de fortune vous y

---

1 Everly se trouve en Seine-et-Marne ; Gabriel de la Vallée-Fosséz (1575-1636), marquis d'Everly, était conseiller d'état, maréchal de camp et gouverneur de Lorraine et de Montpellier. Ce personnage est très proche du pouvoir royal, d'après sa correspondance avec le Cardinal Richelieu. Il est mentionné par le maréchal de Bassompierre et par le duc de Saint-Simon. Sa fille s'est mariée avec le président du Parlement de Paris. Lui-même gardait une résidence à Paris. Le marquis a publié des rapports concernant le siège de Montpellier en 1622. En 1632, « bien que soudoyé par le duc d'Orléans, il refuse de trahir le roy ».

découvrez de l'alliage pourquoy elles meritent le decry, condannez les au billon, je n'y auray point de regret, puis qu'elles auront eu l'honeur de perir en vous tendant mes devoirs, & d'avoir contribué avant que cesser d'être, à vous donner assurance que ma vie ne surpassera pas d'un moment la resolution que j'ay de demeurer sans privilege de Normandie[2].

MONSIEUR

Vôtre tres-humble & tres-obeissant Serviteur

JEAN DE VVEPY

---

2 « Privilège de Normandie », selon le dictionnaire de Furetière (1690) : « On dit que c'est un privilège de Normandie de se pouvoir desdire ».

LES REMARQUES TANT GENERALES QUE PARTICULIERES, SUR LA LANGUE FRANÇOISE POUR PARLER À LA MODE, & SELON L'AIR DU TEMPS [1]

PREFACE.

Un Ancien disoit avec autant de grace que de verité, qu'il n'y avoit point de plus grande finesse pour acquerir aisément le renom du bien-disant, que de se servir en mesme sorte de l'argent, & des paroles. C'étoit dire en langage [2] raccourcy, que le parler & la monnoye[1] *ont leurs cours, leur rabbais, & leur decry, & que comme on reçoit plus volontiers les pieces les plus maniées, & les plus courantes especes*[2]*, aussi doit on faire le choix des termes de plus commune mise, & qui sont ordinairement en usage parmy les bien-disans*[3]*. Si donc l'on se figure avecque raison quelque image de beauté, à faire toutes les actions de bien seance à la mode, il faut avoüer qu'on à beaucoup plus de suject de se façonner curieusement*[4] *aux gentillesses du parler à la mode, comme de l'une des plus considerables parties de l'entregent. Mais ce n'est pas aux gens de basse étoffe*

---

1 La comparaison entre le parler et la monnaie est courante à l'époque, comme celle entre le parler et la mode vestimentaire. Voir, par exemple, Abel Mathieu dans son *Second devis* (1560 : f. 2v°), concernant l'usage : « je suis prest à vous faire mon payement si vostre majesté est preste à le recepvoir, et me contenteray bien de vostre bonne grace et benevolence avecques l'audience qu'il vous plaira me donner, pour toute quittance, ou tesmoignage de ma charge et service accomply envers les vostres et leur posterité. Ledict payement que je vous fairay sera en monnoye ayant cours au pays, non faulse ny adulterine, ne coignée à faulx marc, ou incongneue aux hommes de la France, à fin qu'un chacun en puisse plus aysement s'ayder sans en faire abus ou tromperie. J'entends suyvre en mon devis coustume et usage de parler le plus commun, le plus simple, et le moins corrompu du peuple, sans avoir esgard aux langues estrangeres mieulx poliees et ornees que n'est la nostre Françoyse. ». Et, bien après Wapy, l'observation d'Alemand sur le choix entre *favori* et *favorit* : « Comme une piéce d'argent ou quelque autre monnoye vient à se polir par l'usage à force de passer par les mains des personnes ; aussi les mots s'adoucissent à force de passer par la langue & la bouche de ceux qui parlent. » (Vaugelas 1690 : 98).

2 La comparaison avec la monnaie s'explique par la diversité des monnaies sous l'ancien régime : les monnaies basées sur les trois métaux (or, argent, billon), les autres instruments monétaires non-métalliques, et les monnaies étrangères (florins, esterlins, etc.). Le choix de monnaie est une question de mode dans certaines régions et dans certains milieux sociaux, tout à fait comme les mots. Voir Blanc (1994 : 12) : « à chaque groupe social correspond une série spécifique d'instruments monétaires qu'il utilise ou simplement reconnaît ».

3 L'usage se définit par l'emploi des mots approuvés par l'élite ; Wapy s'intéresse davantage au lexique qu'aux autres aspects de la langue.

4 « Curieusement » au XVIIe siècle veut dire « exactement », « attentivement ».

de faire la mode, non : & s'il n'est permis qu'aux plus avenans de la Cour de donner la vogue aux habits[5]*, & [3] d'introduire des exemples de leurs façons de faire, soit en public, soit en particulier pour estre suivis de ceux de leur nation, & donner de l'amour, & de l'admiration aux autres ; Aussi n'est-ce le propre que des plus excellents esprits reconnus pour Maistres passés en l'artifice de bien dire, de donner le cours aux manieres de parler plus recevables : & de n'ouvrir la bouche, que pour donner autant de modeles, que de discours à ceux qui sont amoureux des beautés de nôtre langue. Marcher donc sur leurs pas, & parler à peu près comme ils font, C'est ce que nous appellons parler à la mode, & à la façon du temps.*

Les siecles de nos Peres se sont donné la vanité d'avoir fait parêtre dans le monde un bon nombre de grans personnages, qui ont découvert en ma-[4]tiere de bien parler ce que personne n'avoit apperçeu devant eux, & fait voir des incomparables richesses en la langue qu'ils avoient apprise de leurs nourrices. Les Grecs en ont fait des recueils, les Romains en ont grossi leurs livres : & les uns & les autres se sont fait flatteusement accroire d'avoir poussé l'Eloquence jusqu'au plus haut point, où elle étoit capable de monter. Mais graces à Dieu, l'âge où nous avons l'honneur de vivre ne nous mettra point au desespoir de les pouvoir au moins égaler : Puisque nous oserions bien dire sans reproche de vanité que nous emportons sur eux de si glorieux avantages qu'ils sont contrains de nous quitter la partie & le jeu. Nous avons où jamais il n'en fut des hommes qui parlent François avec tant de [5] perfection, que s'il prenoit envie aux Monarques de la tere : (comme disoient les Grecs de Jupiter, à la loüange de leur Platon) de chercher de la gloire à divinement bien parler nôtre langue, ils n'aspireroient point à plus de grace, & de naïveté qu'il s'en retreuve en tant de bonnes pieces, que les beaux esprits du temps nous mettent tous les jours dans les mains[6]*. De sorte qu'il ne nous reste plus qu'un petit souhait à faire : à sçavoir que ces Messieurs ne cachassent plus au public les remarques qu'ils y observent*[7]*.*

---

5 L'évolution constante de la langue est un lieu commun de l'époque. Ici Wapy introduit la comparaison entre la mode vestimentaire et l'usage. Binet (1622 : Epistre necessaire au lecteur judicieux, 2) se sert d'une autre comparaison, à la vénerie : « toutes les fois qu'on change de grand Veneur, on change quasi de façon de parler, & tous les ans c'est tousjours à refaire ».

6 La revendication de la supériorité de la langue de son ère reprend la préface de Du Vair (1595 : 1 v°) : « certes il est vray, que l'eloquence Françoise n'a jamais monté plus haut qu'elle est, & que ceux qui ont vescu devant nous ne nous ont rien laissé en nostre langue digne d'estre preferé aux escrits de ceux de nostre temps ».

7 Sans doute une référence au groupe de littéraires qui se réunissaient chez Valentin Conrart, à partir de 1629 (au plus tard), avant la formation de l'Académie Française. Schapira

On raconte d'un statuaire nommé Polygnotus (ce que Galien rapporte de Polyclete) qu'il mit au jour sous le titre de Kanon [en caractères grecs], un curieux abregé des regles de son art, au moins des meilleures, & des plus choisies[8] *: faisant voir quant [6] & quant*[9] *un ché-d'œuvre de sa main, ou elles étoient toutes tres-parfaitement gardées. Je ne doute nullement que, ce ne soit à un point prés, l'ordinaire pratique de ces riches plumes : Mais de les induire à ce point, qui manque à mon avis à l'accomplissement de leur gloire, de gratifier la France d'un raccourcy de leurs curieuses remarques ; C'est ce que nous ne pouvons encor bonnement esperer. Ils sçavent que nos François sont ennemis de toute sorte de contraintes : & que leur parler de regles, c'est comme leur monstrer une conciergerie, où leurs esprits se doivent rendre prisonniers. C'est pourquoy n'esperant pas que les roses qu'ils ont fait naître par une longue patience des épines de leurs études, puissent être recueillies avec l'admiration qu'elles [7] meritent ; ils ayment mieux les tenir en reserve parmy les raretés de leurs cabinets, que d'en faire largesse à des personnes qui n'en sçavent pas bien faire l'estime, & qui les rabbaisseroient de prix au dessous des fratras*[10]*, & des vaude-villes*[11]*. Ils ont peur qu'il ne leur en prenne à l'égard de telles personnes, comme il en prit à cét*

(2003 : 79) émet des doutes concernant l'histoire de ce groupe telle que racontée par Pellisson : « Le "cercle Conrart" en tant que cadre de réunions réglées, est-il une invention de Pellisson ? Cette question est impossible à trancher, mais le silence des sources à l'égard du "cercle Conrart" invite du moins à douter de la vie intense dont Pellisson l'a doté. » Pourtant, peut-être que Wapy est justement une source qui rompt ce silence ?

8 Galien a reconnu la statue *Doryphore* de Polyclète, sculptée *circa* 450 BCE, comme le *kanon* (« standard ») de beauté parce que ses proportions sont parfaites. Deux morceaux du texte de Polyclète sont cités dans d'autres auteurs de l'antiquité (Plutarque et Philo) et Galien inclut un résumé des principes du sculpteur. Voir Stewart (1978). Polygnote était un peintre de la même époque, mentionné par Platon, Aristote et Pline.

9 L'expression *quant & quant* est condamnée par Vaugelas (1647 : 53) ; dans son manuscrit il la range à la langue orale, mais inacceptable à l'écrit, même si Malherbe s'en servait (Ayres-Bennett 2018 : 324 n. 221). Marzys remarque que la locution s'emploie fréquemment pendant la première moitié du XVIIe siècle (2009 : 202, n. 3).

10 Plus souvent *fatras*, 'choses frivoles'. La forme *fatras* a plus de 400 attestations dans le corpus ARTFL-FRANTEXT, contre sept pour *fratras* (six des sept avant 1800). Aujourd'hui *fratras* est souvent dans la liste des fautes d'orthographe.

11 Les chansons satiriques de la rue. L'origine du mot est contestée : soit une origine géographique, de Val de Vire (Calvados), où le genre a connu beaucoup de succès au XVe siècle (par exemple les chansons d'Olivier Basselin de Vire) ; soit une combinaison des verbes **vauder* et *virer*, les deux voulant dire « tourner » (hypothèse de Pierre Guiraud (1986 : 34-42)) ; soit la contraction de la locution *voix de ville*, comme dans le recueil de Jehan Chardavoine (1576) : *Le recueil des plus belles et excellentes chansons en forme de voix de ville*). Oudin (1640 [1632] : 561) définit une vaudeville comme « une chanson du commun peuple ».

excellent joueur de flûtes, la melodie duquel, lors que plus il voulut faire éclater la perfection de son art, fut moins estimée au jugement d'un homme de guerre, qu'un hannissement de cheval[12]*. Et donc sera-t'il dit que les plus accorts*[13] *d'un Royaume, qui baiseroient avec humble respêt tout ce qui sortiroit de la main de ces hommes polis, se treuveront enveloppés dans le juste châtiment de ceux qui n'auroient pas seulement la curiosité de voir la couverture de leurs [8] livres ? & que personne ne jouïra de ces thresors de langage, sans employer une bonne partie de ses jours à les ramasser piece à piece, dans des ouvrages où elles sont tellement éparses qu'il nous en échappe plusieurs quelque curieuse attention que nous puissions employer à leur recherche. Je ne veux nullement entrer en un si glorieux sentiment de mon esprit ou de ma suffisance, que de me faire accroire*[14] *d'avoir plus heureusement penetré dans ces secrets qu'une infinité d'habiles hommes, qui les estiment de fort difficile quête : Mais aussi je ne tremperay jamais dans le blâme d'estre si jalousement amoureux des fruits de mon travail, que je veuille prendre tout seul mon contentement à les idolatrer, sans en donner la veuë à ceux qui penseroient y pouvoir prendre avec satisfaction une [9] avantageuse part. Comme je profite volontiers de l'acquis des honnêtes gens aussi ne suis-je point chiche à mes amys du fruit de mes plus curieuses études. Ils auront donc pour aggreable que je leur étalle par forme de montre, les principales remarques de la langue françoise pour parler selon la mode qui court ; léquelles je tiens tant de la lecture des plus excellens écrivains, & de l'exacte recherche de mon petit esprit, que de la conference que j'ay euë, non sans une extraordinaire satisfaction avec un des plus parfaits Maistres de bien dire, à qui j'en renvoyray l'honneur en le nommant, si d'aventure ce petit ouvrage ne semble point trop bas pour se vanter de tenir quelque chose de luy. On n'y treuvera d'abord, je le confesse, qu'un grossier ébauchement de la besongne, mais [10] j'auray de l'obligation, avec tous les curieux des bonnes choses, à quiconque voudra contribuer à son accomplissement, voire par une seule remarque. Si quelqu'un à dequoy y ajouter, il luy plaira d'en donner les memoires à mon Libraire, qui faisant le debit de ces Remarques, sera tousjours prêt à recevoir les minutes d'augmentation ; & je*

12 Voir Plutarque, second discours sur la fortune ou la vertu d'Alexandre : « Atéas, roi des Scythes, ayant fait prisonnier le joueur de flûte Isménias, lui ordonna de jouer de la flûte pendant le repas. Tous les assistants, émerveillés du talent de l'artiste, applaudissaient ; Atéas, seul, jura qu'il entendait avec plus de plaisir les hennissements de son cheval » (Plutarque 1870 dans le site http://remacle.org/bloodwolf/historiens/Plutarque/fortunealexb.htm consulté le 11 janvier 2022).

13 Habiles, adroits, gracieux.

14 Croire (à tort).

promets, que je ne demeureray pas endetté de cette faveur, s'il ne tient pour m'en acquitter, qu'à faire une honorable mention de ceux à qui j'en seray redevable. Sur l'attente donc des effets de la bonne volonté de ceux qui ont à cœur la perfection de nôtre langue. Je m'en vay entamer la besongne, & jetter au hasard ces feuilles volantes pour donner quelque commencement à ce projet.

REMARQUES SUR LE PARLER A LA MODE. [11]

Premiere partie.

I. REMARQUE.

J'ESTIME incomparablement davantage les fortes pensées reduites en bon ordre, que la seule netteté de langage en un discours sans corps & sans substance : neanmoins quand ce que nous avons à dire est bien rencontré, & que toutes les parties en sont des-ja bien disposées, la gentillesse des façons de parler y donne veritablement [12] un bel éclat, ne plus ne moins que les habits donnent de la grace à la belle taille des corps, & à la beauté des visages. C'est pourquoy à fin de nous rendre familiere cette gentillesse de discours, nous mettrons icy en avant plusieurs remarques d'où elle prend son origine : d'ont [*sic*] l'une des premieres & des principales pour la pureté, c'est de n'enfiler de gayeté de cœur dans le langage françois les mots empruntés, où plutôt tirés à force, du Grec où du Latin ; & de n'employer de ces paroles étrangeres, que celles qui par la necessité, ou par l'usage s'y sont naturalisées[1]. Vous ne pouvez faire passer de bonne grace, n'y faire couler doucement une belle sentence, si [13] vous ne luy applanissez le chemin. Car si un discours hurte à toutes rencontres à des mots rabboteux & sourcilleux qui servent à donner de l'admiration aux ignorans, qu'à se faire comprendre, & à faire veoir la fin ou il pretend vous mener, outre qu'il se prononce vainement, & avec plus de bruit que de fruit, il engendre du dégoût : par ce qu'on y rencontre

---

1 Wapy condamne l'emprunt aux langues anciennes. Saint François de Sales conseilla aux prédicateurs d'employer un langage « clair, net et naïf, sans ostentation de motz grecs, hebreux, nouveaux, courtisans » (1875 [1604] : volume 12, p. 321). Henri Estienne fustigeait plutôt contre les emprunts aux langues modernes (1565 : 14-16) pour contrer l'influence surtout de l'italien (1578). Voir Cowling 2007.

(comme disoit l'Empereur Auguste) la puanteur des mots deterrés[2] & relans. Ces deux vices contre la pureté du langage passent pour vertus en l'opinion de je ne sçay quels suffisans, qui ne sont sçavans qu'à demy, & qui ne peuvent atteindre à la naïveté du parler : A l'occasion dequoy ils vous font [14] des ramas de paroles bruyantes, étrangeres, & non receuës, pour acquerir à faux tiltre parmy l'ignorante populace l'opinion d'hommes relevés en sçavoir, ou profons en doctrine. Exemples tirés du Cartel aux Astrologues. *Les epieurs Cœliques qui professent la presagerie. Quand un terroir fondal estend sa spaciosité frumentaire soubs les ouraniques influences &c*[3]. Mais l'homme parfaitement eloquent, plutôt que de se servir d'un mot venu d'étrange pays, qui soit rude[4] & mal sonnant, fera connoitre sa pensée par un bel arrangement de plusieurs termes de bonne mise ; ou s'il est contraint[5] d'emprunter une parole étrangere, il âjoutera quelque sauf-conduit [15] pour luy donner passage en cette sorte : *s'il m'est permis d'ainsi parler*[6]. *Puisque la necessité m'oblige de laisser*

2 Dans son *Addresse* (1636 : 378).

3 Ces phrases contiennent des éléments retrouvés dans le *Cartel aux Judiciaires et Celoteurs Astrologues* de Jacques Mollan (1585) : *terroir fondal* (p. 122), *frumentaires guerets* (p. 83), *spaciosité campagneuse* (p. 85), *presagerie* (épitre), *ouraniques balanciers* (indice des mots), *celiques inspections* (p. 56). Wapy invente une phrase ridicule en mélangeant ces mots.

4 Vaugelas oppose *rude* à *doux* en prononciation (par exemple, series de monosyllabes (1647 : 129), le choix entre *ments-je* et *menté-je* (1647 : 212), dans le choix de mots (*lequel, laquelle* : « ces pronoms au nominatif, tant singulier, que pluriel, sont rudes pour l'ordinaire » (1647 : 115), et en syntaxe (séparation de la préposition de l'infinitif qui en dépend – « pour avec Quintus aviser » (1647 : 63).

5 Les remarqueurs reconnaissent la nécessité de certains emprunts. Vaugelas (1647) accepte volontiers des emprunts qui ne paraissent dans les textes littéraires que dans les années 1620 – *incognito* (464), *intrigue* (126), *conjoncture* (212), *transfuge* (448-449), expliquant, dans le cas de ce dernier : « Ce mot est nouveau, mais receu avec applaudissement à cause de la necessité que l'on en avoit, parce que nous n'en avions point en nostre langue, qui exprimast ce qu'il veut dire ». Macé est d'accord : « La necessité des mots donne cours à *transfuge*, qui signifie plus que deserteur & fugitif » (1651 : 242). Au tournant du XVIIIe siècle, il n'y avait plus de doute : « *Transfuge* n'est plus aujourd'huy un mot nouveau dans la langue, l'usage l'a entierement estably » (Académie 1704 : 441).

6 Urfé (1966 [1624]) : 336), par exemple, en employant le mot *desraison* : « s'il m'est permis d'user de ce mot ». Vaugelas conseille, lui aussi, l'emploi de ces phrases : « un mot, qui est encore si nouveau, & si peu estably par l'Usage, qu'il passe pour barbarisme, à moins que d'estre adoucy par un, *s'il faut ainsi parler, si j'ose user de ce mot*, ou quelque autre terme semblable » (1647 : 568) et « Je ne voudrais en [du mot *securité*] user, encore sans y apporter quelque adoucissement, comme *pour user de ce mot*, ou quelque autre semblable, à l'imitation de Ciceron, qui ne se sert jamais d'un mot fort significatif, lors qu'il n'est pas encore bien receu, qu'il n'y apporte cette precaution » (1647 : 44). Voir également ce passage de Bouhours (1671 : 52), concernant les métaphores : « Au reste nôtre langue est si reservée

courre ce mauvais mot : ou autres semblables. *Exemple, S'il est permis*[7] *aux paroles d'avoir de la hardiesse*, on peut dire que Dieu est un sage eternel, & que le Sage est un Dieu pour un temps[8].

II. REMARQUE.

La seconde Remarque est de faire employ des plus beaux mots françois qui semblent porter quant & eux je ne sçay quelle gentillesse, les posant en leur juste assiette, & ne s'en servant que [16] bien à propos & peu souvent. Car le trop donneroit témongnage d'affaiterie, en voicy quelques uns pour servir d'avant-goût à une infinité d'autres, qui se peuvent remarquer és entretiens des bien-disans, & dont la plus part des bons livres sont remplis. *Avantageux, avantage, avantageusement*[9] ; Exemple, ces propos trop avantageux pour celuy cy, tournoient au desavantage de l'autre. *Bien seance*[10]. Exemple, quand j'auray quelque chose qui sera à vostre bien-seance, vous en pourrez disposer. *Consideration*[11], *considerable*,

---

dans l'usage des metaphores, qu'elle n'ose employer celles qui sont un peu fortes, si elle ne les adoucit, par *si j'ose dire : pour parler ainsi : pour user de ce terme : s'il m'est permis de m'exprimer de la sorte.* » Pareillement, Andry de Boisregard conseille : « Il y en [de métaphores] a mesme qui estant un peu extraordinaires ont besoin de quelques correctifs pour les adoucir. Ces correctifs sont : *pour parler ainsi, pour ainsi dire, pour user de ce terme, s'il m'est permis de parler de la sorte, si je l'ose dire, &c.* » (1693 : 303). Ménage (1675 [1672] : 457) note que de telles expressions seraient ridicule en poésie. Voir aussi la remarque VIII, ci-dessous.

7 *S'il est permis* dans Charron (1601 : 339) : « ...pour tenir leur vertu en haleine et en action, laquelle ils rendoient non seulement ferme, constante, grave et severe, comme Caton et les stoïciens, mais encore gaye, riante, enjouée, et, *s'il est permis de dire*, folastre » ; et dans Naudé (1625 : 58) : « *s'il est permis d'ainsi parler.* »

8 C'est une citation de Faret, *L'Honneste-homme...* (1630 : 75). Cet ouvrage est basé sur *Il libro del cortegiano* de Castiglione (1528).

9 *Avantageusement* : 32 exemples dans le recueil d'ARTFL entre 1580-1630, dont un tiers se trouvent dans *L'Astrée* d'Honoré d'Urfé. Pareillement, *avantageux* paraît le plus souvent dans *L'Astrée* et dans *La conclusion de l'Astrée* de Balthasar Baro. Vaugelas utilise *avantage* quinze fois, mais sans commentaire ; jamais *avantageux* ni *avantageusement*. Dupleix se sert également d'*avantageuse* (*conditions avantageuses* (1651 : 168 et 464).

10 Le plus souvent en un seul mot. Faret emploie ce terme trois fois dans *L'Honneste-homme* (1630).

11 Ici dans le sens de « estime » ; plus tard au XVIIe siècle, ce sens du mot n'est plus acceptable. Andry de Boisregard (1692 : 134) a jugé cet emploi du nom « peu français », tout en admettant que « des écrivains fameux ont parlé de la sorte ». Pour Callières, *considération* dans le

il est en grande consideration parmy ces peuples. *Condition.* Cela n'est pas hors de blâme en une personne de condition[12]. *Complaisance*[13], Je suis trop [17] peu fait a la complaisance pour approuver leur procedé. *Creance*[14], gagner de la creance dans le monde, ou dans les esprits des hommes. *Déchet*[15], cette indiscretion à donné du déchet à sa fortune, *Declin*[16], aussi tôt que le plaisir commence à naître aussitôt il regarde son

---

sens de « estime » ne peut s'employer qu'avec les inférieurs (1693 [1692] : 96) ; l'ignorance de cette contrainte « peut faire tomber dans le ridicule » (*ibid.*). Leven de Templery trouve cet emploi « un peu trop familier pour un inferieur » (1698 : 230). Pourtant Ménage dit avoir « toute l'estime & toute la considération qu'il mérite », en parlant de M. de Segrais (même si de Segrais dit *bienfacteur* plutôt que *bienfaiteur* (1676 : 232).

12 Les exemples contemporains avec Wapy permettent l'emploi de *condition* dans un sens positif (« un homme de condition, qui estoit beaucoup au dessous de luy », Mareschal 1627 : iv, 601) ou négatif (*homme de basse condition*, Sorel (1623 : 8)). Dupleix inclut les « personnes de condition » dans son classement des Français : « *Le vulgaire & la lie du peuple dit* fillol, & fillole. *Mais la Cour & les personnes de condition, avec les doctes disent* filleul & filleule » (1651 : 665). Dans la seconde moitié du siècle, les exemples reflètent souvent un contraste entre les apparences et la réalité : « un faquin qui passe pour un homme de condition à la faveur de son habit » (Furetière 1666 : 90). Bouhours précise que « *Condition* dit moins que *qualité* ; et *homme de qualité* est en nôtre langue quelque chose de plus qu'*homme de condition* » (1675 : 121-122), un jugement répété par Jean d'Aisy un *homme de condition* « est quelque chose de moins qu'*homme de qualité* » (1685 : 289).

13 *Complaisance* a un sens plutôt péjoratif, une accommodation servile non méritée. Dupleix se plaint de la « complaisance envers les femmes » dans les choix linguistiques de Vaugelas (e. g. *damoiselle/demoiselle* : Vaugelas 1647 : 141 ; Dupleix 1651 : 319).

14 La plupart des commentaires sur *créance* portent sur la distinction entre *croyance* et *creance* (Vaugelas 1647 : 541-542 ; Macé 1651 : 134 ; Buffet 1668 : 140) : *creance* serait une affaire de finances, *croyance* une affaire de foi, mais l'orthographe de l'époque tend à confondre les deux, préférant *creance* (Vaugelas 1647 : 541, Dupleix 1651 : 654). Vaugelas et Macé ont conseillé d'utiliser seulement *creance*, à l'écrit comme à l'oral, en notant que c'est un usage en pleine évolution, une évolution évidente par le fait que Vaugelas a changé d'avis entre son manuscrit (1637 (?) et son livre (1647) ; il faut noter que le manuscrit dans la Bibliothèque de l'Arsenal n'est peut-être pas celui que Vaugelas a présenté à l'Académie. Buffet, pourtant, a distingué les deux : « il faut ecrire croyance & prononcer creance ». La Mothe Le Vayer se sert de la même locution que Wapy, *gagner creance* (1647 : 109). Guy Miège (1677) traduit l'expression « gagner creance sur l'esprit de quelqu'un » par « *to gain confidence with one* ». Le *Dictionnaire royal de Pomey* (1680 : 239) la traduit en latin par « *Apud aliquem, fidem sibi facere existimationem parere, auctoritatem nancisci. Alicujus animum, sibi sensum demeteri, devincire* ».

15 L'emploi figuratif ici : « sa fortune a diminué ». Voir les *Mémoires* du Cardinal de Retz (1613-1679), « un grand déchet de réputation » (1718 [1675-1677] : 140). Wapy fournit un exemple (p. 162) « il n'y a point d'emprunt qui ne soit usuraire, et qui ne cause du déchet à l'emprunteur ».

16 Voir le Cardinal du Perron (1622 : 566) : « aussi-tost qu'elle [*l'âme*] commence à naistre, aussi-tost elle regarde son declin » ; aussi, Arnauld, *Le Mespris du Monde* (1614 : 482) : « Je suis comme la rose, qui en s'espanoüissant regarde son declin ».

declin. *Decry*, ses meilleurs ouvrages sont maintenant dans le decry[17], *Desordre*[18], on ne voit pas toujours les hommes dans le desordre de leurs passions. Un esprit en desordre. *Disgrace*[19], les traits de son visage ont dés la premiere veuë je ne sçay quelle disgrace. Vous me voulez noircir pour tirer profit de ma disgrace. *Egalité d'humeurs*[20], Il a toujours maintenu son humeur egale, voire parmy les plus rudes attaques de [18] la fortune. Rien n'est associé avecq ; Dieu en egalité de puissance. *Encherir*[21], vostre desir continuant en son déreglement encherit sur vôtre offence *Estoc*[22], il est fort foible de son estoc mais &c. *Essay*[23], il ne s'en étoit pas encor

17 Dans le décry : « mal vus », « l'opinion n'est plus favorable », à l'origine un terme employé dans les finances, « le décri des monnaies », « dévaluation », mais on trouve au sens figuré à l'époque « un continuel descry de notre religion » (Garasse 1623 : 988).

18 Les passions comme source de désordre est un thème courant au XVIIe siècle. Le prédicateur Jean-François Senault a consacré un traité aux passions, publié en 1641, où il contraste les bons emplois des passions et le désordre des passions. François Hédelin, l'abbé d'Aubignac (1715 [1676] : 260) « Or il n'était pas étrange qu'un poète qui voulait représenter deux princes irrités leur mît des injures dans la bouche pour marquer le désordre de leurs passions ». Baro (1632 : 309) : « Je le voy dans un tel transport que cela me met l'esprit en desordre » ; Corneille, *Cinna* (1643 [1641] : 3 ; acte I, scène 2) : « mon esprit en desordre à soi-même s'oppose » ; *Dictionnaire de l'Académie Française* (1694, désormais *DAF*) « Il a l'esprit en désordre. Les passions mettent le désordre dans l'âme ».

19 *Disgrace* est un emprunt à l'italien, dont la première attestation date de 1539 (*disgracieux* dès 1518). Dans le premier exemple, il s'agit d'une apparence, l'aspect physique, qui cause une impression défavorable (un sens qui manque dans les dictionnaires de l'époque, mais voir le *TLF*, sens B. http://atilf.atilf.fr). Le deuxième exemple reflète le sens figuré, beaucoup plus fréquent, qu'on retrouve dans la première édition du *DAF*, et noté dans la grammaire de La Touche (1730 : 173).

20 Dans *égalité d'humeur* le mot *égalité* est pris non pas dans son sens physique mais dans un sens figuré, exprimant la modération, un tempérament calme. La collocation *humeur inégale* paraît quatre fois dans la base FRANTEXT entre 1550-1650, les quatre exemples concentrés entre 1625-1628 (Camus, Mareschal, Malherbe). Voir aussi Jean de Sponde (1604 : 38) : « Si nos passions estoyent d'humeurs esgales, Mes feux desja seroyent estains sous vos glaçons ».

21 Le *DAF* (1694) note cet emploi figuratif : « surpasser en quelque chose ». Les premières attestations, dès le milieu du XVIIe siècle, reflètent le sens étymologique de « rendre plus cher » (notamment Bodin, *Discours sur le rehaussement et la diminution tant d'or que d'argent* (1578 : k iii r^o^ : « le degast fit encherir les choses depuis Sulla jusques à Caligula »), même lorsqu'employé métaphoriquement, comme Ronsard, *Les Amours*, « Vienne quelque marchand / je le mets à l'enchere ».

22 *Estoc* a deux sens, de différentes sources : il signifie à cette époque une épée longue et droite, le mot probablement emprunté à l'ancien provençal, et le tronc d'un arbre, un mot d'origine germanique (*TLF*). Wapy prend le sens figuré du deuxième sens pour signifier « lignage ».

23 *Faire l'essai* est beaucoup plus fréquent que *mettre à l'essai* ; les seuls exemples de *mettre à l'essai* dans le corpus FRANTEXT sont de Rutebeuf (*circa* 1260). Dans le *Littré* (1873-1877) on trouve cette définition de *mettre à l'essai* : « éprouver, pousser à bout », et une citation de Rousseau « pour mettre à l'essai ma complaisance » (*Émile*).

mis à l'essay. *Franchise*[24], *franchement*, Je luy ay declaré avec beaucoup de franchise l'état de mes affaires. *Glorieux*, Cet accomply Chevalier perit dans un glorieux dessein[25]. Il sort du combat avec de si glorieux avantages que &c. *Honeur, honêteté*[26], l'honeur m'oblige à vous rendre cette visite. Encores qu'il n'ayt pas les richesses qu'il avoit du passé, il en a toute l'honêteté. *Joyes* toutes pures[27], *Jeunesse*[28] apres sa saison. *Inseparable*[29],

24 Dans le *Thresor* de Nicot (1606) le sens de *franchise* se limite à la libération d'une dette ou de prison. Le sens indiqué par l'exemple de Wapy, « candeur », « sincérité » paraît dans le *DAF* (1694). Montaigne (1595 : Livre III, chapitre 6, 85) inclut *franchise* dans ses listes de vertus : bonté, liberalité, loyauté, franchise. Charron contraste *franchise* et *finesse/subtilité* (1601 : 614). « Parler/dire franchement » est fréquemment attesté dès le milieu du XVIe siècle.

25 Boisrobert (1629 : 369) : « il perit dans ce glorieux dessein, qu'il acheva par la perte de sa vie ». À la fin du siècle *glorieux* a également des connotations négatives, « plein de vanité » (*DAF* 1694).

26 *Honnête* et *honneur* sont dérivés du latin, *honos, honoris*. *Honêteté* signifie ici toutes les qualités de l'honnête homme. Castiglione (*Il Cortegiano*, 1528) et Érasme (*De civilitate morum puerilium*, 1530) ont établi ces qualités, reprises en France par Faret (*L'Honnête-Homme*, 1630) : le bon goût, la politesse, un homme cultivé mais non pas pédant. Suivent plusieurs manuels de ce genre, tant pour les femmes (Du Bosc, 1632 ; Grenaille, 1639) que pour les hommes (Grenaille, 1642 ; Chorier, 1648). Pour une liste de ces ouvrages voir Reichardt 1987 : 346). Bouhours remarque qu'*honnesteté* commence à remplacer *courtoisie* (1675 : 48). Quant à *honneur*, Buffet remarque que l'expression « honorez-moi d'une visite n'est plus en usage parmy les personnes de qualité » (1668 : 80).

27 Les premières attestations de la qualification « toutes pures » ont paru, dans le corpus FRANTEXT, à l'époque où Wapy préparait ses remarques – Silhon (1626 : 412 : « nous les pourrions cueillir toutes pures ») ; Boisrobert (1629 : 225 : « mille sortes de felicitez toutes pures ») ; Godeau (1633 : *Méditations* : 124 : « des amertumes toutes pures »). L'expression « joyes toutes pures » se trouve dans le texte de Pierre Antoine Mascaron (1632 : 4).

28 « Encore veux-je croire que le terme de vostre patience s'en va expiré, & que l'advenir vous prepare des contentemens tout purs, & une jeunesse apres sa saison, comme vous avez esté vieux devant le temps » (Balzac, 1626 : 17). L'expression se trouve dans une lettre adressée au Cardinal de Richelieu ; elle n'est pas incluse dans le recueil de 1624, mais la reprise de cette phrase dans d'autres contributions de la « querelle des lettres » signale qu'elle était distribuée tôt dans les échanges. La querelle opposait les modernes (Balzac, Ogier et d'autres) aux anciens (Garasse, Goulu parmi d'autres). Cette polémique a fait couler beaucoup d'encre entre 1624 et 1630 (voir Bombart 2006 pour une fine analyse de cette dispute). On retrouve l'expression *jeunesse après sa saison* dans d'autres ouvrages de cette polémique. Dans une pièce de théâtre, *La Comédie des comédies* (1629 : 10), le sieur du Peschier satirise le langage de Balzac : « Monsieur, je recognois bien à vostre visage & à vostre couleur que les maladies ne vous ont pas porté le respect qu'elles doivent a un homme de vostre qualité, & que vous avez esté rudement traitté, il faut vous consoler & croire que l'advenir vous prepare une autre jeunesse apres sa saison, comme vous avez esté vieux avant le temps ».

29 Par exemple, Bérulle (1623 : 341) : « Aussi nous devons estre inseparablement conjoincts au Fils de Dieu comme le serment à la Vigne, & comme il est luy-mesme inseparablement

inseparablement conjoint. *Interdit*[30] [19] il devint aussi interdit, que si un bastion se fût éboulé à ses pieds. *Lumiere*[31], ses escrits auquels il a donné plus de lumiere qu'auparavant. *Marque*[32], homme de marque. *Merite, démerite*[33], ay je tant démerité envers sa bonté, que pour &c. *Nature*[34], je ne reçoy point vos excuses, particulierement celles de cette nature. *Obscurcir*[35], que je n'obscurcisse rien de sa gloire par le deffaut de mes paroles. *Pour peu que*[36], il est hardy, pour peu que l'occasion le

conjoinct à son Pere ». Dans le corpus FRANTEXT la première attestation de cette collocation est dans Montaigne (1595 : Livre I, chapitre 20, 50) ; à l'époque *étroitement conjoint* est un peu plus fréquent.

30 À l'époque on l'emploie beaucoup plus fréquemment dans le sens juridique de prohibition, mais Garasse et Gombauld l'emploient également dans le sens indiqué ici, « étonné » (au point où on ne peut rien dire). Garasse (1623 : 972) : « lequel est si surpris & interdit depuis le retour du roy » ; Gombauld (1624 : 42) « Moy qui demeurois tout interdit et confus ». La première édition du *DAF* note les deux sens.

31 Encore une fois la remarque de Wapy porte sur le sens figuré du terme, et son emploi dans le monde des littéraires et des courtisans. Balzac a félicité Jacques de La Motte d'Aigron de cette façon : « La proprieté des mots, et la chasteté du style, qui donne tant de lumiere à ce que vous escrivez… » (1624 : 137).

32 Dans la première édition du *DAF* : « On appelle, *Homme de marque*, Un homme signalé par sa qualité ou par son merite ». Dans le corpus FRANTEXT nous trouvons « autheurs de marque » (1599), « seigneurs de marque » (1602), « gens de marque » (1610), « personnes de marque » (1623) et enfin « hommes de marque » (1627, 1629, 1630). Nous remarquons également « hommes de marque » dans la traduction de Diogène Laërce par François de Fougerolles (1601 : 350), un groupe qui comprend orateurs, grammairiens et autres « hommes doctes ».

33 Le verbe *démériter* est assez rare, un seul exemple avant Wapy dans les *Mémoires de Marguérite de Valois* : « il m'en privait aussi sans l'avoir démérité » (1994 [1586] : 24). Il signifie, selon le *Littré* (1873-1877), « agir de manière à perdre l'estime » ; la préposition qui suit est typiquement *auprès de*. L'objet de la préposition avec *démériter* est, dans les exemples trouvés, une personne ou Dieu. George Sand (1832) : « Si j'ai démérité auprès de vous… » L'utilité de l'emploi suggéré par Wapy dans la vie des courtisans est évidente.

34 Encore une fois, Wapy signale le sens figuré du mot « à la mode ». Ce sens est note à la fin de l'entrée « nature » dans la première édition du *DAF* : « *Nature*, signifie quelquefois, Sorte, espece. *Je n'ay point veu des arbres de cette nature. qui a jamais veu des affaires de telle nature ?* ».

35 Ce sens figuré se trouve dans la pièce *Lisandre et Caliste* de Pierre du Ryer (1632 : 21) : « desja le bruit commun fatal a son renom obscurcit làchement la gloire de son nom ». Dans la première édition du DAF : « se dit figurément… cela a beaucoup obscurcit sa gloire ».

36 Les premières attestations de *pour peu que* dans le corpus FRANTEXT datent du début du XVIIᵉ siècle. Vaugelas s'en sert : « A quoy il est necessaire d'ajouster, que le nombre des substantifs feminins, devant lesquels il faut dire *grande*, sans elision, est incomparablement plus grand, que celuy des autres, où l'on mange l'*e*, tellement qu'on n'aura pas grand'peine à n'y manquer pas, pour peu que l'on ayt de connoissance de l'Usage » (1647 : 168).

favorise. *Portée*[37], au delà de vôtre portée. *Part partagé*[38], il prend part à ma douleur, son esprit ét partagé entre l'espoir & la crainte. *Passer pour*[39] *&c.* qui eût essuyé ses larmes eût passé pour criminel. *Qu'autant que*[40], Cét homme n'ét fidele [20] qu'autant que ses services sont surachetés à pris d'argent. *Reserve, Reservé*[41], Il en parle avec beaucoup de reserve, *Surface*[42], *Surdoré*[43], *sursemé*[44], *en surpeau*[45], *surprise*[46], tout hors de soy en la surprise de ce contentement inesperé. *Treuver bon*[47] treuvés bon que

37 Ce sens de *portée* n'est pas mentionné dans le *Thresor* de Nicot (1606), mais se trouve dans la première édition du *DAF* (1694) avec un exemple similaire : « *Portée*, fig. se prend pour l'Estenduë, pour la capacité de l'esprit, ce que peut faire, ce que peut concevoir, ou produire l'esprit d'une personne... *on ne doit rien entreprendre au delà de sa portée* ».

38 Le plus souvent *partager* signifie la division de quelque chose entre plusieurs personnes, comme les cohéritiers, mais le sens figuré, qui exprime l'hésitation entre deux opinions ou sentiments, s'emploie souvent chez les remarqueurs de la deuxième moitié du siècle. Louis-Augustin Alemand, par exemple, sur l'accord de l'adjectif avec deux substantifs : « Cette difficulté a partagé generalement tous nos Auteurs & les partage encore » (1688 : 58). Dans le premier XVIIe siècle, dans le sens figuré, les verbes en collocation avec « entre l'espoir et la crainte » sont plus souvent *basculer* et *flotter*.

39 L'expression ne se retrouve pas dans le *Thresor* de Nicot, mais dans le *DAF* (1694) : « *Passer pour*, signifie, Estre estimé, estre reputé ». L'exemple est tiré de l'*Histoire Indienne* de Boisrobert (1629 : 2) : « Ce regret fut si general, et ceste perte si sensible à tout le monde, que quiconque en eust essuyé ses larmes eust passé pour criminel... ».

40 Les premières attestations de *qu'autant que* datent du milieu du XVIe siècle. L'expression s'emploie souvent avec l'impersonnel : *qu'autant qu'il vous plaît/plaira* qui reflète les valeurs de la vie à la cour, tout comme l'exemple fourni par Wapy.

41 Cet emploi figuré de *reserve* est signalé dans Cotgrave (1611 : Zzz ii v°) : « reservé... *wise, discreet, stayed, settled, warie, or close, in proceeding* ».

42 *Surface*. Cotgrave (1611 : Ffff ii v°) note le sens figuré du mot : « *the first shew or outward face of a thing* ».

43 Les premières attestations de *surdoré* dans le corpus FRANTEXT datent du XVIIIe siècle. Au sens principal, c'est un terme d'orfevrerie : pourvoir de dorures, comme noté dans Cotgrave (1611 : Ffff ii r°) : « *gilt over* ». Le sens figuré est « donner un grand éclat ».

44 Le corpus FRANTEXT a trois exemples de *sursemer*, tous du début du XVIIe siècle : deux de Jean-Pierre Camus (1615a : 5, 1623 : 890) et un de Béroalde de Verville (1612). *Sursemer* est d'abord un terme technique de l'agriculture : « semer dans une terre déjà ensemencée » (*TLF*), et, dès le Moyen Âge, un signe de maladie porcine : en 1457 un écorcheur juré trouva la langue d'un pourceau « garnie en plusieurs lieux de grains... sursemé et non pas sain » (cité dans Descamps 2014 : 59). Cotgrave (1611 : Ffff iii r°) inclut les deux sens : « *Sowen, or strewed upon; also, measeld* [*sic*] *as a Hog* ».

45 *En surpeau* ; tous les exemples dans le corpus FRANTEXT de *surpeau* sont de nature scientifique (épiderme), ainsi que l'entrée dans Cotgrave (1611 : Ffff ii v°) « *an upper skinne* ».

46 Dans la deuxième partie de sa définition Cotgrave (1611 : Ffff iii r°) insiste sur l'aspect malhonnête d'une surprise : « *also, a tricke, fallacie, subtilitie, cavill, shift, evasion ; a deceitfull quirke, or quidditie used by a cunning Pettifogger* ».

47 C'est une formule de l'épistolographie. Voir par exemple la fin d'une lettre du Cardinal de Bernis au XVIIIe siècle (1777) : « Trouvés bon, je vous prie, que je ne sois plus rien dans

je vous en renouvelle, & confirme les asseurances. *Valeur*[48], vôtre valeur vous oblige à beaucoup plus de retenuë. *Visage*[49], qui mesprise la mort sous quelque visage qu'elle se puisse presenter. Et remarqués en passant que *Visage* s'approprie aux hommes & aux choses qui ont quelque apparence humaine, mais *Face* ne se dit aujourd'huy que des choses sans ame, comme la face d'un bastiment &c.

III. REMARQUE[50]. [21]

Pour la troisiéme remarque on doit se donner si clairement à entendre que les paroles ne puissent souffrir un autre sens que celuy qu'on a intention de faire connêtre par leur entremise, *Exemple*, comme on ne peut estre trop-tôt sage, on ne le peut étre aussi trop-tard : on pourroit expliquer qu'on ne peut trop tarder à le devenir. Encore celuy-cy peut tres-bien passer, parceque l'imagination se jette d'abord sur la pensée que l'auteur à voulu declarer. Mais il y a des mots & [22] des façons de parler à double entente qui sont tout à fait inexcusables, comme seroit celle-cy. *Il vous faut donner un present*[51], car on ne sçait si cela veut dire il

---

cette affaire, à moins que le Roy ne me l'ordonne. C'est toujours avec plaisir, Monsieur, que je vous renouvelle les assurances du sincère attachement avec lequel je vous honore » (cité dans Bernis, *Correspondance des directeurs de l'Académie de France*, 13 (1904 : 309)).

48 Il s'agit de valeur sociale ; dans l'exemple la valeur est la position dans la société, qui demande plus de discrétion.

49 La condamnation de *face* pour parler du visage humain est la seule de tous les mots de cette remarque reprise par Vaugelas (1647 : 60) et ses successeurs (e.g., Dupleix 1651 : 451-455). Vaugelas trouve la suppression de *face*, comme celle de *poitrine*, « injuste » et « ridicule », mais admet que cette condamnation générale a l'effet de mettre ces mots hors d'usage, au moins lorsqu'on parle d'êtres humains. L'usage étant roi, il accepte à contrecoeur ce jugement. Dupleix n'est pas d'accord : « De sorte que *face* estant un terme d'une *expression fort energique & fort estendüe*, à laquelle ny *visage*, ny autre mot ne peut atteindre, tant s'en faut qu'il le faille abolir par caprice, qu'il le faut retenir et continuer dans l'usage par raison & par necessité » (1651 : 455).

50 Selon Coeffeteau (l'histoire est tirée de Suétone *Vie de Caligula*, 27, 8), l'empereur Caligula a fait brûler vif un poète qui a écrit un vers ambigu (1621 : Livre troisiesme, 234). Si la peine n'était pas, au XVIIe siècle, aussi sévère, éviter l'équivoque est un constant des commentaires sur la langue de l'époque de Wapy.

51 Tallemant (1698 : 30) a remarqué que « Toute l'assemblée » [les Académiciens] a trouvé la construction *il vous faut* + infinitif « basse » et « de la conversation la plus familiere & d'un style negligé ».

faut que vous donniez un present ou bien il faut qu'on vous donne un present. Autre exemple. *Vous m'obligerez de m'aymer*[52] on ne peut juger lequel des deux on veut dire, ou, vous me ferés être amoureux de moy-même ; ou, si vous m'aymés je vous en auray de l'obligation. C'est l'un des plus grands points de la perfection du langage, de rendre nettement, & en paroles aysées la force des bonnes pensées, à quoy il faut apporter un tres-grand soin, dautant qu'à faute de cela, plusieurs hommes [23] de bon sens demeurent en arriere rendant inutile quantité de fortes raisons qui se perdent dans les enveloppes de ces ambiguités, lors principalement qu'il faut enfoncer quelque discours qui soit tant soit peu de longue haleine.

IV. REMARQUE[53].

La quatriéme est de ranger tellement ses mots qu'outre la bonne cadance[54] qu'ils font à leur rencontre, ils viennent à rendre le parler non seulement sans rudesse, mais égayé, gentil, & un peu élongné de celuy

52 Cet exemple se trouve dans une lettre du Saint François de Sales qui date du 3 juin, 1603 : « Pour le superflu, Monsieur, vous m'obligerez de m'aymer estroittement et de me donner la consolation de m'escrire familierement » (*Œuvres complètes*, 1875 : volume V, 160).

53 La quatrième remarque conseille la clarté des constructions et le choix des mots communs, afin de faciliter la compréhension. Wapy se plaint que « le peuple » et « le vulgaire » s'expriment maladroitement ; les mots superflus pèchent contre la brieveté, source de l'élégance. Il préférerait substituer le nom *imagination* à l'infinitif *s'imaginer* suivi d'une proposition dépendante.

54 *Cadence*, dans La Mothe Le Vayer (1669 [1647] : 502) voulait dire la fin ou la terminaison, comme l'indiquait par son étymologie (de l'italien, *cadenza*, du bas latin *cadentia*, dérivé de *cadēre* « tomber ». Vaugelas emploie le terme *cadence* dans la discussion des rimes dans la prose (1647 : 235), la répétition des suffixes comme *-tion*, *-tume*, etc., et encore non seulement les rimes mais les consonances (1647 : 418). Dupleix observe que même si c'est une faute en français, ce genre de rime est commun en latin et en grec (1651 : 546/556). Cicéron a, par exemple, répété la désinence *-imus*, mais Aulu-Gelle trouve de telles répétitions sottes et puériles. Le problème est la répétition « sans nulle cadence de quelque autre partie d'oraison » (1651 : 547). Vaugelas parle également de la cadence dans sa discussion de synonymes : « une piece à arrondir une periode, à luy donner sa cadence » (1647 : 497). Plus souvent, au XVIIe siècle, *cadence* dénote le rythme du vers ou de la période, comme dans Dupleix (1984 [1607] : 34) : « La Poësie pour rendre son discours plus agreable adjouste la fable, la mesure (qu'on appele pieds) et aux langues vulgaires une certaine cadence et consonance de syllabes (que les Grecs appellent Rithme)

du vulgaire. Non pas qu'il se jette pourtant dans [24] l'extravagance, car les mots qui le composent doivent être ordinaires & intelligibles : mais je veux dire qu'ils ne doivent point être rangés à la façon commune dont le peuple à coutume de se servir. Exemple, au lieu de dire, *desirant qu'il ne fût plus amoureux, je luy parlay ainsi*, je diray avec plus de grace, plus d'étendue, & en paroles plus coulantes, *le desir que j'avoy de voir son amour éteinte, ou ralentie, me donna la hardiesse de luy parler de cette sorte.* Ou bien pour un exemple contraire, au lieu de m'étendre en ces paroles superfluës, & mal digerées, *Il n'y a aucun moyen de vous faire croire ce que j'ay veu, parce qu'il y avoit une si grande quantité de choses, & qu'il est impossible* [25] *de s'imaginer qu'il y en peût avoir autant.* Vous direz avec plus d'elegance, & de brieveté, *il y en avoit tant que le nombre est au-delà de toute imagination.*

V. REMARQUE[55].

La cinquiéme est de s'étudier à connoître parfaitement la force des simples paroles, & en quoy consiste la diversité de celles qui s'avoisinent ;

---

au lieu de la quantité des syllabes qui faict es autres langues, les unes longues, les autres breves ». Pareillement Ménage (1675 [1672] : 193) emploie le terme « cadence Alexandrine ». Plusieurs commentaires portent sur la différence entre le rythme poétique et le rythme de la prose, comme Chiflet (1659 : 133-134) : « Ecrivant en prose, il ne faut pas seulement se garder d'y mesler de vers, sans y penser, mais il faut aussi eviter les consonances & les rimes, qui portent la mesme au bout des parties de la periode : comme ; *Sçavez vous à quoy je pense ? c'est à vostre recompense. je vous diray encore davantage ; croyez que je ne manque pas de courage* ».

55 La cinquième remarque considère l'effet des synonymes dans la stylistique, une préoccupation des traducteurs de l'époque. Il souligne l'importance de différencier les synonymes par les collocations possibles. Ces collocations ont été élaborées par Maurice de la Porte, dans un ouvrage qui a connu plusieurs éditions entre 1571 et 1612. De la Porte a recueilli les épithètes qui peuvent accompagner certains mots ; l'avocat Antoine de Montmeran (1645), en reconnaissant sa dette à La Porte, a ajouté les synonymes aux collocations, pour éviter des répétitions fâcheuses. Il observe qu'« un des plus grand defauts que l'on puisse commettre dans un discours, est sans doute de redire souvent un mesme mot » (1645 : Préface). Vaugelas consacre plusieurs remarques aux *synonimes* (1647 : 37-38 ; 50-51 ; 215-217 ; 219 ; 474*-478* ; 493*-*499 ; 520 ; 535-536 ; 560-561) et différencie plusieurs paires de mots dans d'autres remarques. Deux questions se posent : (1) Du côté sémantique, les synonymes, sont-ils nécessaires ou utiles ? (2) Du côté syntaxique,

comme seroit temperance[56], abstinence, sobrieté, continence &c. mauvais[57], méchant, malin, voire méme de celles qui se prennent indifferemment les unes pour les autres, comme les suivantes, vaillant, hardy, courageux, [26] brave, genereux, redoutable, valeureux, magnanime, invincible, &c. Car étant bien éclaircy de leur proprieté, on jugera aysement que l'une pourroit étre beaucoup mieux appropriée à certain sujet, que non pas l'autre : vous direz bien c'est un mauvais métier[58], non pas un malin ou méchant métier, & vous donnerés à un honéte homme le titre de *mauvais garçon* sans l'offencer, là où il se piqueroit si vous l'appelliez *méchant* ou *malin*. Non toutesfois qu'il faille étre trop exacte, & pointilleux, à blâmer ceux qui s'ecarteroient de vos menues observations, mais plutôt imiter l'Orateur Romain qui se servoit ordinairement de pareils termes que le commun, reservant [27] neanmoins à sa particuliere connoissance, la propre & naturelle signification de chacun d'eux, pour les bien ajuster quand il luy sembleroit à propos d'étudier une piece.

---

faut-il répéter l'article, la préposition ou la conjonction devant deux mots synonymes, ou « approchans » ? Faut-il faire l'accord au singulier ou au pluriel après deux substantifs conjoints ? Dans certains cas il reconnaît l'utilité des synonymes, en comparant les synonymes aux coups de pinceau des peintres, chaque mot exprimant un aspect de la pensée, et ainsi contribuant à la clarté de l'expression. Dans *L'Addresse* (1625 : 419), Wapy inclut cet effet de la synonymie dans les figures utiles dans la plaidoirie, avec l'exemple : « Que faisiez-vous Tuberon ? Quelles estoient vos pensées, vos souhaits, vos desirs, vos esperances, &c. ? » Dans d'autres cas l'emploi de synonymes alourdit la phrase : « comme c'est une erreur de bannir les synonimes, c'en est une autre d'en remplir les périodes » (1647 : 496). Pareillement, Wapy avertit le lecteur « de n'estre excessif en l'employ de vos figures, autrement ce qui devroit servir d'ornement, seroit ce qui offusqueroit l'ouvrage » (1625 : 419).

56 Montmeran (1645 : 2) offre trois équivalents à *abstinence* : *temperance, frugalité* et *sobrieté*.

57 Les recueils de synonymes se limitent aux noms, mais dans les épithètes colloquées avec le nom *vaillance* les compilateurs recensent la plupart de ces adjectifs. Nicot (1606) n'offre pas d'équivalent français à *vaillant* ; les mots latins que cet adjectif traduit sont *strenuus, audax, generosus, validus* et *fortis*.

58 Dans le *Thresor* de Nicot (1606), *mauvais* est défini par *méchant*, et *malignus* en est un des équivalents latins. *Malin* et *méchant* expriment une volonté de faire mal, ce qui explique pourquoi la collocation avec *métier* est rejetée, et pourquoi un honnête homme n'aimerait pas cette qualification. De la Porte (1602 : G. g. 2) trouve une dizaine d'adjectifs qu'on peut colloquer avec *mestier* : *industrieux, artisan, mechanique, vil, labourieux, penible, souffreteux, abject, sordide*, et *besongneux*. Montmeran (1645) l'omet.

VI. REMARQUE[59].

La sixiéme. Apres cette connoissance des paroles à part, il faut passer à la remarque du vray usage, & de la naïve signification des plus excellentes manieres de parler, & des vulgaires mémes : à fin de s'en servir à propos, & de les employer convenablement à la pensée qu'on pretend de faire passer dans l'esprit des écoutans, on [28] ne sçauroit deduire cette remarque à moins que de faire un livre entier sur ce sujét : mais pour en produire un exemple d'entre mille, on dit *apporter de l'aveine, apporter l'Aveine, & porter Aveine* : les Latins ne declareroient tout cela que par ces mots, *Avenam afferre ou ferre.* Mais le françois à beaucoup plus d'abondance & de grace. La premiere façon signifie une partie de l'aveine qui est sous-entenduë, & qu'on croit étre en tel ou tel lieu determiné. La seconde comprend toute l'Aveine, qu'on se figure dans l'esprit, ou qui est determinée : la troisiéme s'entend de l'aveine en general, non particularisée, comme qui diroit, *cette terre est propre à porter Aveine.*

59 Dans cette remarque Wapy compare la précision du français par rapport au latin, une précision qui permet aux Français de transmettre plus nettement leur message. L'exemple fourni est la syntaxe et la sémantique de l'article. Parce que le latin n'a pas d'article, cette langue ne peut distinguer le sens partitif (*de l'avoine*) de la détermination définie (*l'avoine*), ni de l'omission pour exprimer la généralité (*avoine*, sans article). C'est, selon Wapy, « un exemple d'entre mille » de la supériorité de la langue moderne. La traduction des textes latins a rendu nécessaire ces distinctions, comme le note Henri Estienne (1565 : 67) : « Entre autres avantages que nostre langue se peult vanter d'avoir pardessus la Latine, est l'usage des Articles. De la commodité desquels (voire necessité) je feray juges tous ceux qui se sont meslez de traduire du grec en latin. De ma part je sçay combien j'ai travaillé en quelques endroicts de mes traductions pour suppleer au défault de ces particules. » Estienne juge superflue la distinction *j'ai du blé / j'ai blé* (1565 : 69). Maupas (1607) et Oudin (1640 [1632]) n'en parle pas. Vaugelas classe l'omission de l'article partitif parmi les malheureuses nouveautés de la langue dans sa remarque sur *Il a esprit, il a esprit & cœur* (1647 : 170-171), citant comme Estienne le rapport avec le grec : « Nostre langue à l'imitation de la Grecque aime extremement les articles » (1647 : 171). En réponse, Dupleix propose quatre règles pour l'emploi de l'article, en corrigeant le grec de Vaugelas (1651 : 294-296). Wapy reprend l'article dans la deuxième partie de son ouvrage (voir ci-dessous, p. 92), mais s'y limite à la question de la répétition de l'article lorsque plusieurs noms sont conjoints.

VII. REMARQUE[60]. [29]

La settiéme est de faire état & se servir volontiers des figures & autres manieres de parler qui ressentent, & approchent de plus prés la naïveté de la langue françoise, *Exemple. Il n'a de l'Allemand que l'habit, & le nom.* C'est-à-dire qu'il ne tient nullement de leurs mœurs. Voyant que ce procés prenoit trait à son desavantage il delibera &c. Il falloit que sans plus de remise il s'acquitat de cette dette. Elle n'a pas si tôt flairé de loing le plaisir, qu'elle court aprés à perte d'haleine. Si cette excuse ne vous semble pas recevable, l'autre n'est pas de meil-[30]leure mise[61]. Pour ce qui est de l'interét, il n'en connoit point d'autre que celuy du public[62]. On ne peut

60 La septième remarque porte sur la *naïveté* de la langue, les façons de parler qui distinguent le français des autres langues, tant modernes qu'anciennes. La naïveté est invoquée par Meigret (1550) pour désigner une valeur constante dans l'histoire du français, par exemple la naïve puissance des lettres, la prononciation de base de chaque lettre, avant la corruption des siècles. Pasquier cherche la *naïveté* dans l'histoire pour retrouver le sens original du mot *adjourner* : « Nous usons du mot *adjourner*, quand nous faisons appeller un homme en justice par la semonce d'un Sergent, le Roman de Pepin en a usé pour dire que le jour estoit venu : Qui n'estoit pas trop mal propre : nous en avons perdu la nayfveté, pour la tourner en chicanerie. » (1996 [1560-1615] : 1520-1521). Nicot, dans son *Thresor* (1606) emploie le terme *naïf* et ses dérivés 42 fois, par exemple pour protester la substitution d'*impératrice* à la forme « naïve », *emperiere* (1606 : 223). Wapy s'intéresse moins à histoire de l'usage qu'à la forme courante. Cette remarque sur la naïveté comprend un mélange de constructions et de mots à la mode : divers aspects de la négation, de l'emploi de *si*, de la comparaison, et une dizaine de mots et d'expressions. Le lexique est surtout militaire, peut-être une réflexion de la Guerre de Trente Ans, en cours lorsqu'il composait ses remarques. Ce qui distingue ses réflexions sur le *naïf français* est la façon dont Wapy situe l'emploi de ces éléments dans un contexte pragmatique, la conversation où l'on veut contredire poliment son interlocuteur, ou bien dire du bien de soi-même, contre le code de l'honnête homme.

61 C'est le premier de plusieurs exemples qui illustrent les diverses façons de comparer deux choses ou deux idées : *ce X c. un autre, plus… que, ressembler, cela…ceci.* Dans son *Addresse* (1625 : 422-424) Wapy inclut dans ses figures de l'éloquence *les contraires* et l'*antithèse*, avec plusieurs sous-catégories de contraste et de comparaison.

62 La construction *ne… point… que* est condamnée par Vaugelas, une rare remarque où il admet que la raison vaut plus que l'usage (dans son manuscrit de 1637(?) : « il faut voir s'il y a des reigles de cela, car bien souvent l'Usage comme Tyran, ainsi que je remarqueray en divers endroits, procede sans reigle et sans raison et bien souvent contre toutes les deux » (1637(?) : 70 r°), commentaire biffé dans le manuscrit) : « … le *que* qui signifie *sinon que* estant un mot de restriction, on ne nie pas absolument, et ainsi on ne se sert ny de l'un ny de l'autre de ces negatifs [*pas, point*] » (1647 : 407), une remarque approuvée par Dupleix (1651 : 432-433), précisément parce que Vaugelas formule une règle basée sur la raison. Moignet (1973 : 151-154) fournit plusieurs exemples de *ne…*

nier que vous n'ayez mis[63] la fidelité à un point où elle n'avoit jamais été. Il à bonne oreille à accorder un lut, il à bon nez, il évente bien une affaire ou un dessein. Il ne faisoit que de descendre de son vaisseau quand il s'assit sur le rivage pour se refaire de la marine. Si cela arrive, mon esprit satisfait n'aura que desirer. Ces afflictions ne sont point du nombre de celles contre qui la raison n'a point de remedes. Tels soldats que cela donnent plus de peine à leurs chefs qu'à leurs ennemis. C'est un courage merveilleux qui n'a rien de comparable à soy que le jugement qui [31] le conduit, & à qui rien n'ét mal-aisé que ce qui n'ét pas equitable. Il en fait bien accroire[64], il se vante à faux titre. Il l'a pris à partie, je n'en puis mais[65]. Cela est de prise, cecy est de guerre. C'ét un païs de conquéte. Depuis quelque temps en ça; Mettre par état les revenus &c. faire épaule. Il vint donner à dos à nos soldats. Charger en queüe les ennemis. Ceux qui veulent étre Princes pour étre heureux, ressemblent aux personnes qui cherchent le sommet des plus hautes montagnes pour eviter la foudre. Ils vont avec le méme visage aux hazarts, que les autres aux trionfes, C'ét un ennemy contre qui

pas/point... que dans les grands auteurs du XVIIe siècle, dont deux tirés des *Remarques* de Vaugelas. Ménage (1675 [1672] : 489) reproche à Perrot d'Ablancourt la phrase « *Les Dames ne sortent point du logis, que pour aller en visite* », une construction, selon Ménage, qui « n'est pas Françoise », un « barbarisme ».

63 Le deuxième élément de la négation manque deux fois dans cette phrase. Dans le premier cas, comme le notent plusieurs grammairiens et remarqueurs de l'époque, c'est à cause du verbe *pouvoir*, comme nous voyons chez Vaugelas : « On les [*pas/point*] supprime d'ordinaire avec le verbe *pouvoir*... Ce n'est pas que l'on ne peust dire, *il ne le peut pas faire*... On y pourrait mettre *pas*, mais l'autre est beaucoup meilleur » (1647 : 408). Dans le deuxième cas, c'est le verbe *nier*, employé négativement (Grevisse 1969 : 875), qui entraîne l'insertion du *ne* sans *pas*.

64 Dans une liste de dérivés du verbe *croire*, Maupas (1618 [1607] : 117 v°) note qu'*accroire* ne s'emploie qu'à l'infinitif avec le verbe *faire*, pour signifier « persuader, mais en sinistre sens », c'est-à-dire, persuader d'une chose qui n'est pas véritable. Selon Vaugelas (1647 : 256), l'expression *faire accroire* se distingue de *faire croire* en ce que celle-ci signale la vérité de la proposition qui suit, et celle-là sa fausseté. Dupleix les trouve identiques, les deux exprimant la fausseté (1651 : 125-126), et rejette la conclusion de René Charron (en fait, Pierre Charron), qui condamne *accroire*.

65 Vaugelas trouve cette expression « bien basse pour s'en servir en escrivant », même si « cette façon de parler est ordinaire à la Cour » (1647 : 142). Dupleix y voit une contradiction absurde – comment une expression ordinaire à la cour peut-elle être basse ? Il ajoute que c'est une expression fort utile : « J'y veux adjouster cete quatriesme consideration que ce mot *mais* estant necessaire en cete locution, *n'en pouvoir mais*, il faut aussi le retenir par necessité dans l'usage, puisque nous n'en avons point d'autre pour luy subroger. Car de dire, *il n'en peut plus*, signifie defaut de pouvoir, ou de forces : & *il n'en peut mais*, descharge de coulpe & de crime, & marque innocence » (1651 : 326).

vous n'avez besoin de la moitié de vôtre courage. S'ils sont connus [32] par quelque titre c'ét par celuy de leur misere.

Ces façons de parler elegantes prennent encor plus de lustre, si elles s'allient à la dexterité d'addoucir un refus qu'on nous pourroit faire, ou de prevenir quelque reproche, ou bien le blâme de vanterie, quand on est contraint, où qu'on veut de gayeté de cœur dire quelque chose à sa propre louange[66]. *Exemple du premier touchant le refus.* Quand bien je vous devrois treuver de si mauvaise humeur que d'éconduire ceux qui vous en parlent pour vôtre bien, je ne laisseray de vous supplier en amy &c. *Exemple du second touchant la reproche*, encor que ce ne soit pas à faire à moy de prendre la parole, je vous [33] diray cependant qu'il êt meilleur pour vous &c. *Exemple du troisiéme*, Je pretens en finesse moins qu'homme du monde : j'ose dire pourtant &c. La façon de parler par le nom substantif, s'accommode aussi tres bien à cette sorte d'elegance françoise, non seulement quand il precede, par exemple, *l'envie ne sera* point icy plus eloquente pour me contredire *que la verité pour me défendre* ; mais aussi quand il suit ; Exemple *cette eau n'avoit point de décharge* ; pour dire n'avoit pas où se décharger.

VIII. REMARQUE.

La huitiéme êt, de s'élongner des metafores[67], si la necessité [34] ne nous y oblige, ou si elles ne sont fort naïves, sans rudesse, & enrichiës d'un certain email, qui donne un bel éclat au langage. C'êt icy

---

66 Ce paragraphe relie ces remarques aux ouvrages de rhétorique de Wapy, le *Stylle des bons orateurs* et l'*Addresse pour Aquerir la facilité de persuader et parvenir a la vraye eloquence.* Dans l'*Addresse* Wapy dit que le but de l'entretien est le contentement de l'auditeur (1636 [1625] : 27) dans l'expression *de la blâme et de la louange.*

67 La métaphore est souvent l'objet de discussion dans les commentaires sur la langue au XVIIe siècle. Wapy, comme plusieurs autres, reproche aux orateurs des métaphores jugées trop hardies, tout en reconnaissant que la métaphore bien choisie embellit la langue. Contre « l'interdiction absolue des métaphores » des « Censeurs de ce temps », Marie le Jars de Gournay, trouvant la langue française « sterile de mots magnifiques ou puissans », encourage les poètes de créer des métaphores (1634 : 258). Bouhours (1671 : 52) remarque que « Pour la metaphore, elle [la langue française] ne s'en sert que quand elle ne peut s'en passer ; ou que les mots metaphoriques sont devenus propres par l'usage. Sur tout elle ne peut supporter les metaphores trop hardies... ».

l'écueil des esprits de bas alloy, & de ceux qui nêtans pas nourris dans le cœur de la France donnent les atours du Latin à nôtre langue, & en font une vraye mascarade, s'imaginans n'avoir rien dit de relevé, si comme les peintres ont accoûtumé de faire touchant les jours de leurs tableaux, ils ne rehaussent ce qui êt de plus naïf en leurs écrits, à force d'y enfoncer beaucoup d'ombrages. Exemples des metafores qui sont bonnes & recevables, *N'éteindras-tu jamais ton couroux dans mes larmes ? Il marchande à se faire battre. Il a déjà trop d'ennemis sur les bras*[68]. [35] *Quelques uns sont si dénaturés envers leurs semblables, que de mettre à rançon la charité, & ne vouloir secourir les affligés qu'à certains pris. Il fait bouclier*[69] *de patience en son aversité.* Il êtoit si défiguré & playé en son corps, qu'à peine luy eut-on pû donner encore une *saine* atteinte. Exemple de la mauvaise. *Mademoiselle les Crabates*[70] *de vôtre courroux ont tellement fouragé le plat pays de mon ame, que je n'ay plus &c. Charpenter & menuiser un esprit mal rabboté.*

IX. REMARQUE.

La neuviéme êt garder de se méprendre aux mots qui approchent de ton, quoy que fort élongnés de signification. Vous en [36] voyez qui font [*sic*] bien les entendus en matiere de bien dire qui ne laissent pas de broncher en semblables occurrences, ils diront hardiment *il a recouvert ses biens*, au lieu de dire *recouvré*[71] : ne s'appercevans pas que ce

68 Par exemple, Urfé (1607 : 326) : « l'empereur se voyant un grand nombre d'ennemis sur les bras… ».

69 À l'époque l'expression *bouclier de* est employé métaphoriquement le plus souvent avec *la foy*, mais également avec *deffiance* (Charron 1601 : 474), *bouclier de son honneur, bouclier de son effronterie* (Camus 1625a : 54, 456).

70 Au cours de la Guerre de Trente Ans, les « Crabates » (Croates) furent renommés pour leur férocité, comme noté dans le *Mercure François* (1632 : 123) : « Les Crabates, qui ravagerent, tuerent, violerent sans distinction ce qui venoit à leur rencontre… », et dans l'histoire du siège de Bergues sur le Soom en 1622-1623 (Campan 1867 : 380) « Ceste exécrable canaille de Crabates ».

71 La distinction de ces deux verbes figure souvent dans les remarques du XVIIe siècle, et déjà chez Meigret (1980 [1550] : 85). Vaugelas (1647 : 15-17) hésite entre la raison et l'usage. Dupleix (1651 : 63-64) se sert de cette remarque pour critiquer l'argument inconsistant

mot recouvert vient de l'infinitif *recouvrir*, & non point de recouvrer, qui signifie toute autre chose. Car on dit recouvrir un toict quand il y faut mettre de la tuille & non pas recouvrer. Un quidam dit un jour à un Gouverneur de Province, qu'il le supplioit de ne se fier point au peuple d'une certaine ville qu'il luy nommoit, par ce qu'il estoit extremement *facetieux*, il voulait dire *factieux*[72]. De méme en rencontrés-vous qui pêle-mêlent ces mots sans distinction, *gros*-[37]*seur, grossesse ; largeur, largesse ; hauteur, hautesse, ou altesse ;* encor qu'il y ait une notable difference. Et d'autres qui pensent avoir bien parlé, disans *Cet homme est fort considerable*[73] pour dire qu'il considere fort, ce qui est prendre le biais contraire, car cela veut dire que c'êt luy même qui êt à considerer, & pour bailler la signification qu'ils veulent, il faudroit dire *considerant*[74]. Et tenez en passant pour une maxime generale (peut être s'y treuvera-t'il assez peu d'exceptions) que cette terminaison *able*, ou *ible*, aussi

---

de Vaugelas : « nostre Auteur s'est retracté touchant la validité de cete Maxime, que *la raison ne doit point estre considerée contre l'usage en matiere de langage*. En la p. 16 sous le titre *Recouvert & Recouvvré*, il avouë que le participe *Recouvert* est en usage à la Cour, pour dire *Recouvré* : toutefois que choquant la regle & la raison, il conseille d'user quelquefois de *Recouvert*, pour satisfaire à l'Usage & quelquefois de *Recouvré*, pour satisfaire à la raison ». La discussion se poursuit dans les remarques et les grammaires de la deuxième moitié du siècle : Mauger (1653 : 116); Chiflet (1659 : 94); Buffet (1668 : 75); Ménage (1675 [1672] : 463-465); Andry de Boisregard (1692 : 539-540); Bouhours (1693 : 161-164); La Touche (1730 [1696] : 490); Tallemant (1698 : 70-72); Académie (1704 : 17-19, et 294-296). Voir Ayres-Bennett (1987 : 203-204).

72 Exemples de *facétieux, factieux* dans Coeffeteau (*factieux* : 1621 : Livre second, 172); *facétieux* : Coeffeteau (1621 : Livre septiesme, 169); et dans les grammaires et remarques : Chiflet (1659 : 217); Bouhours (1675 : 253); Alemand (1688 : 11); Andry de Boisregard (1692 : 332); (La Touche 1696 : 314).

73 Voir Académie (1704 : 11) : plusieurs personnes de qualité = plusieurs personnes considérables; mais le plus souvent on ne dit pas une personne considerable; l'adjectif ne qualifie pas un être humain. Mais Andry de Boisregard (1692 : 64) : « on a veu le nom d'Aumont considerable par toute l'Europe ». Académie (1704 : 502) : « Il se dit pour marquer la hardiesse que quelqu'un à d'entreprendre d'attaquer une personne plus considérable et plus puissante que luy » ; Coeffeteau (1621 : Livre premier, 116) : « Auguste voulut qu'il succedast au credit d'Agripa; & pour le rendre plus considerable luy fit repudier sa femme ». Garasse (1623 : 210) : « Quant à Rupert il ne dit qu'un mot, mais il est bien considerable » ; (1623 : 525) : « Marcus Tullius Cicero, qui fut fort honneste homme, et partant bien considerable en matiere de sacrement » ; Baro (1632 : 428) : « la naissance de Paris ne le rendoit pas extremément considerable » ; Baro (1632 : 519) : « ce vieillard estoit considerable, pour les rares qualitez qui estoient en luy ».

74 Vaugelas (1647 : 111-112) conseille que *se ressouvenir* est une substitution très élégante pour *considérant*, bien que *se ressouvenir* doive, selon lui, s'employer pour les événements dans le passé éloigné.

bien que *é* ou *u*, pour exemples *consideré, veû reconnu* sont passives : la premiere qui êt *able*, pour exemple *considerable, aymable* ; ou *ible*, exemple, *visible &c.* l'est en puissance, pour user en grammaire [38] du terme des Philosophes, & l'autre qui est é, par exemple *aymé*, êt passive en effet : de même que les terminaisons, *tif*, & *ant* sont agentes, l'une en pouvoir, l'autre en effet : d'ou vient que si le mot *consideratif*[75] êtoit en usage, il vaudroit autant à dire, qu'un qui à le pouvoir ou l'inclination de considerer, là où le mot *considerant* signifie celuy qui considere en effet, c'êt pour cette raison qu'on à donné vogue à ce nouveau mot en la milice, *homme effectif*[76], car le mot de *combattant* ne sembloit pas assez exprimer l'agent en pouvoir, & disoit trop, dautant qu'il signifioit selon la force de la langue françoise, un homme agissant en effet, mais le mot *effectif* veut dire qui à le pouvoir, & les qualités [39] requises pour agir quand il en sera besoin.

C'êt chose qui doit être bien entenduë & considerée que la difference de ces agens, c'êt à dire des mots qui marquent la force d'agir, & de donner ou porter coup, d'avec ceux qui souffrent ou reçoivent, comme seroient ces mots, *clair, & claireux*[77], dont l'un signifie ce qui a de la clairté, & l'autre, ce qui en donne : ainsi de plusieurs autres. Pour ne confondre aussi les diverses terminaisons des noms, il est bon de sçavoir comme se forment les feminins tirés des verbes, & n'approprier, comme certains farceurs, toutes les terminaisons françoises sur un même mot, badinant en cette sorte, *contemplation, contemplage, contemplace*, [40] *contemplement, contemplature, &c*[78]. Il faudroit user de grande longueur pour déduire la façon de les former selon leurs legitimes regles. Je ne veux point cependant que cette excuse me mette à couvert sans que j'en laisse au moins un exemple pour donner ouverture à une si notable remarque. Plusieurs usent indifferemment de ces deux mots, *menteuse*,

75 En effet, *consideratif* était rare. Nous ne trouvons aucun exemple dans la base FRANTEXT, ni aucune mention dans les grammaires et chez les remarqueurs. Toutefois, le dictionnaire Littré (1873-1877) signale trois exemples du XVIe siècle (Lanoue (deux exemples) et D'Aubigné).

76 Le *DAF* (1694) définit *effectif* par « Qui est réellement & de fait » avec l'exemple « Une armée de 30000. hommes effectifs ». Avant Wapy, il n'y a aucun exemple de cet emploi militaire dans le corpus FRANTEXT.

77 Nous n'avons trouvé aucun exemple de *claireux* dans le corpus de FRANTEXT, pour la période 1550-1650.

78 Dans le corpus FRANTEXT, entre 1550-1650, il n'y a aucun exemple de *contemplage, contemplace, contemplement*, ni de *contemplature* ; en revanche, *contemplation* a 221 occurrences.

menteresse, croyant que l'un & l'autre est bon, aussi bien que flatteuse, & flatteresse[79] : cependant il semble qu'on devroit approuver le dernier en cette double cadance & non pas peut être le premier. Et quelle difference y-a-t'il donc ? la voicy : quand le feminin se termine en *eresse*, il se tire du masculin qui se finit en *eur*, *menteresse, menteur*[80] : [41] mais il ne se termine pas en *euse* que le masculin ne finisse en *eux*, & à ce sujet dit-on, *flatteuse*, par ce qu'on dit *flatteux*[81], témoin Coeffeteau qui use de ces termes, *par un flatteux langage*[82], si donc *menteux* êt recevable, nous pourrons aussi ouvrir le pas à ce mot, *menteuse*, & non autrement.

79 Dans le corpus FRANTEXT il y a un seul exemple de *flatteresse*, chez Charron (1601 : 385), contre douze exemples de *flatteuse*.

80 Selon Maupas (1618 [1607] : 41 v°), les deux formes féminines sont possibles : « Les noms verbaux masculins en *-eur*, signifiant action, ont la plus part double forme de leurs feminins, *euse-eresse. Menteur & menteusse & menteresse* ». Il poursuit : « Il faut que l'usage appréne quelle forme est la plus receuë, car en d'aucuns c'est l'une ; en d'autres, c'est l'autre ». Vingt ans plus tard, Oudin (1640 [1632] : 78) tranche pour *menteuse* : « Les noms terminez en *eur* changent en *euse* : et non *menteresse* ». Bien après Wapy, Bouhours (1675 : 76-77) fournit une explication de la confusion. Selon lui, la terminaison *-eur* se prononce *-eux* « s'il suit quelque chose après le mot, *Le Procureux du Roi* » ou bien si « on parle simplement, sans emphase & sans emotion ». Dans ces cas, quand *menteur* se prononce *menteux*, la forme féminine est obligatoirement *menteuse*. Mais cette prononciation se limite « au discours familier », car « quand on parle en public, on a coûtume de prononcer *eur* par tout ».

81 Bouhours prétend qu'on prononce *flateux* pour *flateur* : « Quand les noms en *eur* ont un féminin en *euse* ... on prononce *eur* quelquefois ferme, & quelquefois mollement, comme s'il y avoit *eux*... On prononce *eux* d'ordinaire en deux rencontres. I. Quand il suit quelque chose après le mot. *Le Procureux du Roi*... 2. Quand on parle simplement, sans emphase, & sans émotion, on prononce comme s'il y avoit *eux*, et on dit *c'est un flateux ;* Au contraire, quand on le prend sur le haut ton, qu'on parle avec emphase, & qu'on s'échauffe en parlant, on prononce *eur*... toutes ces différences ne regardent guères que le discours familier ; car quand on parle en public on a coutume de prononcer *eur* par tout » (1692 [1675] : 76-77). Ménage (1676 : 222-223) rejette la prononciation en *-eux* devant une voyelle et lorsque ces mots finissent la période : « Qui diroit *Procureux en parlement*... parleroit ridiculement... *C'est un flateux*. Il n'y a que les païsans à prononcer de la sorte. »

82 *Flateux* se trouve dans le texte de Coeffeteau (1621 : Livre premier, 143).

X. REMARQUE.

La diziéme est d'eviter les façons de parler non receuës[83], comme seroit celle-cy, *nous deux luy*[84], pour dire *luy, & moy*, avec tant d'autres qu'on employe aux confins de la France, en Savoye, en Lorraine, au Liege, & aux quartiers des pays bas, ou la langue VValonne à plus [42] de vogue. Sous cette remarque se rangeront les mots à qui la vieillesse ôte le cours, qu'il êt besoin de mettre au billon, ou ne s'en servir que par necessité, ou en matiere d'affaires, & de prattique judiciaire, comme sont, *ains*[85], *ainçois, iceux*[86], *icelle, laditte chose, susdit, ja*, pour *desja illec* & une infinité

83 Dans cette remarque Wapy esquisse sa conception de l'usage, rejettant les régionalismes et les archaïsmes.

84 Dans tous les exemples que nous avons trouvés *lui/luy* dans la suite *nous deux luy* est le complément d'objet direct du verbe qui suit. L'expression se retrouve dans la *Farce du Maistre Pathelin* (1907 [1485] : 64) : « Pour du mien jay asses finance / Que nous deux luy baillons lavance ». La farce ne comporte pas de traits dialectaux des régions citées par Wapy ; elle est plutôt de l'Ile de France ou d'Anjou (voir Greub 2003).

85 Masset (1606 : 32), dans la grammaire rattachée au dictionnaire de Nicot, inclut *ains* et *ainçois* dans la liste des conjonctions « discretives ou adversatives », sans commentaire, tout comme Maupas l'an suivant (1607 : 378-379). Dans l'édition de 1617 (f° 177 v°) Maupas fournit plusieurs exemples, notant que comme adversatifs, *ains* et *ainçois* s'emploient uniquement après une négation : « Je vous aime, mais vous ne me rendez pas le reciproque » mais « Vous ne m'aimez pas, mais, ains/ainsois vous me haïssez. » Mais déjà au début du siècle, Malherbe a suggéré des substitutions aux emplois d'*ains* chez Desportes. Trente ans plus tard Oudin (1640 [1632] : 304) trouve qu'*ains* devient « vieux » depuis une dizaine d'années, et qu'*ainçois* et *ainçois que* sont « hors d'usage ». Vaugelas a déclaré *ains* « hors d'usage » dans son manuscrit, tout en reconnaissant que *mais* est « foible » et *ains* « a toute autre force à dénoter les choses opposés ». Il conclut « Mais il n'y a remede. L'Usage l'a banni » (1637(?) : 4 r°). Dupleix n'était pas d'accord, situant la question dans le choix entre *mais, au contraire*, et *ains* : « *Ains* est encore fort proprement mis en usage, comme l'*imò* des Latins, dans les phrases qui signifient exaggeration & rehaussement ». *Ains* serait, selon Dupleix, « propre à marquer repugnance », *mais* pour signifier l'opposition, et *au contraire* pour la contrariété, surtout dans les textes philosophiques (1651 : 324). *Ainçois* est rare au XVIIe siècle ; cinq des neuf exemples littéraires dans le corpus FRANTEXT se trouvent dans un ouvrage chevaleresque qui imite la langue médiévale (*L'Hystoire des deux nobles et tres-vaillans chevaliers, nommez Milles et Amys* (1631)). Scudéry, dans sa critique du *Cid* de Corneille, remarque que l'expression *endosser le harnois* « est du temps de moult, de pieça, et d'aincois », c'est-à-dire, hors d'usage (Scudéry 1637 : 78, commentant Corneille 1637 : 113 (acte V, scène 3)).

86 Vaugelas classe *iceluy, icelle, iceux, icelles* dans la langue des notaires (1647 : Préface IX/3), mais inacceptables chez « les meilleurs Autheurs », concluant : « Mais l'Usage comme

d'autres, j'excepte la matiere de prattique judiciaire où plusieurs de ces mots sont autant d'étoilles.

XI. REMARQUE.

L'Onziéme est de ne suivre l'opinion de ceux léquels voulans s'écarter d'une extremité se precipitent en l'autre, & fuyans les mauvaises façons de parler comme l'on vient de toucher en la precedente [43] remarque croyent qu'il n'é est [*sic*] point de bonne qui ne soit allignée aux regles de la langue latine, comme si le françois n'avoit pas, ainsi que toutes les autres langues ses graces particulieres. Cet abus se découvrira par les exemples suivans : où l'on tiendra pour premiere regle contraire à cette erreur ; que le singulier se conjoint elegamment avec le plurier : Exemple, *il y fut tué quatre cens hommes*, on dit aussi *dix mile hommes*, & non pas *dix miles hommes*, quoy qu'on die trois cens, quatre vingts, &c[87]. Pour seconde regle on ne peut omettre le pronom devant les verbes : Exemples, *nous lisons, vous lisez, ils lisent*, encor que les latins, ne dient pas avec pareille grace, *nos legimus, vos legitis, &c.*

---

la Fortune, chacun en sa jurisdiction, eleve ou abbaisse qui bon luy semble, et en use comme il luy plaist » (1647 : 472). Voir Ayres-Bennett et Caron (2016 : 370).

87 *Mille* est invariable selon tous les remarqueurs du XVIIe siècle. Wapy se sert de cet exemple pour rejeter l'influence de la langue latine et réclamer l'indépendance du français. En latin, le singulier *mille* est indéclinable, mais le pluriel *milia* est déclinable. Selon Palsgrave, « *Mille*, of all suche auctours as write in prose, remayneth ever unchanged » (1530 : 117 r°) mais Ramus met un *-s* au pluriel (« quarante deux milles Ephratiens » (1572 : 20), « deux milles oreilles » (1572 : 109), « cent milles escus » (1572 : 131)) ; notons que dans tous ces cas le substantif qui suit commence par une voyelle, d'où la tentation de faire une liaison. Ménage attribue le pluriel « milles amitiés » à l'usage des « dames et des plus chaussées » (1675 [1672] : 479), une opinion confirmée par le père Bouhours : « La plupart des femmes, & quelques hommes font cette faute dans le discours familier » (1693 : 416).

XII. REMARQUE. [44]

La douziéme est de faire accorder la demande avec la réponse à quoy quelques-uns n'ayans point d'égard se méprennent en la premiere regle de la precedente remarque pensans parler elegamment de conjoindre le plurier de la réponse, avec le singulier de la demande : ce qui doit faire seulement selon l'occasion, & quand il n'y a point de regle au contraire. Quand donc on leur demande, *quelle heure est-il ?* ils répondent, *sont dix heures, sont onze heures*[88] : Mais qu'ils sachent que puisque la demande est receuë en cette forme, quelle heure est-il ? ils doivent répondre, *il est dix heures*, & [45] ainsi faisans il ne laisseront pas de conjoindre le plurier avec le singulier, & d'accorder, comme il est besoin, la réponse avec la demande. Ce qui paroît encor mieux en l'exemple suivant, on peut tres-bien dire, *Je vay à l'Eglise*, & *je m'en vay à l'Eglise*, mais si la demande se fait en cette sorte, *ou t'en vas-tu ?* ce seroit mal répondre, *je vay à l'Eglise* par ce qu'on n'a pas dit en la demande, *où vas-tu ?* mais *où t'en vas-tu ?* la réponse donc en ce cas pour être bien ajustee, doit être *je m'en vay à l'Eglise*[89].

---

88 Wapy situe l'emploi du singulier *il est* avec le pluriel *heures* dans le contexte de la conversation, l'accord entre la question et la réponse. L'emploi du singulier *est* avec le pluriel *heures* est commenté dès les premières grammaires du français. Barton remarque : « la troisiesme personne singuler de cest verbe *je suys* est volentiers mys pour la troisiesme personne pulier, si come *quantez heures est il ?* pour *quantez heures sont ils ?* » (1409 ? : f° 321 r° a-b). Ramus inclut l'exemple *il est douze heures* dans une liste de constructions où il y a une « licence de nombre » (1572 : 168). Comme Ramus, Arnauld et Lancelot essayent de trouver une explication logique : « Celle qui s'accorde plus avec nos pensées qu'avec les mots du discours s'appelle SYLLEPSE, ou *Conception* ; comme quand je dis ; *il est six heures*. Car selon les mots il faudroit dire *elles sont six heures*, comme on le disoit mesme autrefois, & comme on dit encore, ils sont six, 8., 10., 15. hommes, &. Mais parce que ce que l'on pretend n'est que de marquer un temps precis, & une seule de ces heures, sçavoir la sixiéme ; ma pensée qui se jette sur celle-là, sans regarder aux mots, fait que je dis, *il est six heures*, plûtost qu'*elles sont six heures* » (1660 : 145-146). Selon Ménage l'emploi du pluriel (*ils sont*) est un usage commun à la Chambre des Comtes de Paris et parmi les Gascons (1675 [1672] : 485). Dans le corpus FRANTEXT nous n'avons trouvé qu'un seul exemple du pluriel, dans un texte comique, *Les Nouvelles récréations et joyeux devis* de Bonaventure des Périers (1561 : 528) : « Monsieur, ils sont onze heures ; – Ilz en seront plustost douze ».

89 Wapy ne s'intéresse qu'à l'accord entre la question et la réponse, sans trouver une différence de sens entre les deux formes. Oudin distingue *aller* de *s'en aller* : « *s'en aller* ne s'entend que de sortir ou partir du lieu où nous sommes, ou bien où nous habitons d'ordinaire, pour ne pas revenir ; & lors qu'un homme demeure en une maison ou dans une ville, &

XIII. REMARQUE.

La treziéme est sur une question fort souvent debattuë, & que les plus habiles que j'aye pratiqué, [46] ne sçavent autrement resoudre sinon qu'il s'en faut remettre à l'usage. Ouy, mais comme il y a un bon & un mauvais usage, qui m'apprendra à reconnoître celuy dont je ne me dois point departir[90] ? la question va loin sçavoir si l'adjectif, c'êt à dire le nom qui donne à connoître la mesure, l'état ou la qualité de la chose, doit marcher devant, ou suivre le terme auquel il est approprié, exemple, s'il faut dire, *homme vaillant, ou vaillant homme, femme babillarde, ou babillarde femme*[91].

Nous dirons donc premierement qu'il y a de deux sortes d'adjectifs, car les uns sont purement noms, & les autres sont participes, comme *aymant, & aymé* sont participes d'aymer[92]. Or les derniers qui ont la [47]

---

qu'il y doit encore retourner le mesme jour pour continuer à y demeurer, nous ne disons pas, *il s'en est allé*, mais simplement, *il est sorty*, ou *allé pourmener* » (1640 [1632] : 143).

90 Wapy exprime parfaitement le dilemme de l'usage : l'usage de qui ? Ce n'est certainement pas l'usage des crocheteurs du Port au Foin, proposé par Malherbe, qui voulait surtout rejeter les subtilités d'une poésie qu'il trouvait trop érudite (voir Brunot 1891 : 223-224). Wapy, qui consacre deux titres (*Le Stylle* et *L'Addresse*) à la rhétorique, ne condamnerait pas la langue du barreau ni la langue de la chaire. Vaugelas, en revanche, a proposé « la façon de parler de la plus saine partie de la cour, conformément à la façon d'escrire de la plus saine partie des Autheurs du temps » (1647 : Préface, II.3), excluant explicitement les harangues des avocats et les prédications du clergé. Reste à définir « saine » : Vaugelas critique souvent l'usage de certains courtisans et de certains auteurs, même les auteurs célèbres. Mlle de Gournay voit juste : « Partant ces mesmes Poetes veulent parler la langue ainsi qu'on la parle, pourveu qu'on la porte comme eux » (1626 : 623).

91 Wapy, à Verdun, se trouve à la frontière des dialectes où on avait tendance d'antéposer ces adjectifs, ce qui explique, peut-être, son intérêt à cette question. Henri Estienne remarque que les Picards ont tendance à préposer l'adjectif (1999 [1582] : 411), et Vaugelas, dans son manuscrit : « ce sont les Allemans et leurs voisins les Flamans et les Lorrains qui disent à la façon de la langue allemande qui met tousjours l'adjectif devant le substantif *un noir chapeau*, et *une blanche robe* » (f° 5 v°, cité dans l'édition d'Ayres-Bennett, 2018 : 446, n. 746). Voir l'Introduction p. 39-40.

92 Maupas (1618 [1607] : 156 v°) différencie le participe de l'adjectif : « Vous connoistrez le pur participe, quand il attribue une action ou effect sortant du substantif. Pur adjectif, quand il attribue une qualité adhérante ». Ainsi qualifie-t-il *puissant* de pur adjectif, et *pouvant* de pur participe (1618 : 118 v°) ; pareillement *sçavant~sachant, vaillant~valant*. Il explique : « Vous connoistrez le pur participe, quand il attribue une action ou effect sortant du substantif. Pur adjectif, quand il attribue une qualité adherante » (1618 : 156 v°).

signification passive marchent toujours aprés, par exemple, on ne dira jamais *se couvrir d'un mouillé sac*, mais *d'un sac mouillé;* ny *une troupe d'armés hommes*, mais *d'hommes armés :* par ce que moüillé & armés sont participes de moüiller, & armer. De sorte qu'encor que les comparatifs, c'êt à dire, les noms adjectifs conjoints avec *(plus)* marchent pour l'ordinaire devant, & jamais après : si ce n'êt qu'on redouble l'article, comme, *c'êt la plus belle dame*, si on redouble l'article, on dira, *c'êt la dame la plus belle.* Toutesfois les participes passifs, encor que conjoints avec *(plus)* ne passent presque jamais devant, mais vont en suitte avec l'article redoublé, & ne dira-t'on pas, *voila un desiré jour*, [48] ny *voila le plus desiré jour du monde*, mais bien *voila le jour le plus desiré qui fut jamais, &c.* Je sçay fort bien qu'il se treuve quelques exemples du contraire, comme, *Il se rendit le plus decrié Prince*[93]. *La plus mal conseillée Dame qui vive sur la terre*[94], *&c.* mais à mon avis ils sont échappés par mégarde à l'une des bonnes plumes de France qui en use autrement ailleurs : & pour cela nous nous arrêterons au proverbe qui dit qu'une arondelle ne fait pas le printemps. Secondement les noms purs qui ne sont du nombre des participes, tiennent pour l'ordinaire le devant, s'ils ne sont de ceux qui appartiennent à l'objet des sens exterieurs[95], ou de ceux que nous ajouterons peu aprés. [49]

La veuë à pour objet la couleur qui suit toujours sans exception le mot auquel elle est ajoutée, & dira t-on *un cheval blan, un manteau rouge,*

93 Cette phrase se trouve dans *La consolation des honnestes gens* de Jean de Rozier (1640 : 485). Toutes les publications de ce prédicateur franciscain datent d'après les remarques de Wapy.

94 Nous n'avons pas trouvé cette phrase dans le corpus FRANTEXT ; une lettre de Antonio de Guevara à Marie de Padille commence par « Magnifique, et mal conseillée Dame » (1558 : 180).

95 La description des cinq sens date d'Aristote (*De Anima*, II, 7-11). Aristote consacre un chapitre à chacun des cinq sens, dont chacun a un objet, un milieu caractéristique, et un organe particulier : la vue a pour objet ce qui est visible, un milieu qu'il appelle le diaphane, et un organe (les yeux). (Macpherson (2011) conteste le nombre traditionnel des sens.) Dupleix, dès sa *Logique*, invoque les cinq sens pour distinguer la méthode du logicien de celle du grammairien. Un verbe comme *ouïr* est actif selon les grammariens, tandis que être *ouï* est passif; pour les logiciens, *ouïr* est passif car il signifie la reception d'une sensation : « nous [les logiciens] appelons actifs ceux qui signifient produire, faire, bailer ou causer : et passifs ceux qui signifient recevoir » (1984 [1607] : 136) ; répété dans sa *Liberté de la langue françoise dans sa pureté* (1651 : 213). Il poursuit dans *La Liberté* : « il y un grand nombre de verbes actifs selon les Grammairiens, parce qu'ils ont la terminaison active, qui neantmoins ont ls signification passive, & pour cete consideration sont censés passifs entre les Philosophes : & notamment ceux qui signifient recevoir quelque objet par les sens, comme *voir, ouïr, flairer, gouster, toucher* » (1651 : 213). Pour Wapy, alors, les adjectifs relatifs à la réception des sens externes sont donc « passifs » et doivent suivre le nom qu'ils qualifient.

un chapeau gris, du veloux cramoisy, coucher sur l'herbe verte, ne manger que du pain bis ou noir, boire du vin clairet, Il êt vray que dans Paris mêmes, certains Religieux ont retenu le nom de *blans-manteaux* ; mais cela n'êt qu'un viel usage d'une mauvaise façon de parler qui êtoit en vogue lorsqu'ils furent instituez, comme à present encor elle continue entre les Walons & autres nations voisines de la France, qui disent *du blanc pain, une rouge rose, un noir habit &.* ce qui n'empéche pas que ce ne soit une lourde faute.

L'ouïe reçoit toutes sortes de [50] sons, dont les diversités & autres accidens se mettent en queuë : exemples, *son argentin*[96], *ton aigu*[97], *bruit sourd*[98], *voix forte & aigre*[99], *voix basse*[100], *voix casse*[101], *draps moites*[102], *bois sec*[103], *fagots secs*[104] *tambour battant*[105] *&c.*

Pour le toucher nous disons[106], *eau chaude, vent froid*[107], *lieux humides, vin frais, fromage mou, oeufs durs, confiture seche, conserve liquide, poil rude,*

---

96 Comme dans l'hymne de la surdité dans *Divers jeux rustiques* de Joachim Du Bellay (1558 : 195) : « ains le son argentin d'un ruisseau murmurant ».

97 Voir Camus, *Palombe ou la femme honorable* (1625a : 198) : « cela me contraignit de luy dire d'un ton aigu & poignant… ».

98 Onze exemples de cette collocation dans le corpus FRANTEXT entre 1550-1650, dont Coeffeteau (1621 : Livre sixiesme, 126), Camus, Urfé, Boisrobert.

99 Comme « la voix forte et enrouée », symptome du choléra dans Charron (1601 : 181).

100 Une dizaine d'exemples dans l'*Astrée* d'Urfé (1607).

101 Mersenne, dans sa réponse à la question « si le temperament du parfait musicien doit estre sanguin, phlegmatique, bilieux, ou melancholique », observe que le mercure « rend la voix casse, sourde et foible » (1634 : 131).

102 Le corpus FRANTEXT n'a aucun exemple de cette collocation. Dans la première édition du *DAF* (1694) nous trouvons l'exemple : « les draps ne sont pas bien sechez, ils sont encore moites ».

103 Il y a treize exemples dans le corpus FRANTEXT entre 1550-1650, la plupart au sens propre (Urfé (1607 : 474) : « le bois sec brusle mieux »), parfois au sens figuré (Arnauld (1643 : 28) : « ceux qui ont perdu la verdeur du bois de la vie, que la grace du baptesme plante dans les ames, et qui sont devenus un bois sec par quelque peché mortel »).

104 Il n'y a aucun exemple de cette collocation dans le corpus FRANTEXT entre 1550-1650, mais dans la première édition du *DAF* (1694) le premier exemple est *fagots secs.*

105 Le *TLFi* cite un exemple de 1579 : « les compagnies de gens de pied … marcheront le tambour battant », c'est-à-dire, au son du tambour. Dans la pièce de Georges Scudery *Ligdamon et Lidias* (1631 : III, 1), nous trouvons : « lors que nostre ennemy sortit de sa muraille, / et que nous eusmes pris nostre champ de bataille, / que tous mes gens de pied rangez tambour battant ».

106 En effet, à part l'exception remarquée dans la note suivante, toutes ces collocations, à l'époque de Wapy, mettent l'adjectif après le nom.

107 Au seizième et au début du XVIIe siècle, le corpus FRANTEXT a trois exemples de *froid vent* et trois exemples de *vent froid.* Dans tous les exemples de l'adjectif postposé, *froid* est conjoint avec un autre adjectif : *vent froid et humble, vent froid et humide, vent froid et piquant.* Ceci dit, après Wapy, l'ordre *vent froid* est beaucoup plus fréquent.

poil follet, air delicat, charnure molle, barbe raze, veloux raze[108], *&.* en ces exemples ce mot *raze* regarde le toucher, c'êt pourquoy il êt mis en suite ; mais *raze campagne* appartient plutôt à la quantité, & pour cela il marche devant[109], suyvant la regle que d'icy à peu nous donnerons sur ce sujet.

Ce qui touche le goût va de même air, ne disons-nous pas, *vin doux,* [51] *vin rude, vin delicat, sauce douce, breuvage amer, pomme aigrette, viande froide, fruit meur, poire verdelette, vin friand, &c.* Et je laisse à deviner aux plus curieux pour quelle raison l'usage à mis ces mots *friands morceaux*[110], hors de la commune regle : car il s'en treuvera fort peu qui leur ressemblent, & se puissent ajouter à eux.

Quand au flairer, dautant que ce sens est un peu mal aisé à connoître, & qu'on n'en juge presque qu'à la semblance de la saveur, nous dirons aussi qu'il a des loix particulieres & vrayement mal aisées à démler [*sic*] : car en quelques exemples il se peut mettre indifferemment devant ou apres, comme *odeur agreable, agreable odeur, odeur souêve & doux-flairante, doux-flairante &* [52] *souêve odeur*[111], neanmoins comme il y a fort peu de mots propres à luy, je l'astreindroy volontiers à la méme regle d'aller apres : aussi dit-on bête puante, nez punais, pieds puans, &c. Troisiémement les noms qui denotent quelque quantité, c'est à dire quelque espace, étendue, ou mesure, comme *hauteur, largeur, longueur, profondeur, &c.* doivent aller devant, ce qui à mon avis à fait dire si souvent à Monsieur Coeffeteau *haute chambre, basse chambre*, non pas *chambre*

---

108 Dans l'*Histoire d'Angleterre, d'Escosse et d'Irlande* Du Chesne (1634 : 1167) décrit les chevaliers anglais réunis en 1623 pour les cérémonies autour du serment du roi anglais Jacques I sur les conditions du mariage de son fils : « ils estoient vestus d'une mesme sorte, de veloux raze tanné ». Le velours ras s'emploie aujourd'hui principalement pour l'ameublement.

109 Wapy distingue deux sens de l'adjectif *ras*. Selon le sens, l'adjectif est antéposé ou postposé. Voir l'introduction p. 40.

110 C'est peut-être une question de sens propre / sens figuré. Dans *La Venerie* de Jacques du Fouilloux (1614 [1562] : 54 r°) l'adjectif se met après le nom : « il verra deffaire le Cerf au Veneur, doit prendre ses appetis, et cercher les morceaux friands ». Pareillement dans les *Curiositez* d'Oudin, *friand* se traduit par *delicat* en collocation avec *morceau* (1640 : 236). Mais, au sens figuré, dans la pièce de Jean de Mairet, *Les Galanteries du Duc d'Ossonne* (1636 : 79), l'adjectif se met avant : « c'est un friand morceau qu'une prompte vengeance ».

111 En effet, dans le corpus FRANTEXT entre 1550 et 1650, si l'on excepte les adjectifs toujours antéposés (*bon, mauvais*) et les participes passés toujours postposés (*sulfuré, parfumé*), 21 adjectifs qui qualifient le nom *odeur* se mettent avant, 19 après. Les adjectifs *souefve, puante,* et *agréable* sont parfois avant, parfois après, sans distinction de sens.

basse[112], comme on dit *basse court*, non pas *court basse & basse fosse*, non pas *fosse basse*, l'usage ordinaire établit cette regle : ne disons nous pas, *courte robbe*[113], *long manteau*[114], *larges épaules*[115], *étroites manches*[116], *haute montagne*[117], *profonde* [53] *vallée*[118], *grand beuveur*[119], *petit mangeur, grosse tête, menus dixmes, menus plaisirs*[120], *raze campagne, de plain pied, de haute futaye, de moyenne taille*[121], *&c.*

Tous noms qui denotent le nombre, doivent aller devant, & ont pareille raison que ceux qui marquent la quantité (aussi est-il vray que

112 Par exemple, dans Coeffeteau : « Estant encor dans les langes, sa nourrice l'ayant couché sur le soir, et ayant mis son berceau en une basse chambre, le lendemain on ne l'y trouva plus » (1621 : Livre premier, 3). Pourtant *chambre basse* et *chambre haute* sont attestés, par exemple dans Sorel : « Il me dit qu'il ne sçavoit pas à quoy il avoit songé jusqu'alors de me laisser dans sa chambre basse qui estoit fort mal accommodée, veu qu'il avoit la clef de sa chambre haute qui l'estoit mieux » (1627 : 410). Dans Palsgrave, *basse chambre* veut dire « *house of easement* » (= toilettes). Dans Nicot, *chambre haute* traduit *coenaculum*, le cénacle de Jérusalem où a eu lieu la cène. Dans la première édition du *DAF chambre basse* et *chambre haute* désignent les deux chambres du Parlement d'Angleterre (House of Commons, House of Lords). *Cour basse* et *fosse basse* ne se trouvent pas dans le corpus FRANTEXT.

113 Dans les *Cent Nouvelles Nouvelles* (1486) l'auteur (Philippe Pot ?) emploie deux fois *courte robe* et deux fois *robe courte*.

114 Pourtant au XVIIIe siècle dans les *Mémoires* du Duc de Saint-Simon on trouve douze exemples de *manteau long*.

115 Dans le corpus FRANTEXT nous ne trouvons aucun exemple ni de *larges épaules*, ni d'*épaules larges* avant 1684 ; après cette date, exemples des deux sont nombreux, mais l'ordre *larges épaules* est plus fréquent.

116 Dans le corpus FRANTEXT il n'y a aucun exemple ni d'*étroites manches*, ni de *manches étroites* avant 1691. L'ordre *manches étroites* est plus fréquent, et figure (au singulier) dans la première édition du *DAF* (1694).

117 En effet, l'ordre *montagne haute* ne s'emploie qu'avec un complément (p. ex. « une montagne haute d'une lieue et demie » (Voltaire 1968 [1738]) : 474).

118 Dans le corpus FRANTEXT nous trouvons *vallée profonde* aussi souvent que *profonde vallée*, mais les premiers exemples datent du XVIIIe siècle.

119 Dans le corpus FRANTEXT tous les exemples au singulier de cette époque antéposent l'adjectif : *grand buveur, bon buveur, fameux buveur*, mais au pluriel nous trouvons chez Rabelais *buveurs eternelz* (1537 : a iiii v°; cette phrase manque dans l'édition de 1533), *beuveurs tres illustres* (1535 : a ii r°).

120 Par exemple, Du Bellay (1584 [1549] : *L'Olive*, Epistre au lecteur : 49 r°), « Ceux qui ayment le jeu, les banquetz et aultres menuz plaisirs ». Pareillement, les autres adjectifs quantitatifs – *maigres, courts* – sont antéposés. À l'époque de Wapy, les adjectifs qui expriment le jugement – *licites/illicites, lascifs, vulgaires, brutaux*, etc. – se mettent d'habitude après *plaisirs* mais il y a des exceptions, comme *traistres plaisirs, damnables plaisirs*, et certains adjectifs sont antéposés ou postposés sans distinction de sens : *honnestes, delicieux, naturels.*

121 Dans les années 1620 l'ordre *moyenne taille* est le seul attesté (trois exemples dans le corpus FRANTEXT). À partir de 1700 l'ordre *taille moyenne* est beaucoup plus fréquent (237 exemples contre 69).

le nombre est compris sous la categorie de la quantité) & ne dira-t'on pas, partie seconde, partie troisième. Mais *seconde & troisiéme partie.* Que si on treuve dans les livres, chapitre premier &c. c'êt un mauvais usage qui s'êt glissé par l'inconsideration des premiers traducteurs des livres latins, qui sans prendre garde à la perfection du langage françois ne faisoient que rendre simplement [54] les termes comme ils les rencontroient au latin qui met en telle occasion l'adjectif en queuë, de cette sorte, *caput primum, caput secundum*, il faut donc dire pour parler correctement, premier chapitre, deuziéme chapitre &c[122]. La figure va à rebours de la quantité, *table ronde, bonnet rond*[123]*, teste pointuë, nez camus, pied bot, &c.* Aussi sont les noms qui enveloppent en leur signification la situation ou le rapport des parties entr'elles, comme *branches courbes, mains ouvertes, teste creuse, jambes torses, bras gauche, pied droit, ligne courbe, ligne droite, ligne spirale, &c.* Et n'importe pas que l'on die, *En droite ligne, de droit fil.* En ces façons de parler *droit* ne signifie pas la situation des parties [55] de la *ligne* ou du *fil*, mais il est pris en un autre sens[124], c'êt pourquoy il a pris le devant, afin de ne donner point à songer s'il seroit en sa signification propre ou empruntée. Gardés vous donc de dire à cette occasion. *Votre écriture est mal reglée, il y à moins de droites lignes que de courbes.* Car puis que droites est icy en sa propre signification, il faut que vous disiez *moins de lignes droites, &c.*

Les adjectifs qui marquent le pays vont encore derriere, *courtoisie françoise, gravité Espagnole, fortification Hollandoise, langue Allemande, femme Parisienne, flottes Angloises, &c.* Tous les autres vont avec plus de grace devant leurs substantifs, si quelquefois il n'ar-[56]rive que la rencontre

---

122 Pourtant, plusieurs grammairiens et remarqueurs du XVIIe siècle emploient la forme *chapître premier* (Chiflet, Irson, Ménage).

123 *Rond* mis à part, les autres exemples sont sans exception. *Visage rond / rond visage* se retrouvent dans le siècle avant ces remarques. À part cet exemple, l'adjectif antéposé est rare, et généralement au sens figuré : *un rond parler, sans fard, sans artifice* (Marot, *Les Épitres* 1993 [1526] : 97). *Bonnet rond* est un exemple qui justifie la règle proposée par Palsgrave : « Where we put our adjectyve before the substantyve what he is put to hym bycause of a difference, and say *a whyte hors, a rounde cappe, a long gowne*, they torne the order and say *ung cheval blanc. Ung bonet rond. Une robbe longue.* » (1530 : Boke II, XL).

124 En effet, *droite ligne* s'emploie surtout pour tracer la généalogie, par exemple *descendu en droite ligne du sang de Hercules* (Bodin 1576, livre 2, chapitre 3 : 60), mais en contre-exemple nous trouvons *droite ligne* dans son sens ordinaire : « *les astres…se rencontreront au signe de l'Escrevice tellement ordonnez et disposez en mesme passage qu'une droite ligne puisse traverser leur rond* » (Dupleix 1620 : 110-111).

de certaines syllabes qui s'allient mal-aysément nous fasse renverser cét ordre pour eviter la rudesse : ce qui se remarquera facilement en plusieurs bons écrivains du temps, car les exemples se rencontrent en chaque feuillet de leurs livres. En voicy quelques-uns, *Riche seigneur*[125], *Saincte dame*[126], *un hardy coup*[127], *souveraine valeur*[128], *ces farouches nations*[129], *eternelle infamie*[130], à laquelle tous ses amys auroient *une honteuse part*[131], *épineuses affaires*[132], *sensible déplaisir*[133], *ce flatteux langage*[134], *un froid compliment,*

125 Par exemple, dans *Le Berger Extravagant* de Sorel : « il y eut jadis en Arcadie le fils d'un *riche seigneur* qui tomba dans une fontaine où il se noya » (1627 : 275). C'est le seul exemple dans le corpus FRANTEXT avant la publication de ces remarques ; le premier exemple de *seigneur riche* date de 1655, un exemple où l'adjectif et conjoint avec un autre : *seigneur riche et opulent* (Tyssot de Patot 1710 [1655] : 446).

126 *Sain(c)te Dame* signifie le plus souvent la mère de Jésus, parfois employé comme une interjection, par exemple dans *Le Moyen de Parvenir* de Béroalde de Verville : « Saincte dame, voylà un grand mot » (1610 : 130).

127 *Coup hardi* est beaucoup plus fréquemment attesté que *hardi coup.* Tous les exemples de cette ordre-ci dans le corpus FRANTEXT datent du XIXe siècle, et tous ont un complément (*hardi coup de gueule, hardi coup de main*), une construction qui favorise l'antéposition.

128 Nous n'avons trouvé aucun exemple de *souveraine valeur.* Dans leurs textes, les remarqueurs avant 1700 mettent le plus souvent cet adjectif avant son nom (dix-sept exemples, *souveraine puissance, souverain bonheur*), avec quelques exceptions (quatre exemples, *jugement souverain*).

129 Dans les quatre exemples de cette collocation dans le corpus FRANTEXT, deux de Coeffeteau, l'adjectif est toujours antéposé. Au XVIIIe siècle, deux exemples dans l'ordre inverse, *nations farouches.* Le plus souvent, entre 1500-1630, l'adjectif est postposé, sauf dans les textes de Coeffeteau, ou l'antéposition est plus fréquente. Chez Coeffeteau nous trouvons *peuples farouches* (1621 : Livre premier, 120) et *farouches peuples* (1621 : Livre quatriesme, 125) aussi bien que *farouches nations* (1621 : Livre quatriesme, 123) et *farouche esprit* (1621 : Livre premier, 5). Bouhours consacre une remarque à cet adjectif (1692 : 410-412) ; l'adjectif dans tous ses exemples est postposé, à part une citation de Balzac dans une lettre à Chapelain, « *le farouche Heinsius* » (1659 : 222-223).

130 Par exemple, chez Coeffeteau : « Julia fille d'Auguste que Tibere avoit espousée & depuis repudiée et chassée de Rome avec des marques d'une éternelle infamie, mourut en cette saison… » (1621 : Livre second, 171).

131 Au XVIe siècle la postposition de *honteux* est plus fréquente, mais au premier XVIIe siècle l'antéposition domine.

132 Au XVIIe siècle les auteurs inclus dans le corpus FRANTEXT postposent l'adjectif dans tous les exemples de cette collocation : *affaire(s) épineuse(s).*

133 Il y a peu d'exemples au XVIIe siècle ; l'ordre *sensible déplaisir* est plus fréquent que l'ordre *déplaisir sensible,* par exemple dans d'Audiguier : « …si vous y manquez, je vous prepare le plus sensible déplaisir qu'on vous puisse faire » (1626 [1624] : 194). *Sensible* figure dans la liste dressée par le père Chiflet des adjectifs « qui sont indifférents à estre mis devant ou après » (1659 : 246).

134 *Flatteux* est rare, une seule attestation dans le corpus FRANTEXT, dans *La Troade* de Robert Garnier (1578 : 11 v°) : « Desja la nuit ombreuse estoit demi passee, Et du Bouvier tardif la charrue abaissee, Quand le somme flateux, mes langueurs assommant,

de furieuses reproches[135], *bestiale tyrannie*[136], *glorieux avantages*[137], *il leur fit une verte charge &c.* En ce dernier exemple, & en l'autre precedent, où il est parlé de froid compliment, *verte* [57] *& froid* marchent devant, par ce que le premier ne signifie pas en ce lieu la couleur, mais la force & l'ardeur, & au dernier le mot *froid* n'êt non plus pris en sa naturelle signification, mais déguisée pour dire un compliment sans affection & sans bonne volonté[138]

Quatriémement tous les pronoms, comme *mon, ton, nôtre, vôtre*, doivent aller devant sans aucune exception. C'êt une faute de ces quartiers du Lyonnois de dire la patience nôtre, au lieu de nôtre patience, le Pere tien, le frere mien[139], vous feriez le même jugement de tous les autres que vous entendriez prononcer en cet ordre renversé.

Apparoistre me fit mon Hector en dormant ». Dans la remarque IX (ci-dessus) Wapy cite *flatteux langage* dans Coeffeteau (1621 : Livre premier, 143). Seul dans les dictionnaires de l'époque Miège (1677) inclut *langage flatteux* comme l'équivalent du mot anglais *blandiloquy*. Nous trouvons *un langage flatteur* dans la première édition du *DAF* (1694). *Flatteux* est noté dans des dictionnaires de formes dialectales (Bray, Normandie) du XIXe siècle.

135 Deux exemples chez Coeffeteau : « la douleur de voir sa femme captive...luy fit vomir de furieuses reproches contre Tibere » ((1621 : Livre second, 173) ; « Ces furieuses reproches laisserent un poignant aiguillon dans l'ame de Neron » (1621 : Livre cinquiesme, 8). Coeffeteau antépose presque toujours cet adjectif : *furieux princes, furieux regne, furieux combats* mais *choses furieuses* (« On dit des choses furieuses de ses banquets... » (1621 : Livre sixiesme, 119).

136 Le plus fréquemment, avant Wapy, l'adjectif *bestial* suit son nom (*vie bestiale, cupidité bestiale*) mais parfois il est antéposé : « Quelle bestiale stupidité ! » (Montaigne 1965 [1595] : 725) ; (dans l'édition de Paris (1595 : 479) : « O l'asnerie dangereuse & insupportable ! ») ; « Ceste bestiale frenaisie » (Camus 1615b : 42).

137 Nous ne trouvons aucun exemple de *glorieux avantages* dans le corpus FRANTEXT avant les remarques de Wapy (trois exemples après la publication des remarques). Dans les nombreux exemples de *glorieux/glorieuse/glorieuses* l'antéposition et la postposition sont d'une fréquence semblable. Mais dans Coeffeteau, l'adjectif *glorieux* précède toujours le nom qu'il qualifie, mis à part le nom *chose* « Mais le peuple Romain enflé par tant de prosperités, estimoit chose glorieuse de pouvoir défaire un si puissant & si aspre ennemy » (*Histoire Romaine de L. Florus*, 1621 : 44).

138 *Froid compliment* se retrouve dans l'*Histoire romaine* de Coeffeteau : « et après un froid compliment l'ayant baisée, plus par ceremonie que par amour, il se retiroit aussi tost... » (1621 : Livre cinquiesme, 9). L'antéposition au sens figuré est fréquente, *froide jalousie* (Urfé (1966 [1610] : 682), mais non pas obligatoire : chez Sorel *esprit froid* (1627 : 250).

139 Oudin y voit un changement diachronique plutôt qu'une variation dialectale. Il remarque : « Je croy que les Poëtes de nostre temps ne se serviroient pas des phrases des anciens : *le pere tien, le mien cœur, le frere sien*, & plusieurs autres » (1640 [1632] : 120). Dans le corpus FRANTEXT il y a trois exemples de cet usage poétique au XVIe siècle : « Et du grand Pere aussi les nobles faictz / Lire pourras, tandis que les louanges / Du pere tien, par

XIV. REMARQUE. [58]

La quatorziéme, encore que le verbe en son infinitif puisse tenir lieu de nom substantif, il n'en faut user que sobrement, & lors seulement, que cela se rencontre, avoir plus de grace : On ne dira point le sentir pour dire le sentiment[140], le juger pour dire le jugement[141], mais bien *le parler, le rire, &c*[142]. il en va de même au regard du nom adjectif, ou de l'adverbe, quand ils prennent la force du substantif, exemple de l'adjectif, vous direz le *poly d'une enclume*[143], non pas le dur d'une enclume, pour dire la dureté, exemple de l'adverbe, *le beaucoup*, pour dire *l'abondance*, [59] on dira bien *le beaucoup de richesses les à perdu*, non pas toutesfois, *il se vante du beaucoup de pauvres qu'il nourrit*[144].

---

nations estranges iront volant » (Clément Marot 1526 : 30) ; « et vers le pere tien ne te faut retourner », dans la pièce *David combattant* de Louis Des Masures (1582 [1566]) : 94) ; « Creon : Où l'avez-vous surprise ? Gardes : Autour du frere sien » dans la pièce *Antigone* de Robert Garnier (1580 : 29).

140 Pourtant, plusieurs auteurs au XVIe et au XVIIe siècle se sert de l'infinitif *le sentir*, comme Agrippa d'Aubigné : « tant qu'il eut le sentir on cerche sans trouver en luy le repentir » (1616 : 135).

141 Nous n'en trouvons qu'un exemple dans le corpus FRANTEXT : « le juger fut differé jusques a la fasson de cestes » (Monseigneur de la Roche (1550 : 30).

142 Vaugelas approuve l'emploi de l'infinitif comme substantif dans la remarque *Vouloir pour volonté* (1647 : 442) : « C'est une chose ordinaire en nostre langue, aussi bien qu'en la Grecque, de substantifier les infinitifs, comme *le boire, le manger*, etc. mais de dire *le vouloir* pour *la volonté*, est un terme qui a vieilli, et qui n'estant plus receu dans la prose, est neantmoins encore employé dans la poësie par ceux mesme, qui excellent aujourd'huy en cet art ». Comme Vaugelas le signale, l'infinitif substantivé s'emploie de moins en moins au cours du XVIIe siècle (voir Fournier 1998 : 274-276). Ce qui n'est pas clair, ni pour Wapy, ni pour Vaugelas, est la ligne de démarcation entre l'acceptable et l'inacceptable. Vaugelas accepte *le dormir, le souper, le boire* mais non pas *le procéder* (1647 : 152). Comment déterminer ce qui constitue l'usage « sobre » ou la grace de cette construction ?

143 Wapy cite (sans le nommer) Camus : « Le comte eust aussi tost pincé sur le poly d'une enclume, ou sur la glace d'un miroir… » (1625a : 372).

144 Camus emploie l'adverbe *beaucoup* comme substantif, mais sans complément : « je dois remercier le ciel qui en un evenement si soudain m'a presté le moyen de vous faire voir un eschantillon du beaucoup que je voudrois faire pour me rendre digne de vos graces » (1625a : 179).

XV. REMARQUE.

La quinziéme, à l'égard sur la multiplication des verbes, par ce que bien souvent on ne se contente pas d'un seul, mais soit par necessité, soit pour mieux exprimer ce qu'on veut dire, on met deux verbes de suite qui se rapportent tous deux au nom substantif ou à quelque autre partie de discours qui les suit. Quand il arrive de la sorte, je dis qu'on ne doit jamais apparier deux verbes qui tirent une diverse suite[145], [60] mais il faut qu'elle soit toute pareille, autrement c'êt un notable deffaut : pour exemple, si qu'elqu'un [*sic*] disoit *chercher hardiment, & se démêler des dangereuses rencontres*, il est aisé de juger que ces deux verbes exigent une differente suite, car celuy cy *chercher* requiert apres luy l'article les, & doit on dire *chercher les dangereuses rencontres*, là où l'autre demande l'article *de* ou *des* comme il luy êt donné en cet exemple. A ce sujet ces deux verbes ne peuvent marcher du pair : que si non obstant il êt arrété que l'on vueille exprimer ce sens, on dira, *s'approcher hardiment & se démêler bravement des dangereuses rencontres.* Quelques-uns ne se voulans point si étroitement lier, tâcheront de [61] tirer du secours de la figure *Zeugma*[146], qui conjoint deux noms substantifs, l'un masculin, l'autre feminin, sous un seul adjectif, lequel ne peut fort souvent être masculin & feminin tout ensemble[147], pour exemple, *cet homme, & cette femme furent conjoints*

145 Malherbe critique ce genre de construction dans la poésie de Desportes (cité dans Marzys 2009 : 251, n. 2). Vaugelas consacre une remarque à cette question, *Verbes regissans deux cas mis avec un seul* (1647 : 79-80). Il attribue la règle à « nos excellens Escrivains modernes », et la juge « fort belle, & tres-conforme à la pureté & à la netteté du langage ». Pourtant, Vaugelas croit que c'est un changement récent, depuis Coeffeteau (1621), et limite la règle à la langue écrite.

146 Ramus définit « zeugma » comme « ajonxion… cant un' espes et entenduȩ d'un' autr' espesȩ » (1562 : 109).

147 C'est une question abordée dans plusieurs grammaires et commentaires sur la langue de l'époque. Faut-il faire l'accord avec le nom le plus proche (règle de proximité) ou bien avec les deux noms (masculin pluriel) ? Ramus décrit ce problème comme une « anomalie du genre » : « Lanomalie du genre cest quand deulx singuliers lun masculin, & laultre femenin sont joincts a ung plurier masculin : comme, Mon pere & ma mere sont mors » (1572 : 128). Malherbe, préférant le masculin pluriel, corrige Desportes (voir Brunot 1891 : 365-366). Marie de Gournay choisit la règle de proximité (1626 : 965). Wapy suit la règle de Malherbe, tout en admettant une certaine tolérance pour cette façon de parler. Une remarque de Vaugelas, *Un adjectif avec deux substantifs de different genre* (1647 : 82-85),

par mariage, cet adjectif *conjoints* ne peut étre que masculin seulement, ou si on disoit *conjointes* il seroit seulement feminin, & partant ne peut appartenir qu'à l'un des deux, neantmoins on souffre cette façon de parler, & donc pourquoy non la premiere ? Il est bel à voir qu'il n'y a point de pareille necessité aux verbes comme aux noms, n'y ayant point de contrainte de mettre ce verbe cy ou celuy-là, comme [62] les noms dont il est force de se servir en certaines occurrences : & si cette raison ne leur suffit qu'ils deferent au moins à l'autorité, & qu'ils en croyent au Maître du bien dire de la Republique Romaine[148], aussi curieuse d'Eloquence que fleurissante en grandeur lequel n'a point qualifié cette façon de parler d'un plus honorable titre que de *Solecisme*[149], c't [*sic*] à

---

reflète cette hésitation. En considérant l'exemple *Ce peuple a le cœur et la bouche ouverte à vos louanges*, Vaugelas insiste sur la nécessité de fixer une règle absolue « pour la perfection de nostre langue », mais il trouve la règle de proximité « plus doux ». Vaugelas distingue deux constructions : si les deux noms conjoints sont le sujet du verbe et l'adjectif suit le verbe, il faut que l'adjectif soit au masculin pluriel : *le mari et la femme sont importuns.* Mais si l'adjectif suit directement le deuxième nom, il faut faire l'accord avec le deuxième nom : *les pieds et la teste nüe.* La Mothe Le Vayer rejette cette distinction : « *les pieds & la teste nuds*, est mieux dit, que *les pieds & la teste nuë...* si l'on veut exprimer la nudité de toutes les deux parties » (1669 [1647] : 499).

148 Quintilien, *Institutio Oratoria* : « *Cetera vitia omnia ex pluribus vocibus sunt, quorum est soloecismus, quanquam circa hoc quoque disputatum est* », « Tous les autres vices du langage sont ceux qui affectent un assemblage de mots. De ce nombre est le *solécisme.* Cependant on n'est pas d'accord là-dessus » (I, 5 ; traduction de Ouizille 1839 : 93).

149 *Solécisme* est un terme d'origine grecque dérivé du nom d'une ville en Asie Mineure, Soles (ensuite Pompeiopolis), où les habitants parlaient mal le grec (histoire racontée par Diogène Laërce dans sa vie de Solon). À l'époque de Wapy les grammairiens distinguaient le barbarisme du solécisme : le solécisme est une faute de syntaxe, le barbarisme est une faute dans le choix du mot. Vaugelas y consacre deux remarques, *Du barbarisme, premier vice contre la pureté* (1647 : 568-572) et *Du solecisme, second vice contre la pureté* (1647 : 572-577). Il classe parmi les barbarismes : l'emploi d'un mot qui n'est pas français (*paction* pour *pacte*), un mot employé dans le mauvais sens (*sortir* pour *partir*), un mot vieilli (*ains*), un néologisme (*impolitesse*), un régionalisme (*je m'en suis fait pour cent pistoles* (gasconisme) ~ *j'ai perdu cent pistoles* (français). Selon Vaugelas, l'omission de l'article, du possessif ou de la préposition lorsque les noms sont conjoints est un barbarisme (**les peres et meres* ~ *les peres et les meres* ; **ses pere et mere* ~ *son pere et sa mere ;* **par avarice et orgueil* ~ *par avarice et par orgueil*), ainsi que l'omission du deuxième élément de la négation (*pas*/*point*) et l'omission du pronom sujet. Ce serait également un barbarisme d'insérer une préposition ou un article où il ne faut pas le faire (**du depuis* ~ *depuis* ; **avec des larmes* ~ *avec larmes*). Le solécisme, selon Vaugelas, peut être une faute de morphologie (**esvantaux* ~ *esventails* ; **il allit* ~ *il alla*) ou une faute de construction (**Je n'ay point de l'argent* ~ *Je n'ay point d'argent*) ou une faute d'accord (genre, nombre). Dans une remarque, *Si c'estoit moy qui eusse fait cela*, ou *si c'estoit moy, qui eût fait cela*, il approuve certains solécismes, concluant que « l'usage favorise souvent le Solecisme » (1647 : 79), c'est-à-dire, que l'usage peut

dire du plus notable vice qui se puisse rencontrer dans le langage. Voila ce qui concerne les remarques generales pour parler à la façon des bien-disans d'aujourd'huy, venons aux particulieres.

---

enfreindre les règles de la grammaire. Il admet que les termes *barbarisme* et *solécisme* sont difficilement différenciés : « Tout cela sont des fautes contre la pureté du langage. Quelques uns disputent s'il les faut appeler solecismes, ou barbarismes, mais n'estant question que du nom, il importe peu : car que ce soit l'un, ou que ce soit l'autre, il le faut egalement eviter pour parler & escrire purement » (1647 : 573).

DES PETITS MOTS FRANÇOIS PRIS EN LEUR SIMPLE SIGNIFICATION[1]. [63]

Deuzieme partie.

Cette Seconde partie comprend une grande varieté à raison de la multitude des petites pieces qui s'entrelassent avec beaucoup de gentillesse dans le parler, & souventefois n'y servent que d'ornement, de façon que les meilleurs Maîtres ont remarqué qu'en chacune des langues presque toute la grace, & la mignardise vient de ces petites par[64]celles proprement ajustées, & bien assises. Ces menus mots se tirent de toutes les parties du discours, des articles, des noms, des pronoms, des verbes, des participes, des prepositions, & des interjections, mémes des parties qui servent à lier ces autres pieces de langage. Mais comme il y auroit beaucoup à dire sur chacune d'elles pour celuy qui auroit entrepris de faire une grammaire françoise, nous renvoyrons cela dans l'école, & dirons seulement, pour couper court, ce qui fait à nôtre dessein, & qui regarde la grace des plus petits mots françois.

---

1 Wapy annonce cette partie dans son *Addresse* (1625 : 395-396) : « encor que cela semble de petite consideration, & que ce ne soit pas grande gloire de sçavoir la force & la grace de ces menus mots exactement ; c'est pourtant un si grand deffaut de chopper en ces petites rencontres, & tellement importun à cause de leur frequence, que cela donne un grand rabbais au discours, & font qu'assés souvent il ne passe que pour barbare. J'ay fait un recueil de l'elegance de ces divers mots & menuës parcelles du discours, que je pourray paravanture faire mettre sur la presse, & adjouster à la fin, non de tous les exemplaires de cet art oratoire, mais de quelques-uns en faveur de ceux qui ne se sont estudié à ces observations, petites en apparence, mais necessaires en effet ».

DE L'ARTICLE. [65]

L'Article à fin que personne n'ignore que c'êt, êt ce qui precede la chose signifiée & se met d'ordinaire devant le nom substantif, en cette façon (*le*) si le nom qui suit est masculin, & en cette autre maniere, (*la*) si le mot qui suit est feminin, pour exemple, *le fer*, *la flamme*. Or je dis que l'elegance de ces articles au langage françois se voit en leur frequente redite[2], & que l'omission en ôte beaucoup de naïveté, exemple on ne dit point avec grace, *c'êt le plus riche, & honnête homme qui se puisse rencontrer*. Et bien que la gentillesse du langage françois consiste [66] en la repetition non seulement de ces articles, mais aussi des prepositions, & des autres parties du discours, comme il se verra d'icy à peu : neanmoins on omet souvent la repetition d'aucunes de ces parties pour redoubler l'article, tant cette batterie semble être naturelle, exemple, *Pour la vertu & la sagesse que j'ay reconnues en luy*[3]. Jusque là que l'article semble se doubler quelquefois sans necessité, sçavoir quand l'adjectif êt mis aprés, là ou il pouvoit être devant, exemple, *tu portes le present le plus rare &c.* au lieu qu'on eût pû dire tu portes le plus rare present, qui se puisse voir. Autre exemple, *il faut fortifier d'un côté, démolir d'un autre, tout cependant pour le bien de* [67] *l'état*, vous direz, *le tout cependant* pour ôter l'ambiguité, autrement ce mot (*tout*) sembleroit commencer un autre sens. Un dernier point à considerer sur l'article c'êt que quelquefois, il a la méme force que la preposition *de* ou *du*, pour exemple, *il merite d'être connu d'un autre siecle que le nôtre*, pour dire, *d'un autre siecle que du nôtre.*

---

2 La répétition se situe entre la grammaire et la stylistique, et figure dans les guides de rhétorique aussi bien que dans les remarques (voir Le Guern 1986). Wapy ne mentionne pas le rôle de la synonymie dans la répétition ou l'omission de l'article (voir ci-dessus, Remarque V). Dans les *Remarques* de Vaugelas, la répétition de l'article figure dans la version manuscrite (1637 (?) : 6 r°-6 v°) et dans deux remarques du texte publié en 1647 : *Reigle nouvelle & infaillible pour sçavoir* quand il faut repeter les articles, *ou* les prepositions, *tant devant les noms, que devant les verbes* (1647 : 214-218) et *Qu'il est necessaire de repeter les articles devant les substantifs* (1647 : 474*-477*). Marzys (2009 : 780-781) cite plusieurs exemples de répétition et d'omission dans la littérature de l'époque (textes d'Urfé, de Malherbe, de Coeffeteau, parmi d'autres).

3 Vaugelas trouve que la répétition de *pour* dans une même période « sonne mal » mais approuve la répétition de la préposition si les deux compléments sont différents : « si dans la repetition du *pour*, l'un sert à l'infinitif, & l'autre à un nom, il ne sonne pas si mal, à cause qu'il est employé diversement » (1647 : 50).

DU PRONOM.

C'Et une maxime au langage françois qu'il faut pour l'ordinaire donner la preference aux façons de parler plus coulantes, & plus douces, si autre consideration n'empéche, encor qu'on puisse user des unes, & des autres sans faillir. A [68] cecy le pronom prend bonne part lequel êt mis ordinairement apres le verbe nommément au temps imparfait, pour la plus grande douceur, quand un infinitif suit ; & dira t'on *Il ne sçauroit se donner à entendre* plutôt que cet autre, il ne se scauroit donner à entendre, & au lieu de dire, Je ne vous veux pas dire adieu, on se servira de cette autre manière, *Je ne veux pas vous dire à Dieu*[4].

Pour une autre douceur de langage ces deux pronoms, *luy-mémes, & soy-mémes* sont plus elegamment receus en certains endroits que ces autres, *luy-méme soy méme*, & en ce faisant on les rend indeclinables mettant en l'écriture, & en la prononciation soy-mémes, avec [69] une *s* finale au singulier, comme si on parloit de plusieurs.

On dira aussi pour une plus grande douceur, *laissez-m'y*, & non pas *laissez-moy y*, qui n'êt pas en usage à cause de sa trop grande rudesse[5]. Comment cela ? dira quelqu'un, en bonne regle de grammaire, quand on use de l'apostrofe (au moins en nôtre langue) on ne fait évanouïr que les voyelles, & non pas les diftongues, on dira bien l'ardeur, pour la ardeur, l'arpentage, pour le arpentage, s'il, pour si il, mais faites moy voir un

---

4 Vaugelas conseille plutôt le contraire (1647 : 376-377), même s'il admet que Coeffeteau préfère l'ordre signalé par Wapy, l'ordre qui sera généralisé à la fin du siècle. Pour Vaugelas, c'est une question de fréquence, et en effet, l'ordre qu'il préfère est plus fréquent jusque dans les années 1660 (voir l'introduction d'Ayres-Bennett (2018 : 175), et sa note 1441 (p. 588)). En dépit de cette évolution, Thomas Corneille (Académie 1704 : 372) approuve l'ordre de Vaugelas, s'il n'y a pas deux infinitifs (**il se vint justifier & dire ; il vint se justifier & dire*), parce que le pronom réfléchi ne s'accorde qu'avec le premier infinitif.

5 Wapy recherche une explication raisonnée : l'apostrophe ne peut remplacer qu'une voyelle simple. La solution de Wapy est rejetée par Vaugelas, qui préfère éviter « le ridicule son que fait, *menez-m'y* » (1647 : 95) en renversant l'ordre des pronoms : *menez y moy*. Selon Vaugelas « *mi*, de soy a un mauvais son ».) Arnauld et Lancelot reprennent l'argument de Wapy et critiquent Vaugelas : « cherchant la raison pourquoy on dit *menez-l'y*, et qu'on ne dit pas *menez-m'y*, il [Vaugelas] n'en a trouvé d'autre que la cacophonie. Au lieu qu'estant clair que *moy* ne se peut point apostropher, il faudroit afin qu'on pust dire, *menez-m'y*, qu'on dist aussi *menez-me* : comme on peut dire *menez-l'y*, parce qu'on dit *menez-le*. Or *menez-me* n'est pas François, & par consequent *menez-m'y* ne l'est pas aussi » (1660 : 62).

seul exemple, hormis celuy cy, ou la diftongue se perde pour faire place à une apostrofe. A cela je répons qu'au cas posé, on ne fait pas perdre la diftongue, mais l'*E* seulement qui s'évanouït plus [70] ordinairement, qu'aucune des autres voyelles, comme on peut remarquer en ce mot *que* en l'article *le* en la preposition *de*, en l'adverbe negatif *ne*, aux pronoms *ce, je, me, se, te, &c*, & c'êt au sujet de ce pronom *me*, qu'on dit, *laissez-my* [*sic*], comme qui diroit, *laissez-me y*, de méme qu'on dit *je m'en vay*, au lieu de dire, *je me en vay.* Quelques uns ne s'étudians à ces menuës recherches, font de lourdes fautes en toutes les parties du discours, & quoy que ce ne soit pas grande gloire de les sçavoir, c'êt neanmoins un grand deffaut de les ignorer. Et puis que nous sommes sur le pronom : ils faillent notablement en celuy-cy (*il*) l'employant en deux manieres, ou il êt superflu, exemple de la pre-[71]miere, *l'homme qui craint Dieu, & qui se maintient en pureté de conscience, il peut vivre assuré parmy &c.* c'êt bien assez de dire, *peut vivre.* Exemple de la seconde, *je vous diray ce qu'il me vient en pensée*, pour dire, *ce qui me vient, &c*[6].

Le pronom relatif *qui* se met rarement au feminin, si ce n'êt quand il suit immediatement, son antecedant, & ne dira-t'on pas, *c'est une verité de qui chacun peut avoir connoissance*, mais il faut dire*, de laquelle chacun peut avoir connoissance*, bien qu'on die *c'êt une verité qui ne souffre aucune attaque*, car en ce dernier exemple il suit son antecedant sans qu'il y ait rien entre les deux[7]. Toutefois pour eviter un contre-sens qu'on pourroit

6 Le choix de *qui* ou de *qu'il* dans ce contexte était purement orthographique à l'époque, puisque le *l* ne se prononçait pas devant une consonne. La phrase *ce qui/qu'il vous plaira* est l'objet de plusieurs remarques. Le premier exemple que nous trouvons, sans commentaire, est dans le lexique (troisième livre) de Palsgrave (1530 : Table of Verbes, f° CCXLVIII) : « *Dye ceu qu'il lui plaira, il ne m'en chault poynt de luy* », la traduction de 'Let hym saye what he lyste, I gyue no force for hym'. Vaugelas (1647 : 4) s'adresse à l'orthographe, et ses conséquences syntaxiques : si on mettait *qui* au lieu de *qu'il*, le verbe suivant devrait s'accorder avec l'antécédent : « *Je vous rendrai tous les honneurs qui vous plairont* », une construction que Vaugelas trouve ridicule. Macé (1651 : 200), Irson (1662 [1656] : 105) et Chiflet (1659 : 43) reprennent les mêmes arguments : « Dites ; *je feray ce qu'il vous plaira* : … & non pas *Ce qui vous plaira…* Car au plurier on dit de mesme : *je vous rendray tous les bons services, qu'il vous plaira* ; & non pas, *Qui vous plairont* » (exemple de Chiflet). Buffet veut différencier la prononciation aussi bien que l'orthographe. Elle met la phrase dans le contexte d'une réponse à une demande : « Répondant à quelque demande, on dit ordinairement ce qui vous plaira, en mangeant une L, il faut dire en la faisant un peu sonner ce qu'il vous plaira » (1668 : 127).

7 Vaugelas consacre deux remarques au choix entre *qui* et *lequel* (1647 : 48-50, 115-118). S'il trouve l'emploi de *lequel* au nominatif « rude », il approuve certaines exceptions : (1) pour éviter l'équivoque lorsque le pronom relatif ne se réfère qu'à un des deux antécédents

donner au discours, ce relatif *qui*, [72] peut être mis au feminin, encor qu'il ne soit joint sans entre deux à son antecedant : exemple, *voilà les personnes pour qui le partage s'en fera*, & ne dira-t'on pas, *pour léquelles*, dautant qu'on pourroit interpreter en cette façon, *au sujet déquelles le partage s'en fera.* Encor une autre occasion qui fait mettre ce relatif en cette sorte, c'est quand on parle generalement, & indeterminément d'une creature raisonnable, ou d'un nom appellatif ainsi pris en general, car encor qu'il n'entrevienne quelque petit mot entre deux, on ne laisse de mettre *qui*, & non pas laquelle, exemples, *Les Stoïciens ont crû qu'une ame dans qui la vertu a jetté de profondes racines &c*[8]. *N'ayant personne dans le sein de qui nous puissions* [73] *mettre nos déplaisirs*[9]. En toute autre occasion on se sert au lieu du relatif *qui, de qui, pour qui* de cet autre *laquelle, de laquelle, pour laquelle*, & plutôt que de mettre le relatif *qui*, on changera la façon de parler, ou bien on se servira d'un autre mot, comme seroit *dont, dequoy &c.*, exemple, *la raillerie la plus extravagante dont vous ayez jamais oüy parler.* Voilà quant au feminin, mais pour le regard du masculin, il semble qu'on puisse plus indifferemment user du relatif *qui*, remettant au jugement de l'oreille d'approuver *qui, de qui, dans qui, &c.* ou bien *lequel, duquel, dans lequel, &c.* exemples. *Vous êtes celuy de qui nous le devons esperer*; *Considerant le peril duquel il étoit échappé : Il n'y a point d'accident à surmonter* [74] *contre qui vous ayez besoin de toute vôtre vertu, ce sont des accidens contre léquels il faut roidir son courage; C'êt ce brave conquerant par qui vous avez receu vôtre delivrance, C'estoit un artifice par lequel il pensoit se décharger; Veux-tu perdre la vie en l'absence, &c. au desçeu de celuy pour qui tu la perds ? N'importe puis qu'il y va du méme honeur pour lequel je l'ay des-ja hasardée.* Mais s'il s'y retreuve des

---

possibles ; (2) pour un effet emphatique. Corneille rejette *lequel*, préférant *qui* (Académie 1704 : 134). Wapy, ci-dessous p. 77, cite également l'équivoque et l'emphase, et ajoute « quant le relatif est élongné de l'Antecedant », ce qui, selon les exemples fournis, semble reprendre la notion d'équivoque.

8 Cette phrase est tirée du *Tableau des passions humaines* de Coeffeteau : « Les Stoïques Philosophes severes & éloignez des communes opinions du monde ont creu qu'une ame dans qui la Vertu a jetté de profondes racines, & qui possede tous les ornements de la vraye sagesse, doit avoir acquis un tel Empire sur leurs mouvemens, qu'elle ne s'en sente jamais non pas mesme legerement troublee » (1620 : 48-49).

9 Wapy cite Balzac « Mais en cela il faut faire choix & des hommes, & des lieux, & ne se priver pas du plus doux fruict de la vie humaine, n'ayant personne dans le sein, de qui nous puissions mettre seurement nos desplaisirs, & nos joyes », publiée dans les recueils de ses lettres (1663 : III, 146).

noms substantifs, adjectifs, ou autres mots, soit avec ces prepositions, soit sans elles, ou si on parle determinément & comme faisant toucher au doit, la personne ou la chose de laquelle on parle, la representant en particulier, quand mémes ce seroit un nom appellatif, pourveuq [*sic*] la signification en soit ainsi retrain[75]te, on ne mettra jamais *de qui, par qui, &c.* mais *duquel par lequel &c.* exemples, *Ministre d'état, les perfections duquel sont encor en leur lustre. Il y avoit douze piliers sur chacun desquels il fit mettre une image de bronze doré*[10] ; *Ne pensa qu'au recouvrement de ses gens les deux premiers déquels furent reconnus blessés parmy les morts.* En tous ces exemples me direz-vous il n'y en a pas un qui touche le relatif *lequel* pris au nominatif, sçavoir s'il peut être joint à son antecedant lors qu'il n'y a aucun nom ou preposition entre les deux ? Je répons que quand il n'y a rien entre deux on met d'ordinaire aprés l'antecedant, le relatif *qui* soit au masculin, soit au feminin, & non pas *lequel* ou *laquelle*, exemples, *elle tenoit* [76] *lors pour perdu celuy qui luy faisoit treuver quelque douceur en sa vie. Appercevans une fregate qui vogoit sur mer, &c.* Neanmoins, on met quelquefois *lequel, & laquelle* immediatement apres leur antecedant, pour les raisons qui suivent. I. Quand il faut faire quelque pose entre les deux, comme s'il y avoit une virgule, ou autre arrêt, tel que feroit la conjonction (&) ce qui ne sert alors presque de rien que pour faire cette pause : exemple, *il n'avoit que deux mille hommes, & léquels encor n'avoient garde d'être si bon* [*sic*] *soldats que ceux des ennemis*[11]. 2. Quant il y a deux antecedans afin d'ôter l'incertitude qui pourroit provenir de ne sçavoir auquel des deux le relatif se doit rapporter, on met le [77] relatif *lequel*,

10 La construction est tirée de la traduction de Malherbe de Tite-Live, livre XXXIII : « Stertinius à son retour… fit faire deux arcs en la place aux bœufs, l'un devant le temple de Fortune, l'autre devant la mer Matute, & encore un troisiéme au grand cirque, sur chacun desquels il fit mettre une image de bronze doré » (1630 : 427). C'est la seule traduction complète de Malherbe, dont la première édition date de 1616, commanditée par l'imprimeur veuve Angellier suite à la découverte en Allemagne d'un manuscrit du texte intégral de Tite-Live. Malherbe a ensuite remanié sa traduction pour l'édition de 1621, republiée dans ses œuvres complètes en 1631 (Voir Lebègue 1941). Selon Sorel (*Bibliothèque françoise* 1664 : 234), Malherbe croyait que cette traduction servait de modèle de la langue : « quelques uns de ses amis le prierent un jour de faire une Grammaire de nostre Langue ; Il avoit si bonne opinion de ses Ouvrages, qu'il leur répondit, Que sans qu'il prist cette peine, on n'avoit qu'à lire sa Traduction du XXXIII Livre de *Tite-Live*, & que c'estoit de cette sorte qu'il faloit écrire ».

11 Voir la traduction des *Décades* de Tite-Live de Malherbe (1631 : 401) : « Niceratus Preteur d'Achaye, qui en gens de pied & de cheval n'avoit que deux mille hommes, & lesquels encores n'avoient garde d'estre si bons soldats que ceux des ennemis… ».

quand il se rapporte au plus élongné, exemples, *il y demeura une ouverture aussi large qu'une porte, laquelle n'étoit pas possible de boucher qu'avec beaucoup de loisir*, le relatif *laquelle* ne se rapporte pas à ce mot *porte*, autrement on eut dit *qui*, mais à cet autre, *Ouverture.* 3. Quant le relatif est élongné de l'antecedant, exemples, *revenons à nôtre amoureux disgracié du Ciel, & de sa maîtresse, lequel galoppe devers Paris*[12]. *Enfin on trouva le Page caché derriere une porte, lequel ayans esté mené au Roy confessa, &c.*[13].

Les pronoms *ce, cet, cette, celuy, celle*, donnent de l'embelissement au discours, ôtant les redites[14] importunes de ces mots, *ladite chose, la chose susdite*[15], car au lieu de cela le pronom [78] *ce*, ou *cet* suffit pour le masculin, & *cette* pour le feminin, lors qu'on a dé-ja parlé de quelque chose, & qu'on en parle de nouveau. Exemple *ne me parlez plus de cet homme*, au lieu d'user de cette mauvaise façon, *ne me parlez plus du susdit homme*, le même se pratique au regard de *celuy*, ou *celle*, avec tres grande elegance, exemple, *lettre dont l'ouverture vous sera celle de mes desseins*, vous voyés que le pronom *celle* est mis icy pour le substantif *ouverture* dont la redite importuneroit l'oreille. Ma seule peur sera *celle* de l'offencer.

Le pronom *quelque* à une grace particuliere êtant pris pour nonobstant, exemple, *quelque beau semblant qu'il fasse, il n'êt pas hors de* soub-[79]*çon*,

---

12 Wapy cite Vital d'Audiguier, *Histoire trage-comique de nostre temps sous les noms de Lysandre et de Caliste* (1616 : 111) : « Retournons à nostre amoureux disgracié non seulement de la fortune, & du Ciel, mais encore de sa Maistresse, ce qui luy est bien insurportable [*sic*]. Lequel galoppe devers Paris, cependant que Cleandre & Beronte ayant fait allumer ses flambeaux revisitent toute la maison… ». Dans le texte source *lequel* commence une nouvelle phrase.

13 Cet exemple est adapté des *Amours de Lysandre et de Caliste. Nouvelle galante et veritable*, le deuxieme livre de l'*Histoire Trage-comique…* de Vital d'Audiguier : « En fin on trouva le page qu'ils avoient envoyé, caché derriere une porte, lequel ayant esté mené à Cléandre, confessa que cette partie avoit esté faite par un cousin de Cloridan… » (1624 : 113). Pour l'histoire éditoriale de cet ouvrage, voir Vogler 1964.

14 La répétition du même substantif dans une phrase est condamnée, contrairement à la répétition des prépositions et des articles. Pareillement, Vaugelas distingue la répétition stylistique (*Si, conjonction conditionnelle* (1647 : 62) ; *dont* (1647 : 343)) de la répétition grammaticale (*Répetition des Prepositions aux noms* (1647 : 50-51) ; *Reigle infaillible pour sçavoir quand il faut répéter les articles, ou les prepositions, tant devant les noms, que devant les verbes* (1647 : 214-218) ; *Il s'est bruslé, & tous ceux qui estoient aupres de luy* (1647 : 358)).

15 *Ledit* et *susdit* appartiennent à l'usage des avocats et des notaires, comme Wapy l'a déjà signalé ci-dessus à la dixième remarque (p. 75-76). Voir l'exemple fourni par Masset : « Supplie humblement N. disant que depuis huit jours en ça, il auroit esté griefvement offencé par un quidam, tant de paroles que de main-mise, si que ledit suppliant en seroit a present detenu malade au lit » (1606 : 13).

c'êt à dire, *nonobstant que*[16] *par un visage ouvert il témongne son innocence, neanmoins &c*[17].

La méme façon de parler se declare par le mot *tout* qui ne contribue pas peu à la grace du langage, exemple, *tout Rodomont qu'il étoit il fallut bien qu'il endurât qu'on luy fit cette bravade*, qui vaut autant à dire que ce qui suit, nonobstant qu'il soit estimé pour homme à ne se laisser morguer, si fallut il &c.

Tout plein, est un composé du mot *tout*, & vaut autant à dire que beaucoup, exemple, *il y a tout plein de beaux traits en ce discours léquels à mon avis on ne doit legerement passer.* Sur ce mot *tout* est à remarquer qu'il ne signifie rien de soy mesme, mais qu'étant joint à quelqu'autre [80] mot, il regle la signification du mot qui luy êt conjoint, specialement quant la proposition[18] êt affirmative, car en ce cas il donne à la diction qui luy êt jointe une marque de generalité, c'êt à dire, il ôte ou attribue quelque chose generalement & sans exception, de tous ou à tous les sujets ou suppôs signifiés par cette diction. Exemples, *Toutes ses esperances sont évanouies, Toutes ses actions sont louables*, mais êtant joint à la negative, il ne marque pas toujours une pleine étenduë ou generalité : & faut bien prendre garde si la negation va devant ou si elle suit, car la negation qui precede change bien la nature de ce mot, comme il se verra tantôt en parlant de l'adverbe, où la nature [81] de l'adverbe negatif joint à ce mot *tout* sera bien au long deduite.

Les pronoms reciproques *soy, luy, son, sa, ses, leur, &c.* n'engendrent aucune difficulté quand le discours se traite en la premiere ou seconde personne, exemple, *J'ay pris la pie en*[19] *son nid, Tu as découvert ses larcins devant tout le monde*, ny méme en la troisiéme personne lors qu'il ny a point d'ambiguité : exemple, *Le bon avis de son gouverneur empécha que ce*

---

16 *Nonobstant que* est rare et en train de disparaître au XVIIe siècle. Dans le corpus FRANTEXT il y a moins de cent exemples, dont seulement un quart date d'après 1700. Au début du XVIIIe siècle Régnier-Desmarais observa que le sens de *nonobstant que* s'est réduit à l'équivalent de *quoique* (1706 : 659).

17 Ici, et dans la discussion de *tout* qui suit, Wapy confond le pronom et l'adverbe. Vaugelas reconnaît cette distinction dans sa remarque *quelque riches qu'ils soient* (1647 : 4), et en est fortement critiqué par Dupleix (1651 : 510-512). Vaugelas et Dupleix se limitent à la question de l'accord, un usage qui reste variable jusqu'à la fin du siècle. Wapy s'intéresse davantage à l'effet stylistique et se distingue des autres remarqueurs, dans l'interprétation du sens, et particulièrement, l'effet de la négation dans cette interprétation.

18 Dans l'original : preposition.

19 Dans l'original *eu*.

mauvais bruit ne fit impression sur son esprit. Et lors qu'il y pourroit avoir de l'ambiguité on y peut remedier en trois manieres. I. en mettant *soy* au lieu de *luy*, exemple, *il le mena avec soy.* 2. en ajoutant l'un ou l'autre de ces mots, *propre, mémes* : exemple, *Il* [82] *ayma mieux luy donner de son bien propre que &c.* 3. en rapportant le pronom reciproque au suppôt le plus voisin, exemple, *Dieu se retire de l'homme pour ses pechez*, autre exemple, *ce Capitaine faisant connoître à son ennemy qu'il n'ignoroit pas ses pratiques*, Pour conclusion le pronom a de la grace à se redoubler aussi bien que l'article, & autres menus mots, exemple, *J'ay fait cela pour son bien & pour son honeur*, ou *pour son bien & son honeur.*

DU VERBE ET DU PARTICIPE.

Il n'y a nulle partie du discours à laquelle l'elegance françoise ne se soit attachée pour y treuver [83] plus de douceur, & de delicatesse. Quant au verbe, bien qu'en toute autre rencontre on ait accoûtumé de ne mettre point d'*S* à la fin de la seconde personne de l'imperatif c'êt à dire lors qu'on use de commandement en parlant à quelque personne en particulier, pour exemple, *marche, poursuy, va apres &c.* là où quand on ne parle pas en commandant on escrit la seconde personne avec une *s*. Exemple, *tu marches, tu poursuis, tu vas* ; neanmoins quand l'une de ces deux voix *y* ou *en* suit cet imperatif on a accoûtumé de mettre une S à la fin, exemple *vas-y, rapportes-en beaucoup*, qu'aucuns écrivent, *va-s'y, rapporte-s'en beaucoup*, afin de conserver cette seconde personne de l'imperatif en [84] sa naturelle valeur[20]. Mais en la troisiéme personne où il n'entrevient aucun

20 Vaugelas inclut une remarque à ce sujet, *S'il faut mettre une s, en la seconde personne du singulier de l'imperatif* (1647 : 189-192). En fait, chez Vaugelas comme chez Wapy, il y a deux questions : la nature du *t* en *va-t-en* et l'orthographe variable de *va-s-y/vas-y*. Dans le premier cas, selon Vaugelas, il ne s'agit pas de la « naturelle valeur » du verbe, mais d'un simple moyen d'éviter la cacophonie : « devant *en*, adverbe, il prent un *t*, comme *va-t-en*, & c'est le seul imperatif de quelque terminaison qu'il soit, qui prenne un *t* aprés luy. » Mais en fait, dans l'exemple cité, le *t* est le pronom réfléchi, comme le note Wapy : *va-t'en* est la forme impérative de *tu t'en vas*. Dans le deuxième cas, Vaugelas poursuit : « Et devant *y*, il prend une *s*, comme *va-s-y*. Mais il faut noter que cette *s*, n'est pas de sa nature, & qu'elle n'est qu'adjointe seulement pour oster la cacophonie… » Pour Vaugelas, comme pour Wapy, c'est une question d'orthographe : faut-il ajouter le *s* à la

commandement, au lieu de mettre une *s* avec son apostrofe, pour eviter la rudesse qui se feroit au choc & à la rencontre des voyelles suivantes comme je viens de dire, on met un *t'* (notez apprentifs) devant ces trois voix seulement, *il, elle on*, exemple, *y a t'il esté?* pour dire *a-il, le refuse-t-elle ?* pour dire *le refuse-elle ? l'en détourne-t'on ?* pour dire *l'en détourne-on*[21] *?* pourquoy donc me diras-tu, met on un (*t*) devant *en* s'il n'y a que ces trois ou il doive être receu, & dit-on, *va-t'en* & non pas *vas-en*, comme on dit, *vas-y ?* la raison en êt claire, & à demy touchée cy dessus, c'êt pour ce que ces parcelles *y* & *en* requie-[85]rent ou souffrent par l'usage ancien & approuvé le pronom *te* qui vaut autant à dire que *toy*, comme le pronom *me se, &c.* & par ce que l'E de tous les pronoms venant à devancer quelque voyelle, s'eclipse à la rencontre, comme il a êté dit, cét *e* du pronom *te* se perd, & au lieu de dire *je te y veux mener*, on dit *je t'y veux mener.* Une autre remarque touchant le verbe c'êt qu'aucuns cherchans la douceur se dispense en l'usage de la redite du verbe *soit*, luy substituant la disjonctive *ou*[22], & disent, *soit en cette vie, ou en lautre*, au lieu de dire, *soit en cette vie, soit en l'autre.* Ce qui me semble assez ordinairement recevable, quoy qu'en certaines liai-[86]sons l'oreille ayt de la peine à s'y accoûtumer. Ne semble-t'il pas qu'en cét exemple, *Dieu fait toujours arriver les causes libres à ses fins, soit qu'elles soient conformes aux leurs soit qu'elles leur soient contraires.* le redoublement du verbe *soient* eut pû donner juste sujet d'eviter la redite de *soit* & de changer en *ou* cependant cette redite a semblé de meilleure grace à l'un des mieux disans d'aujourd'huy[23].

---

forme du verbe, ou signaler sa fonction phonétique en insérant un trait d'union ? Voir aussi Chiflet (1659 : 199) : « Les imperatifs de la premiere conjugaison, terminez de l'*a* et de l'*e* feminin, prenent un z, ou une *s*, avec l'apostrophe, devant les particules relatives *en* & *y* : comme, *va-z'y voir*, ou *va-z-y voir. Voilà l'hostellerie ; mene-z'y mon cheval. Voila une dangereuse entreprise : parle-z'en à tes amis.* » Irson offre de pareils conseils (1662 [1656] : 33-34).

21 Wapy suit les conseils de Maupas (1618 [1607] : f° 6 r°) en notant que l'insertion du *t* se limite à ces trois pronoms, mais pour la question d'orthographe, il contredit Maupas et présage la recommandation de Vaugelas qu'on emploie plutôt le trait d'union que l'apostrophe. La rencontre de deux voyelles est l'objet de deux remarques consécutives de Vaugelas, *Si on, & si l'on* (1647 : 9-10) et *On, l'on & t-on* (1647 : 10-12).

22 Wapy hésite entre la répétition de *soit* ou la substitution de *ou* au deuxième *soit*, cédant enfin au jugement d'un des « mieux disans de nostre temps ». La répétition de *soit* est reprise par Vaugelas, mais uniquement dans la construction *soit que...soit que* (1647 : 30-31). Il préfère la substitution de *ou* à *soit*, mais dans certains cas, dont il ne trouve pas d'exemple, « la repetition des deux *soit*, a beaucoup meilleure grace, que de dire, *ou* ».

23 Le plus souvent, dans le corpus FRANTEXT, les auteurs évitent cette répétition, mais nous trouvons chez Mersenne « soit qu'ils soient morts, soit qu'ils soient vivans » (1624 : 181).

Il faut aussi prendre garde à la diversité des temps & des modes du verbe, pour ne point donner lieu à l'impertinent usage de l'un pour l'autre, à faute dequoy on bronche à chaque pas en quelques pays qui confinent la France, joignant le present au passé parfait [87] ou imparfait. Exemple, *J'ay eu peur qu'il ne le pongnarde*, pour dire *pongnardât. Je voudroy*, disent-ils, *qu'il m'apprenne &c.* au lieu de dire *qu'il m'apprît*[24]. Et quelques uns voulans corriger cette faute ne se trompent pas au temps, mais se méprennent en la personne, changeant la troisiéme en premiere : Et là oû ils devroient dire, *plût à Dieu qu'il fût mort*, ils diront mal à propos *plût à Dieu qu'il fusse mort*[25]. Donques pour n'avoir point de part à ces honteuses fautes, ils s'apprivoiseront à cette generale remarque, que le passé parfait, imparfait, ou plus que parfait ne peut souffrir après luy le present, mais tire absolument ce temps imparfait qui des infinitifs en *er* finit en ât pour la troi-[88]siéme personne (dont il est aysé de faire jugement de la premiere & de la seconde) Exemples *Aborder abordât. Empongner empongnât. Je desire qu'il m'ayme, comme il desireroit qu'on l'aymât*, non pas *qu'on l'ayma, qu'il aborda*, comme quelques-uns mémes dans Paris l'écrivent, ce seroit mettre l'indicatif pour optatif ou conjonctif. Des infinitifs en *ir* & en *re* (fors *oître,* ou *être*) s'acheve en ît, Exemples, *Il fallut qu'il y consentît, J'eusse voulu qu'il me suivît.* Des infinitifs en *oit*, & en *oître* qui se prononce [*sic*] plus doucement *être*; se forme en *ût.* Exemples *pourvoir, pourvût, paroître* ou *parêtre, parût, &c.*[26]. J'excepte de ces regles quelques irreguliers, comme mourir, mourût, croire, crût [89] & autres semblables que l'usage des biens disans vous fera recevoir selon le cours qu'il leur donne.

---

24 Maupas, dans ses remarques sur l'optatif, propose une règle générale : « Tant y a qu'il vous faut tenir, une fois pour toutes, cette reigle, que les conjonctions conjoingnent tous-jours temps semblables, à sçavoir, un present tire apres soy un present, ou un futur si le sens le demande. Et un pret[erit] un autre preterit » (1618 [1607] : f° 143 v°). Oudin est d'accord : « Les conjonctions conjoignent tousjours des temps semblables » (1640 (1632) : 197), et, comme Wapy, signale que cette faute est un régionalisme, corrigeant les Lorrains « qui mettent un present ou un futur optatif apres le second imparfait [= le conditionnel], *je craindrois que l'on fasse*, au lieu de, *que l'on fist* » (1640 (1632) : 198).

25 Nous n'avons trouvé aucun exemple de cette faute dans le corpus FRANTEXT.

26 Irson fournit l'histoire de ce changement (1662 : 160-161) : « l'on écrit : *je chantois, tu chantois, ils chantoient, que l'on prononce je chantais, tu chantais, &c.* au moins suivant la pensée des Auteurs modernes, & de Messieurs de l'Academie Françoise. Les Anciens prononçaient *oi* comme *oè*, &c. Il faut dire la même chose des Premieres & des Secondes Personnes Singulieres du Present de l'Indicatif de quelques Verbes ; comme de *connoitre, paroître, croître*, & de leurs Derivez, que l'on prononce ainsi *parêtre, connêtre &c* ».

Ils manquent aussi souventefois en ces verbes *venir, dire, & sçavoir.* On dit bien *plaise à Dieu qu'il sache*, non pas pourtant *Je voudroy qu'il sache* mais *qu'il sçeût.* Au lieu de *vient* au temps present, ils disent *vint*, & là où il faudroit dire *vint*, ils disent *vienne*, pour exemple. *Il ne vient pas, je voudroy qu'il vint prontement*, ils diront *Il ne vint pas, je voudroy qu'il vienne &c.* qui êt un [*sic*] erreur à reformer aussi bien que cét autre. *Plût à Dieu qu'il luy en dise son sentiment*, pour *qu'il luy en dît.* Au conjonctif *die* êt meilleur que *dise.* Exemples. *Quoy qu'il vous die, passés outre. Encor qu'il vous dient* [*sic*] *de belles* [90] *raisons, je ne veux pas qu'elles passent pour bonnes*[27].

Quant au participe, encor qu'on ait le choix de s'en servir en cette façon, *ces hommes se disans capables*, ou d'user de cette autre maniere, ces hommes *se disant* capables, toutefois devant une voyelle, il êt plus convenable de le mettre au plurier. Exemple *Alors tous ses meilleurs soldats se trouvans éperdus commencerent à tourner visage :* ce que quelques-uns pratiquent par tout indifferemment[28]. Et quant au participe qui suit le nom substantif, bien que les vieux Gaulois le mettent au masculin : il êt mieux receu & beaucoup plus ordinairement au feminin, exemple, *la demande qu'il ma* [*sic*] *faite*, & non pas la demande qu'il m'a *fait*[29].

---

27 Vaugelas hésite entre ces formes du verbe *dire* (1647 : 349). La Mothe Le Vayer n'est pas d'accord : « Messieurs nos Maistres, pour parler aveque luy, ne seront pas de son avis. Presque tous leurs livres portent *dise* au singulier, *disent* au pluriel, & jamais *dient* » (1669 (1647) : 506). Dupleix y voit une évolution toujours en cours : « depuis quelques années on employe tant en escrivant qu'en parlant *dise & disent*, et peu se servent de *die & dient.* Je ne voudrois pas pourtant les condamner en autruy, encore que je m'en abstienne depuis quelque temps & singulierement en escrivant (1651 : 236-237).

28 L'usage à l'époque est variable, comme le constate N. Fournier (1998 : 300) : « ... en français classique les oppositions syntaxiques et sémantiques entre participe et adjectif ne sont pas corrélées à une opposition morphologique stable entre une forme invariable (le participe) et une forme variable (l'adjectif)... Cette non-convergence entre syntaxe, sémantique et morphologie va persister largement au XVIIe siècle ». Pour Wapy le choix de mettre un *-s* pour marquer le pluriel est une question d'euphonie : le *s*, marque du pluriel, est préférable si le mot suivant commence par une voyelle. Vaugelas (1647 : 426-433) y voit une question d'équivoque, et distingue trois emplois de la forme en *-ant* : le participe, le participe/adjectif et le gérondif. Le participe s'accorde en nombre mais est du genre commun (masculin). Le participe/adjectif s'accorde en nombre et genre. Le gérondif est invariable. Dupleix (1651 : 409-414) trouve cette répartition une absurdité. Pour lui, « l'Adjectif & le Participe considerés separément sont differens en nature & essence, & constituent deux diverses parties de l'Oraison differentes & repugnantes » (1651 : 413), et le gérondif se limite aux formes qui sont ou pourraient être précédées de *en* (*en mangeant, en buvant*, etc.).

29 La remarque de Vaugelas, *De l'usage des participes passifs, dans les preterits* (1647 : 175-181), est beaucoup plus détaillée. La règle signalée par Wapy est celle qu'« on faisoit desja

DE L'ADVERBE. [91]

Il y a tant de sortes d'elegance tirées de cette partie du discours, que tout en êt semé aussi bien que de celle qui doit bien tôt suivre (la richesse de laquelle êt reservée pour la troisiéme partie) qui est la preposition. Il y a des adverbes de comparaison, de quantité, de temps, de lieu, de dény[30], &c. dont nous apporterons divers exemples, mais peu de chacun, pour eviter les trop ennuyeuses longueurs.

Aussi, êt un adverbe de comparaison, qui vient fort souvent en usage, & donne beaucoup de grace tantôt par desir que la chose soit telle. Exemple, *Je n'ay pour témoin* [92] *que ma conscience, ah ! que n'est-elle aussi visible qu'elle êt fidele,* tantôt par reproche, *vieillard aussi élongné de sa conversion que de sa jeunesse.* Tantôt par avertissement. *Prenez garde que ce nouvel amour ne vous soit une aussi dangereuse que douce captivité*[31]. Tous les adverbes de comparaison portent en queuë ce petit mot *que*[32], exemples, *autant que, moins que, non moins que, plus que, à moins que, non plus que*, toujours cependant avec beaucoup de grace, comme il se verra cy dessous : ce qui a fait à mon avis qu'aucuns oyans sonner si souvent à leurs oreilles, ce mot *que* en ont pris une telle impression qu'il leur échappe à toute rencontre, & hors de propos. Ils disent. *Je*

---

du temps, et avant le temps de Marot », selon Vaugelas, qui s'« estonne de plusieurs Autheurs modernes, qui faisant profession de bien escrire, ne laissent pas de commettre cette faute » (1647 : 176). L'usage est, en effet, variable, même si la règle est approuvée par les grammairiens et les remarqueurs.

30 L'adverbe est une partie de discours difficile à définir et les adverbes sont difficilement classés. Les catégories d'adverbes varient énormément dans les grammaires de l'époque. Masset (1606) propose une vingtaine de catégories (lieu, temps, nombre, ordre...), Maupas (1618 [1607]) trente-cinq, Oudin (1640 [1632]) quarante-sept, ce que Chiflet (1659) réduit à une dizaine.

31 Comme ailleurs (voir p. 40-41), Wapy s'intéresse à la fonction pragmatique de l'expression. Masset distingue la comparaison de la similitude, mettant *aussi* parmi les adverbes de similitude (1606 : 30).

32 Oudin note qu'il faut mettre *que* et non pas *comme* après aussi : « *Aussi* ne reçoit point la particule *comme*, & c'est mal parlé de dire, *aussi riche comme vous*, mais dites plustost, *que vous* » (1640 [1632] : 295). Vaugelas hésite entre les deux, concluant que « Le *que* est meilleur, mais *comme* n'est pas mauvais » (1647 : 533). Chiflet offre une règle plus générale, pour tous les adverbes qui dénotent une comparaison de quantité : « Aprés *Si* quand il signifie *tant* ou *tellement*, mettez *Que* & non pas *comme*... De mesme, aprés *Aussi* mettez *Que*, plustot que *Comme*...Après *Autant*, mettez tousjours *que*, & jamais *comme* (1659 : 107).

n'ay pas laissé que de luy donner son reste, il ne [93] *laisse pas que de bien picquer en riant*[33]. Cette mauvaise façon de parler êt une maladie fort generale en certaine contrée, mais ceux qui en ont senty la contagion travailleront aux remedes s'ils me font l'honeur d'écouter mes conseils. *Bien*, êtant adverbe de quantité se gouverne tout differemment des autres qui ont pareille ou contraire signification, exemple, *Il a bien des écus, il en a bien du sujet;* Car on ne dit pas, Il a beaucoup des écus, il en a peu du sujet, mais *Il a beaucoup d'écus, il n'a point d'écus, il a peu de sujet de faire cela &c.*[34].

Ce, cette parcelle n'êt pas un adverbe sinon quant elle êt prise pour *autant* & qu'elle êt quasi le méme que si on disoit *cela* : exemple, [94] *Il n'avoit de loisir que ce qu'il luy en falloit pour se sauver*[35], c'êt à dire *qu'autant qu'il luy en falloit*[36]. Cette maniere de parler est fort elegante, & fort particuliere à la langue françoise, exemple, *Il est animé contre luy ce qui se peut, Il n'a raison que ce qu'il en faut, pour n'être pas du nombre des brutes &c.* Comme aussi sont celles qui naissent de ces autres adverbes, *fors, excepté, hormis, hors, reservé,* quand le mot *tout* ou autre mot de pareille nature les precede. Exemples, *son honéteté & sa franchise me permettent tout excepté de parler de ses louables qualités :* ou bien *son humilité êt capable de*

---

33 Corneille confirme le jugement de Wapy : « Il y en a d'autres qui disent par exemple, *quoy qu'il soit fort accablé par les grandes pertes qu'il a faites, il ne laisse pas que de chercher à se divertir.* La particule *que* est inutile, & mesme vicieuse après le verbe, *laisser*, & tous ceux qui parlent bien disent seulement, *il ne laisse pas de le voir toûjours*, & non pas, *il ne laisse pas que d'agir, il ne laisse pas que de le voir* » (Vaugelas 1738 : 265). Le *Littré* condamne cette construction, citant une lettre de Madame de Sévigné : « On dit, bien moins correctement, ne pas laisser que de. Il ne faut pas laisser que de s'écrire de temps en temps SÉV. 31 déc. 1684 » (1873-1877 : vol. 3, 236). Le *Littré* poursuit : « Ne pas laisser de, ne pas laisser que de, sont tous deux dans le *Dictionnaire de l'Académie Française*. Ne pas laisser que de n'y est qu'à partir de 1835 ; en 1762 l'Académie n'autorisait encore que ne pas laisser de. Cependant le *que* s'introduisait » (1873-1877 : vol. 3, 237).

34 Les grammairiens de l'époque notent cette règle : Maupas : « Tout mot signifiant quantité ou nombre tire apres soy ledit article *De*, designant la matiére de cette quantité... Exceptez...cet adverbe *Bien*, quand il est pris pour *Beaucoup. Il a bien du pouvoir...* » (1618 [1607] : f° 32 r°-v°) ; Oudin : « L'adverbe *bien*, pris pour *beaucoup*, prend l'article defini » (1640 (1632) : 59) ; et après Wapy, Chiflet : « *Beaucoup*, veut l'article indefini, *Beaucoup de pain, beaucoup d'argent...* Mais *Bien*, pris en la mesme signification que *beaucoup*, tire aprés soy l'article defini, comme : *bien du pain, bien de l'argent...* » (1659 : 115).

35 Bossuet, lettre du 14 juin 1693 : « L'obligation où j'estois, ma Fille, de renvoyer promptement le nouveau confesseur, ne me laissa de loisir que ce qu'il en falloit pour faire réponse à Madame votre abbesse ».

36 Aucun des grammairiens qui précèdent Wapy ne classe *ce* parmi les adverbes. L'équivalence avec *autant* le mettrait dans la catégorie d'adverbes de quantité.

tout endurer hormis ses propres louanges. Huit ou dix que nous êtions *hors moy, n'étans que valets. Tous bien armés reservé les Parthes*[37]. [95]

D'ou vient, de la vient : le premier denote une question, ou une chose à venir, exemple, *d'où vient cela ? d'où vient qu'on* à *plutôt fait de changer plusieurs choses que d'en reformer une seule ?* le second declare une resolution, & bien souvent une chose passée. Exemple, *de la êt venu ce dire*[38].

Dignement : Ces adverbes terminés en *ment* ont beaucoup de naïveté pour abreger un discours qui par son étenduë apporteroit de l'ennuy ou de la confusion[39]. Exemple, *Il s'est acquitté tres-dignement de la commission qu'on luy avoit donnée*, qui vaut autant à dire que ce qui suit, *Il s'y est gouverné en toute honeur, il l'a geré avec fidelité, & y a reüssy au contentement de ceux qui l'ont employé.* Ils ont aussi cette proprieté d'étre en-[96]lacés parmy le discours, sans que cela y engendre de la rudesse, non plus que

37 Dans sa remarque sur le choix entre le singulier ou le pluriel de *Prendre à tesmoin*, Vaugelas note qu'*excepté* et *réservé* sont adverbes et donc invariable (1647 : 566).

38 Pourtant les autres remarqueurs de l'époque emploient souvent *d'où vient* pour signaler une conclusion ou la source d'un mot. Macé, par exemple : « Au reste ce qu'on nomme *Vocatif*, n'est que le Nominatif : s'adressant à quelqu'un que l'on appele, que l'on invoque, ou reclame. D'où vient, qu'il n'est point nommé en quelques Langues » (1651 : 54). *D'où vient* est employé plus fréquemment que *de là vient*, mais ce dernier n'est pas rare : « les Latins...tenoient anciennement durant le paganisme que chaque personne à sa naissance estoit accompagnée de deux demons qu'ils appelloient Genies. L'un bon, l'autre mauvais... De là vient que le nom de *Manes* est du nombre pluriel » (Dupleix 1651 : 327).

39 Wapy préfère les adverbes en *-ment* aux constructions prépositionnelles (*justement = non sans raison, avec juste sujet*) ; les autres remarqueurs sont moins enthousiastes. Vaugelas déconseille l'emploi de deux adverbes en *-ment* dans une seule période (1647 : 584-585) et rejette d'autres adverbes formés de cette façon. Ni *traitressement* ni *traitreusement* ne sont pas approuvés, même s'il faut avoir recours à une circonlocution (1690 : 474-476). Il faut noter que la source de ce commentaire n'est pas évidente. Alemand cite Vaugelas, mais la remarque ne se trouve ni dans le manuscrit ni dans le texte imprimé en 1647. Pourtant *traitreusement* se trouve dans le *Dictionnaire général et grammatical des dictionnaires français* de Landais (1835), sans commentaire négatif. Vaugelas trouve vieillis *mesmement* (1647 : 244) et *longuement* (1647 : 57-58). Comme Macé, il substituerait *longtemps* à *longuement* et à *à la longue* (1651 : 168). Selon Dupleix, les deux sont bons : *longuement* « marque une continuation de temps sans intermission » (1651 : 317-318). Il cite des exemples où il préfère *longuement*, et d'autres où il choisirait *longtemps*, concluant que Vaugelas appauvrit la langue en tranchant l'adverbe en *-ment*. Avec une pareille attention à ces fines distinctions du sens des mots, Dupleix veut garder *notamment* à côté de *nommément, principalement, particulierement* et *surtout* (1651 : 363), contre l'avis de Vaugelas (1647 : 364). Les académiciens, dans leur correction du Quinte Curce de Vaugelas, ont souvent remplacé un adverbe en *-ment* par une autre construction. Voir, par exemple, la substitution d'*avoir les apparences* pour *apparemment* et *d'avec furie* pour *furieusement* (livre IV, p. 446 ; Ayres-Bennett et Caron 1996 : 152, notes 1 et 2). Pour une discussion des débats du XVIIe siècle concernant la dérivation en *-ment* voir Štichauer (2004).

ces autres façons de parler, *Je puis dire avec verité, Il dit & non sans raison que &c*, exemple, Au lieu des reproches que vous me pourriez *justement* faire, vous avez &c. Ce mot *justement*, vaut autant que cette autre façon de dire, *non sans raison*, ou *avec juste sujet*.

Egalement : il est egalement sage & riche. *Emmy*[40], *parmy* : le premier declare le repos, & l'autre le mouvement, exemples, *Il est couché emmy la chambre, Il se promene parmy la chambre*[41].

Holà, Il leur faut mettre le holà[42].

Icy, êt un adverbe de lieu qui denote le repos & non pas le mouvement[43], si ce n'êt dans l'enclos d'un [97] même lieu : partant s'il êt question d'un acheminement, ou changement de lieu à autre, on ne se servira pas de l'adverbe *icy*, mais de cet autre, *ça*, pour exemple, *venez-ça, descendez ça bas, montez ça haut*[44], en quoy se méprennent ceux qui se servent de *ça*,

40 *Emmy* est très fréquent dans Palsgrave (1530) mais condamné par Oudin (« vulgaire » ; 1640 [1632] : 311) et disparaît des textes littéraires après Sorel (dernière attestation (1877 [1646] : 318), avant de revenir dans quelques romans au milieu du XIXe siècle). La distinction que propose Wapy, repos contre mouvement, n'est pas soutenue par les exemples trouvés dans le corpus FRANTEXT : « ...le coursier qui erroit emmy les champs » (Vital d'Audiguier, 1624 [1615] : 204). Vaugelas, si on peut lui attribuer les jugements dans les *Nouvelles Remarques*, trouve que *emmy* et *parmi* sont synonymes, mais *emmy* a « je ne sçay quelle force & energie plus grande que *parmi* » (1690 : 338-339). Toutefois, il n'approuve pas *emmy* à l'écrit. Alemand ajoute dans son observation que *emmy* serait permis dans les oeuvres comiques, satyriques, ou burlesques « qui souffrent ces sortes de locutions plebées » (1690 : 339). Voir *mitan* ci-dessous.

41 À l'époque de Wapy, *parmy* s'emploie presqu'exclusivement avec les noms au pluriel, soit les personnes, soit les lieux, soit les objets : « il se laissa renfermer dans le temple parmy les filles... » ; ... « les amoureuses plaintes que parmy ces forests j'ay tristement empraintes » ; Vistes-vous jamais rien de si beau parmy les artifices de vos villes ? (Urfé 1966 [1610] : 111, 114, 121).

42 Le corpus FRANTEXT n'a qu'un exemple de *mettre le holà* ('faire cesser quelque chose qu'on juge déplaisant', *TLF*), dans un texte satirique, « Une entre autres pensant mettre le hola, elle monstra de qu'elle[*sic*] estoffe estoit sa robe » (*Recueil général des quaquets de l'accouchée* 1624 : 61).

43 L'exemple *viens-ça/venez-ça* se retrouve dans plusieurs grammaires, sans que ces grammairiens ne fassent cette distinction entre repos et mouvement. Meigret (1980 [1550] : 123) trouve qu'*ici* peut signifier mouvement aussi bien que repos, tandis que *ci* se limite au mouvement. Selon lui, *ça* s'oppose à *là*, plutôt qu'à *ici*. Cauchie (1586 : f° 76 v°) affirme que *ça* se limite aux verbes de mouvement : « ça semper uerbis motis jungitur » « ça est tousjours joint à des verbes de mouvement, comme *viens ça* », et selon Maupas (1618 [1607] : f° 161 r°), « *icy*, signifie aussi un repos & residence ». Oudin (1640 [1632] : 260) souligne l'opposition distance/proximité : « ça ... se joint avec l'imperatif du verbe *venir* : venez-ça, vien-ça, & signifie venir au lieu où nous sommes ».

44 Selon Oudin *ça bas* et *ça haut* sont « un peu vulgaires » (1640 [1632] : 261). À la fin du siècle Andry de Boisregard y voit un régionalisme qu'il traite de « grossière » : « Les

bien qu'il n'y ayt nul mouvement. Exemple. *Nous sommes ça bas en terre*, pour *icy bas*. Cet adverbe se joint souvent aux noms substantifs, & aux appellatifs, comme *ces gens icy, ce jour icy*, ce qui se dit pour plus grande douceur, car on a le choix de dire *ces gens icy*, ou *ces gens-cy*[45] : Toutefois *icy* ne se joint jamais aux pronoms, car on ne dit pas *celuy-icy, cettuy-icy, ceux icy, cet autre icy*, mais on dira *celuy-cy, celle-cy, cet autre-cy.* [98]

Là où, Au lieu : Ces adverbes de changement ont presque pareille force : neanmoins il y a des rencontres ou l'un êt plus elegant & mieux receu que l'autre[46], exemple, *un tel le doit à son argent, là où cétuy-cy le doit à sa vertu.* A quoy le jugement de l'oreille nous conduira, car soit pour ôter les ambiguités de cet *où*, soit pour eviter la desagreable rencontre des voyelles, ils semblent avoir été introduis avecque cette diversité.

Au mitan, au milieu : Ces adverbes (qu'aucuns mettent au rang des prepositions, avec les precedentes *Emmy, parmy*, sur quoy je ne veux pointiller) ont méme force hormis que le premier s'approprie mieux au lieu, & le 2. aux personnes[47]. [99]

Lyonnois disent *ça haut, venez ça haut, descendez ça bas*, ce qui est tres-mal dit » (1692 [1689] : 100).

45 Vaugelas y voit un conflit entre la ville (*-ci*) et la cour (*ici*) et refuse de trancher, croyant que le renforcement du démonstratif est superflu : « ...*cet homme, ce temps, cette année*, ne disent-ils pas toute la mesme chose sans y ajouster ny *cy*, ny *icy* ? » (1647 : 367). Il approuve l'emploi de *-ci* avec les pronoms démonstratifs. Dupleix préfère *-ci*, justifiant son choix par un argument grammatical : « ...*icy* estant une partie de l'oraison à sçavoir *adverbe*, ne doit point estre adjoustée aux noms, mais seulement aux verbes conformément à la signification de son nom, qui marque sa fonction naturelle » (1651 : 223). À la fin du siècle les avis sont toujours partagés. Alemand conseille que les deux formes « sont également bonnes & en usage (au stile près) » (1688 : 482) mais Andry de Boisregard (1692 [1689] : 146) et Thomas Corneille (Académie Françoise : 1704 : 361) insistent que seul *-ci* peut être ajouté à un nom.

46 Dans le corpus FRANTEXT les deux constructions sont presqu'à égalité dans la période entre 1600 et 1630 : *au lieu que*, 239 exemples ; *là où* 254 exemples. Wapy accepte les deux mais reconnaît l'ambigüité possible et préfère, pour éviter le hiatus, *au lieu que*. Vaugelas rejette *là où* « quoi qu'on le die communément » pour éviter une équivoque. Dupleix se moque de Vaugelas, disant que si l'on dit communément *là où*, il faut que Vaugelas l'accepte, s'il veut suivre son propre principe qu'il faut déférer à l'usage contre la raison. Dupleix rejette cette invocation de l'équivoque, « car si cete consideration avoit lieu, il faudroit abolir la plus-part des termes des langues, mesmes des principales & des plus excellentes : puis-que (comme Quintilien le tesmoigne) il y a peu de mots qui ne soient equivoques » (1651 : 307). Pourtant, au tournant du XVIIIe siècle, Thomas Corneille proclame *là où* « entierement hors d'usage » (Académie Française 1704 : 56).

47 En effet, *mitan* s'emploie plus souvent comme préposition composée, *au mitan de* : « il y a de noir au mitan de l'œil » (Peiresc 1894 [1633] : 126). La distinction proposée par Wapy – lieu ~ personnes – (voir ci-dessus, la discussion autour de *emmy*, note 40) n'est

L'adverbe negatif *Ne*, êt une des plus petites parties du langage, & je ne sçay s'il y en a aucune qui soit d'aussi grande efficace. Il a non seulement de la grace, comme on peut déjà avoir remarqué en ces manieres de parler *Il n'a de la vieillesse que la prudence & l'autorité, Il n'a rien de jeune en luy que la beauté & la bonne grace &c*[48]. mais il a une telle force qu'il fait changer de nature les mots plus absolus & plus generaux comme il se verra tantôt sur le mot *Tout* & autres semblables, puis se redoublant soy méme il redonne aux prepositions la generalité qu'il leur avoit ôtée.

Parlons premierement du mot *Tout*, & disons qu'il prend un sens fort different étant joint à cet [100] adverbe negatif, car si la negation precede, ce mot qui avoit coutume d'attribuer ou d'ôter generalement, c'êt à dire qui portoit marque de generalité, prend une marque particuliere, & ne s'étend pas de tous les suppôs comme auparavant mais seulement d'une partie à laquelle êt appliquée la force de cette negation, pour exemple, *Il ne viendra pas à bout de tous ses desseins* où il est aysé de juger que ce n'êt pas à dire que tous les desseins d'un tel generalement iront à l'envers, mais plutôt qu'une partie ne reüssira pas selon ses desirs. Autre exemple, *Vos affaires ne vont pas toutes de bon pied. Il n'a pas tout perdu, La conversation des hommes sçavans n'êt pas toute serieuse. Je n'en porteray* [101] *pas toute la peine.*

---

pas soutenue par les exemples trouvés dans le corpus FRANTEXT. Dans ce corpus, *milieu* est beaucoup plus fréquent (969 exemples entre 1580-1630, contre quatre exemples de *mitan*, tous de Maynard et de Peiresc). Selon Alemand, *mitan* est un mot provincial (Vaugelas 1690 : 339), mais il ne précise pas les provinces concernées. *Mitan* est d'origine contestée (voir Spitzer 1942 pour un résumé des hypothèses).

48 Moignet (1973) trace l'origine et l'histoire de la construction exceptive *ne…que*. Oudin (1640 [1632] : 286) ajoute *ne…que* à la liste dressée par Maupas de constructions où *ne* n'est pas suivi par *pas* ou *point* : *Il ne voit que d'un œil : que* est adverbe, qui signifie *quam* ». Vaugelas condamne l'emploi de *pas* ou *point* dans la construction exceptive : « On ne le met jamais aussi devant le *que*, qui s'exprime par *nisi* en Latin, & par *sinon que* en François… je n'ay point encore remarqué qu'il y ait d'exception à cette reigle » (1647 : 405-406). Il poursuit (p. 407), admettant que certaines règles se justifient par raison, : « le *que*, qui signifie *sinon que* estant un mot de restriction, on ne nie pas absolument, et ainsi on ne se sert ny de l'un ny de l'autre de ces negatifs [ni *pas* ni *point*] ». Pourtant, Vaugelas lui-même y insère *pas* : « Je n'avois pas neantmoins resolu d'en traiter, qu'en passant » (1647 : *474). L'intérêt que porte Wapy sur le sens de *tout* dans les phrases négatives est unique parmi les remarqueurs, à part une remarque de Malherbe sur la phrase « Tous ceux qui aiment les Dieux ne vivent pas longtans » dans laquelle il critique l'ambiguïté de cette construction : « Cette proposition devoit être affirmative, car étant dite négativement, il s'ensuit qu'il y a quelques-uns de ceux que les Dieux aiment qui vivent longtemps, qui est le contraire de ce qu'il veut dire, car il entend que tous ceux que les Dieux aiment vivent peu » (cité dans Brunot 1891 : 407).

Que si la negation suit ce mot *tout*, specialement si elle en êt élongnée ; Ce mot *Tout* porte une marque de generalité & n'excepte rien, ains la preposition devient seulement universelle negative, par la force de cette negation, Exemples, *Tous vos artifices ne sçauroient y remedier. Toutes ses perfections & ses richesses ne luy ont de rien servy. Tous ses beaux discours ne me sçauroient appaiser, Toutes ses injures ne sçauroient faire bréche à mon honeur.* Et nonobstant qu'une corruption de langage se soit glissée en certain quartier de la France où l'on parle moins bien qu'ailleurs de tenir pour particulieres quelques propositions ou la negation suit le mot *Tout* (ce qui a lieu speciale-[102]ment quant il n'y a ny verbe ny relatif entre le mot *Tout* & la negation ; Nous nous donnerons garde d'y chopper, & ne péle-mélerons pas les propositions ou la negation precede ce mot *Tout* avec celles où elle le suit, comme font ceux qui n'y avisans pas de si prés prennent les propositions suivantes indifferemment l'une pour l'autres. *Toutes vos affaires ne vont pas bien. Vos affaires ne vont toutes bien ? Toutes ces fleurs ne sont pas de prix. Tout ce collier n'êt pas d'or. Ce collier n'êt pas tout d'or*, Que s'il s'agit d'une chose qui soit indivisible en sa totalité, mais qui se varie par substitution de l'un pour l'autre, on n'employera plus ce mot *tout*, mais on se servira [103] de ce terme, *toujours*, apres la negation, & dira-t'on. *Ce qui reluit n'êt pas toujours d'or*, au lieu de dire, *Tout ce qui reluit n'êt pas d'or*, ce dernier êt mal exprimé parce que si tout ce qui reluit n'êtoit pas or, l'or méme qui reluit ne seroit point Or.

Encor que le mot *Tout* qui êt de soy propre à la generalité devienne particulier par l'adverbe negatif qui le precede, le contraire arrive à ce mot *aucun*, car il êt vray que de sa nature il porte marque de particularité, exemple, *Aucuns hommes sont fort prudens*[49] : mais quand la negation

49 Au début du XVIIe siècle, *aucun* a un sens positif. Nicot (1606) le traduit en latin par *ullus, quispiam, nonnullus, non nemo, aliquis* et en français offre comme équivalent *quelque.* Il fournit comme exemples au sens positif : « aucuns hommes sont venus », traduit par *Partim hominum venerunt*. Wapy lui-même emploie *aucun* avec un sens positif (1634 : 111) : « certains noms léquels au singulier requierent *de*, là où d'autres veulent avoir *du*, & aucuns au plurier demandent cette parcelle *de.* » Maupas, pourtant, inclut *aucun* parmi les termes « portant de soy negation » (1618 [1607] : f° 168 r°), même s'il admet des exceptions : « *Aucun, aucuns, Aucune, aucunes*… servent mieux en negation, ou autres propos de mesme construction, assavoir, conditionnels interrogatifs & dubitatifs… Hors telles phrases, ils ne coulent pas si bien, Sauf en nombre plurier auquel ils valent *Nonnulli, Nonnullae* » (1618 : f° 87 v°-88 r°). Dans ce sens, il est intéressant que Dupleix remplace *quelques-uns* dans le texte de Vaugelas par *aucuns* : « *Il faut dire* previt *quoy qu'il y en ait aucuns qui disent* preveut » (Vaugelas 1647 : 370 ; Dupleix 1651 : 479). Pour cette raison Maupas conseille, et Vaugelas est du même

le devance il porte marque de generalité, exemple, *il n'y a aucun officier*, ou méme quand elle suit sans entre deux (tel que seroit quelque verbe joint [104] au relatif *qui*) exemple, *Aucun vice n'êt louable*, c'êt à dire que pas un vice sans exception n'êt digne de loüange. Là où si nous mettions le relatif *qui* joint à quelque verbe, ce mot *aucun* conserveroit sa marque de particularité. Exemple, *Aucuns hommes y a qui ne sont pas sages.* mais cecy est rude.

Vous avez veu cy devant comme cet adverbe negatif, d'une proposition qui êtoit generale affirmative en fait une generale negative, ce que je confirme par cet exemple, *Toute prudence êt vertu, tout ce qui êt prudence n'êt pas vertu*, sans deroger à la generalité. Je dy maintenant qu'à force de se redoubler, il rend affirmative celle qu'auparavant il avoit fait negative sans rien dimi-[105]nuer non plus de la generalité, exemple, *Il n'y a point de prudence, il n'y a aucune prudence, il n'y a nulle prudence qui ne soit vertu* : tout cela est le méme que si on disoit, *toute prudence êt vertu.* Et que le mot *nulle*, ne vous mette nullement en peine comme s'il servoit d'une troisiéme negation : car il n'a non plus de force en françois, que le mot *aucun* quand il est suivy immediatement d'une negation, ce qui se peut reconnoître en ce qu'on ne dit pas, *nul peut faire cela* pour dire *aucun ne peut*, mais il faut dire pour parler françois *nul ne peut.*

Voicy une suitte d'exemples que j'ay péle-melés des adverbes, *moins, peu, plus, tant, tôt, trop, &c.* afin de couper court, & montrer comme en blot[50] la grace qu'on en peut em- [106] prunter. Ce qui se fait tantôt par encouragement[51], exemple. *A beaucoup moins que cela on ne laisse pas*

---

avis (1647 : 406), de ne pas mettre *pas* ou *point* devant *aucun.* Mais Vaugelas lui-même contrevient à cette injonction dans une autre remarque : « Il fait assez paroistre en tous ses Escrits, combien il estoit religieux et exact à ne point user d'aucun mot ny d'aucune phrase, qui ne fust du temps et de la Cour » (1647 : *470 ; voir Marzys 2009 : 646 et 774 ; Ayres-Bennett 1987 : 166). Chiflet est catégorique (1659 : 56) : « *Aucun, & aucune*, sont toujours negatifs ». Tallemant admet une exception : la combinaison de *pas/point* et *aucun* n'est permissible que dans une phrase interrogative (1698 : 52-53) : « C'est un vice dans la Langue Françoise de mettre trois negatives dans la mesme Phrase… Cependant plusieurs ont trouvé les trois negatives bonnes, … mais dans le discours familier on ne peut nier que la troisième negative ne s'y glisse quelquesfois, pourveu toutesfois que ce soit en interrogeant, car ailleurs il seroit malaisé d'en trouver des Exemples. »

50 *Blot* est ici une variante régionale de *bloc. En bloc* est attesté en 1559 selon le *TLFi.* Dans le corpus FRANTEXT seul Charron (trois fois) emploie la forme *en blot*, par exemple : « Ayant jusqu'ici traicté et considéré l'homme en blot et tout entier… » (1601 : 88).

51 Comme ailleurs, Wapy souligne la fonction pragmatique de l'emploi de ces adverbes, comme parfois Maupas dans sa liste d'adverbes, par exemple « amoindrissement/augmentation

de passer pour habile homme. Tantôt par presser & induire, exemple, *Vous ne pouvez luy refuser ce peu de faveur à moins que d'être tenu pour un ingrat*, ou par l'adverbe, non moins, *Qualités non moins honorables que difficiles à acquerir.* Tantôt pour montrer que l'un n'êt pas plus capable, ou au contraire plus exant de vice que l'autre. Exemple, *Ambition qui ne peut être sans cruauté, non plus que la cruauté sans injustice.* Tantôt par opposition de l'un à l'autre, exemple, *plus il étoit innocent moins avoit-il accoutumé de recevoir de pareilles disgraces.* Tantôt par augmentation, *Plus il êt riche, plus il êt liberal.* Ores pour [107] montrer la prontitude & le courage, *Il a eu l'épée à la main aussitôt que la nouvelle à l'oreille*; ou pour montrer quelque autre passion comme celle de legereté &c. *Son cœur êt fort delicat, pour peu qu'on le rebutte on le degage* : ou quelque mauvaise volonté, exemple, *le desir de pis faire ne luy a pas tant manqué que le moyen*, ou pour donner l'émail & le lustre à une proposition déjà confirmée, exemple *Tant la grace de bien dire à coutume d'attirer à soy les cœurs* : ou pour affermir une creance douteuse, exemple *Je vous ayme d'une passion trop juste pour n'être pas durable.* Et pour achever cette partie, il faut sçavoir que l'adverbe comparatif requiert d'être reiteré aussi bien que l'article : & le requiert si reglé-[108]ment qu'ores que l'article l'accompagne, il ne laisse pas pourtant d'être redoublé, exemple, *C'êt le plus courtois & le plus vaillant de ses freres*[52].

---

d'estime » (1618 [1607] : f° 169 r°-172 r°). Le problème fondamental est la complexité de la catégorie « adverbe ». Du point de vue étymologique, l'adverbe devrait qualifier le verbe, mais cette partie de l'oraison a plusieurs autres fonctions.

52 Vaugelas aussi exige la répétition dans la comparaison, préférant « il est plus juste et plus facile de faire » à « il est plus juste et facile de faire » (1647 : 571), mais pour lui la répétition dépend du sens des deux termes conjoints. S'ils sont synonymes ou "approchans", « il n'est pas necessaire de repeter l'article, ny la particule *plus*, comme *il practique les plus hautes et excellentes vertus…* » (1647 : 479).

DE LA PREPOSITION.

L'Elegance de cette parcelle[53] du discours se remarque en la diverse signification de chaque preposition en particulier, dont il sera bien amplement parlé en la troisiéme partie. Pour cette heure je me contente de dire que l'une des gentillesses du langage françois consiste en la frequente redite de tous les menus mots qui portent ce nom : bien qu'en certains cas, nommément quand il y a d'autres repetitions conjointes, il ne soit pas necessaire [109] de les reiterer. Exemple quand il ny a rien de conjoint. *C'êt un personnage de condition de courage & de merite*, non pas *de condition & merite*, autre exemple, *tant du plus que du moins*, on ne dira pas, *tant du plus que moins.* Exemple quand il y a d'autres petits mots conjoins qui demandent aussi d'être rebattus, *Le Soleil ne commença lors à poindre, que pour vous voir, & pour vous honorer de ses rayons*, on eut pû dire fort elegamment *pour vous veoir & vous honorer, &c.* La grace de ces redites se remarque quand les noms qui suivent ces prepositions, font une contrarieté[54] : ou quand la contrepointe êt au sens, quoy qu'elle ne soit point aux paroles à part. Exemple, *sa jeunesse sans reproche fut* [110] *exposée à la mercy d'un médisant sans pitié.*

Une autre elegance qui se tire de ces prepositions, c'êt quand elles sont entrelassées parmy le discours, sans divertir l'imagination : à faute de quoy il faudroit faire une periode de ce qui n'êt pas necessaire, & que l'écoutant n'êt pas autrement curieux de sçavoir, ou sur quoy il ne seroit bien-seant à celuy qui parle de s'arrêter trop longuement. Exemple, *Je ne sçay si ce qu'on nomme en moy beauté, le porta lors pour mon mal-heur à*

53 L'expression usuelle est *partie du discours* (ou *de l'oraison*). Nicot (1606) inclut comme exemple : « *Diviser une oraison par petites parcelles*, Carpere orationem membris minutioribus ».

54 Vaugelas consacre plusieurs remarques à la répétition des prépositions. Sa règle principale, pareille à celle proposée ici par Wapy, est que « [l]a repetition des Prepositions n'est necessaire aux noms, que quand les deux substantifs ne sont pas synonimes, ou equipollens » (1647 : 50). Dans une autre remarque, *Reigle nouvelle et infailllible pour sçavoir quand il faut repeter les articles, ou les prepositions, tant devant les noms, que devant les verbes* (1647 : 214-218), il substitue *approchans* à *equipollens*. (Voir aussi 1647 : *480, 570.) Macé confirme cette règle : « Il n'est pas necessaire de repeter les *prepositions*, dans les synonimes. Comme, il a esté trompé par les ruzes, & les artifices ; sans dire, & par les artifices. Neanmoins cette repetition a souvant trex-bonne grace (1651 : 206) ; n'oublions pas que le texte de Macé antédate peut-être celui de Vaugelas (Auroux et Mazière 2005 : 135).

m'aymer : *mais je puis dire que depuis ce temps, il ne se faisoit aucun bal, où &c.* Ces mots, *pour mon mal-heur*, sont enlacés comme vous voyez avec bonne grace sans heurter l'imagination, & sans [111] rien corrompre de la netteté du discours. La preposition *Avec* a méme force, exemple, *Je puis dire avec verité*, la preposition, *par, contre, & autres*, exemple, Mes ennemis *par grande lascheté* ont *contre la coutume* augmenté leur envie en mon aversité, le méme se prattique par certains adverbes comme j'ay touché cy dessus.

La preposition *De*, se glisse icy à la dérobée, bien qu'ailleurs elle tienne son rang pour autre sujet : Il est donc à propos de discerner en quels endroits elle êt requise, car il y a certains noms léquels au singulier requierent *de*, là où d'autres veulent avoir *du*, & aucuns au plurier demandent cette parcelle *de*, & d'autres exigent celle-cy *des*, [112] qui proviennent toutes de cette preposition *de*[55]. Pour le regard du singulier, quand l'adjectif êt entre-deux, sçavoir entre cette preposition & le substantif qui la suit, on met d'ordinaire *de*, & non pas du, au masculin, exemple, *voilà de bon vin*, non pas *du bon vin :* Mais si l'adjectif n'êt pas entre-deux, on dit alors *du*, & non pas *de*, Exemple, *Voilà du pain, voilà du vin.* Quand au plurier si le substantif êt seul, on dira *des*, & non pas *de*, Exemple, *C'êt folie de Pleurer pour des enfans* : & méme quand l'adjectif y marcheroit pourveu qu'il suyvit le substantif, exemple, *pleurer pour des enfans morts.* Mais quand l'adjectif êt entre-deux (les étrangers doivent bien remarquer ce pas, où ils choppent à tous coups) [113] pour l'ordinaire on ne dira pas, *des*, mais *de*, exemple, *c'êt bien fait d'y aller pour de bons sujets.* J'ay dit pour l'ordinaire, par ce qu'il y a exception, lors qu'on declare non pas une partie, mais un tout sans reserve, ou quand on parle indeterminément & en general de quelque chose : exemple, encor qu'on die, *Ces yvrongnes avalloient le vin dans de grandes coupes*, on pourroit dire, *Ces yvrongnes avalloient le vin des grandes coupes*, parlant de toutes les grandes coupes du festin. Autre exemple, encor qu'on die *faire de bonnes oeuvres*, on ne laissera pas de dire parlant en general & indéterminément, *cet esprit brouillon se moque des bonnes œuvres & des choses les plus saintes.*

---

55 Maupas classe ce *de* parmi les articles : « … si en ces phrases, les adjectifs sont mis & construits devant leurs substantifs, au lieu des articles Du, de l', De la, Des, il vaudra mieux mettre De. *De bon vin de fine soye, de belle estoffe. De magnifiques Rois, de braves Gentils-hommes, De sçavans Docteurs* » (1618 [1607] : f° 25 r°). Oudin s'y accorde (1640 [1632] : 53).

Cette parcelle *de* se peut mettre [114] ou omettre indifferemment en plusieurs façons de parler, pour exemple, on peut dire *Ce n'êt pas merveille, & ce n'êt pas de merveille*[56] : on dit aussi, *Il n'y a rien si souhaitable que la felicité*, ou bien *rien de si souhaitable*[57] méme devant l'infinitif on peut quelquefois omettre *de*, avec elegance, Exemple, *Avant que rappeller ses fuyards*, pour dire, *avant que de rappeler*[58] : & d'autres fois la necessité porte qu'on l'y place, exemple, *Prenez pour une bonne fois la resolution de jamais n'en avoir de mauvaises*, mais un notable deffaut c'êt quand on se sert de ce *de* aux endroits ou il êt du tout inutile, soubs pretexte d'elegance, & si ceux d'une certaine nation choppent au *que* comme il a êté montré, ce n'êt pas moin-[115] dre erreur à ceux qui faillent au *de* bien qu'il [*sic*] soient de fort differente contrée : le mauvais usage de ce *de* se peut remarquer ez exemples qui suyvent, *Il ne demande rien de plus que son vivre*[59], *il n'a jamais rien fait autre chose*[60] *que de lire publiquement aux écoles*, pour dire*, que lire, &c.*

56 Dans le corpus FRANTEXT, avant 1630, nous trouvons cinquante exemples d'*être merveille* contre douze d'*être de merveille.*

57 Vaugelas approuve les deux dans son manuscrit : « On dit *Il n'est rien si difficile*, et *Il n'est rien de si difficile*, tous deux sont bons » (1637 (?) : f° 25 v°). Malherbe emploie la construction sans *de*, mais critique Desportes pour « rien mieux je ne sçaurois penser », y substituant « rien de mieux » (voir Marzys 2009 : 531, note 3 ; Ayres-Bennett 2018 : 537 note 1180). Dans les *Remarques* Vaugelas préfère la construction sans *de* à l'oral, avec *de* à l'écrit : « *Il n'y a rien de tel, il n'y a rien tel.* Tous deux sont bons, et il semble qu'en parlant on dit plustost *il n'y a rien tel*, que l'autre, mais qu'en escrivant, on dit plustost *il n'y a rien de tel.* Pour moy je voudrois tousjours escrire ainsi » (1647 : 323).

58 Vaugelas, pourtant, rejette la construction sans *de* devant l'infinitif : « L'un [*avant que*] et l'autre [*devant que]* devant l'infinitif demande l'article *de* » (1647 : 319), même si on la trouve dans les œuvres de Malherbe, parmi d'autres. Entre l'*Addresse* (1625) et la publication du *Stylle* (1641(?)), Wapy, ou un éditeur, a remplacé *avant qu'entrer* (1625 : 19 et 1636 : 29) par *avant que d'entrer* (1641(?) : 13).

59 Le corpus FRANTEXT ne comprend que quatre exemples de *rien de plus que* avant 1635, dont un de La Mothe Le Vayer.

60 Entre le manuscrit et le texte des *Remarques* Vaugelas change d'avis sur la redondance de *rien autre chose.* Dans le manuscrit il traite cette construction de « pur barbarisme » typique du parler parisien (1637(?) : f° 79 v°). Mais dans les *Remarques* il observe qu'« il y a beaucoup d'endroits, où pour exaggerer, il est necessaire de dire, *rien autre chose* » (1647 : 321). *Cf.* Ayres-Bennett 2018 : 534 note 1164. Dans le corpus FRANTEXT il y a une quarantaine d'exemples de la construction avec *rien* entre 1560-1635 ; la construction *ne... autre chose que*, sans *rien*, est beaucoup plus fréquente, avec plusieurs centaines d'exemples.

DE L'INTERJECTION[61].

C'ET icy l'une d'entre les plus petites pieces du langage inventée ce semble pour faire coup sur l'imagination, & la gaigner de prime abord[62] : ce qui a beaucoup d'efficace & de grace quand on s'en sert à propos, encor qu'il soit besoin d'en user assez sobrement & avec consideration. Exemple, *hé ! que resterait-il de tant de louables actions* [116] *si &c.* autre exemple, sur ce qu'un je ne sçay qui offroit la vie à un sien ennemy, qu'il ne tenoit pas encor, au cas qu'il voulût rendre les armes, la réponse fut, *Tu me donnes la vie ? ha ! j'ay la vie encore : J'ay le cœur assez bon, & le bras assez fort, pour te donner bien tôt ou la vie ou la mort*, autre exemple, *Mais quant à cette parfaite Princesse, ó Dieu ! de quelle charité ne s'employoit elle pas ? &c.*

Ces interjections donnent de l'elegance au parler quand on en use avec discretion : mais quand on se sert à tout bout de champ de ces *ó*, *ah*, *he*, *ha*, *ho*, cela tourne à dégoût, & déchire les oreilles. Car on doit sçavoir que ces exclamations tiennent de la nature des choses léquelles encor qu'elles soient [117] bonnes d'elles mémes, deviennent mauvaises par l'excez[63]. Et afin que celuy qui voudra s'étudier aux

---

61 Le statut de l'interjection est contesté depuis (au moins) Priscien. Afin de se limiter au nombre canonique de huit parties du discours l'auteur du *Donat* et plusieurs grammairiens avant 1600 excluent l'article et inclut l'interjection : l'auteur du *Donait françois* commandité par John Barton, Meigret. Pillot, Ramus. Une autre solution est de classer les interjections parmi les adverbes. Henri Estienne les appelle *vocula*, notant qu'on peut les « comprendre sous l'appellation d'Adverbes » [quum alioqui Aduerbiorum comprehendi appellatione possint] (1576 : 293). La troisième option est d'admettre neuf parties du discours, la solution préférée par Masset (1606), Maupas (1618 [1607]) et Chiflet (1659). Pourtant Maupas hésite, reconnaissant qu'« aucuns remettent [l'interjection] avec l'Adverbe, à la mode des Grecs » (1618 [1607] : f° 21 v°). Au f° 179 v° il est plus catégorique : l'interjection est une « espece d'Adverbe ».

62 Meigret (1980 [1550] : 127) décrit l'interjection comme « une voix d'une passion excessive … de sorte qu'il n'est pas au pouvoir de l'homme, étant cette passion formée, d'user de quelque modérée façon de parler ».

63 L'emploi excessif de certaines constructions est un thème souvent évoqué chez Wapy. Voir par exemple la quatorzième remarque, ci-dessus, et les conseils portant sur les conjonctions, ci-dessous. Vaugelas est du même avis, concernant les constructions nouvelles (pourvu qu'elles n'emploient pas de mots pas encore reçus dans l'usage commun) : « …un excellent & judicieux Escrivain peut inventer de nouvelles façons de parler qui seront receües d'abord, pourveu qu'il y apporte toutes les circonstances requises, c'est à dire un grand

façons de parler, qui en peu de paroles & de premier coup frappent l'imagination, ne demeure court, faute d'avoir de quoy changer êtant au bout de ces interjections, il sçaura qu'il y a force manieres de dire qui l'emportent comme d'assaut. Cela se fait tantôt en exprimant l'accent plus brusque, Exemple, *Le voilà aux mains, il donne d'estoc, de taille, de droit, de revers, passe, repasse, le serre, le presse*, tantôt un accent plus trainant que l'ordinaire, exemple, *En ma foy voilà ce que je n'eusse jamais pensé ?* Ce menu mot *en* donne une certaine pause ou longueur à l'accent, lequel par ce moyen marque une admira-[118]tion cachée, à la quelle paravanture on ne prendroit pas garde, ou pas si tôt, si on avoit dit simplement, *ma foy*[64]. Tantôt en disant seulement ce que la veue aperçoit le premier, & laissant le reste, exemple, *qui vous a fait si hardy de hausser la hache en mes forês ?* Ces mots *hausser la hache* donnent à penser plus qu'ils ne disent. Car de hausser une hache en passant dans le grand chemin d'un bois & sans s'y arréter, il n'y auroit point de crime, & à le prendre au pied de la lettre, si autre chose n'êtoit sous-entenduë, on auroit tort de s'en plaindre.

---

jugement à composer la phrase claire & elegante, la douceur que demande l'oreille, & et qu'on en use sobrement, & avec discretion » (1647 : 122-123). Il offre les mêmes conseils concernant l'invention de mots, dans sa remarque sur *devouloir* : « Mesmes cette sorte de composition de verbes semble avoir ce privilege, qu'on en peut former & inventer de nouveaux au besoin, pourveu qu'on le face avec jugement & discretion, & que ce ne soit que tres-rarement » (1647 : 491). Dans sa remarque *Des negligences dans le stile*, Vaugelas précise : « Je ne voudrois pas avoir mis à trois lignes proches l'une de l'autre *dont*, deux fois au lieu du pronom relatif, et j'ose asseurer que ce n'est point un scrupule, et qu'il n'y a point d'oreille delicate, qui ne soit blessée de cette repetition si proche, quoy que le mot soit doux et monosyllabe » (1647 : 416).

64 Dans le corpus FRANTEXT, entre 1580-1630, il n'y a que deux exemples de *en ma foy* (Urfé *L'Astrée*, (1966 [1610] : 495) ; et dans la pièce de Georges de Scudéry *Ligdamon et Lidias*, 1631 : 12). *Ma foy* comme interjection est beaucoup plus fréquent (25 attestations).

DE LA CONJONCTION.

C'ette [*sic*] partie outre sa necessité contribue aussi à la grace du [119] langage françois : Il n'y a que le trop frequent usage à eviter, specialement en celles-cy, *car*[65], *mais*[66], *or*[67], *par ce que*[68], & autres telles, dont quelques uns à faute de varieté font des livres méprisables bien qu'ils soient tout parsemés d'*Or* : les bons écrivains n'en peuvent *mais, par ce qu'*au lieu de leur en donner l'exemple, souvent ils les omettent, comme il se voit icy, *Il êt des chemins par où il n'ose passer, il a des fantômes*

65 Malherbe a critiqué Desportes pour l'usage excessif de *car*, que Malherbe veut limiter au raisonnement (Brunot 1891 : 406). Mlle de Gournay a rejeté cette critique, l'attribuant aux « raffineurs des raffineurs » (*Ombre* 1626 : 959 ; voir aussi *ibid.* p, 618). Vaugelas reprend cette question dans son manuscrit : « ce mot-là ... n'est pas moins necessaire au discours que le feu et l'eau le sont à la vie » (1637(?) : f° 34 v°), repris par Alemand dans les *Nouvelles remarques* (Vaugelas 1690 : 446). Wadsworth (1940) trace l'histoire de la querelle.

66 Comme l'exemple qui suit l'indique, la construction ciblée est *n'en pouvoir mais*, à laquelle Vaugelas consacre une remarque (1647 : 142). Même s'il admet que « cette façon de parler est ordinaire à la Cour » et dans les écrits de Malherbe, Vaugelas veut limiter son emploi aux genres basses (Satyre, Comédie, Épigramme, Burlesque). Dupleix veut garder l'expression, qu'il trouve nécessaire, distinguant *n'en pouvoir mais* de *n'en pouvoir plus* : « dire *il n'en peut plus* signifie défaut de pouvoir, ou de force : & *il n'en peut mais*, descharge de coulpe & de crime, & marque l'innocence (1651 : 326).

67 Vaugelas ne condamne pas la conjonction *or*, mais il en déconseille l'emploi fréquent (1647 : 416).

68 *Par ce que* en trois mots ou en deux (*parce que*) est une question abordée par plusieurs grammairiens et remarqueurs. L'usage à l'époque est variable. Wapy, dans son *Stylle* (1641 [1626 ?]) et dans son *Addresse* (1636 [1625]), emploie les deux, sans distinction : « Ciceron destourne de faire la paix avec Antonius parce qu'elle seroit honteuse » (*Addresse* 1636 [1625] : 280) mais « ce ne sont que des *ombres*, c'estoit un gentil equivoque, par ce que le mesme mot en Espagnol signifie hommes » (*Addresse* 1636 [1625] : 188). Goulu (1627) préfère *par ce que* : « Mais par ce qu'il est tard, et que demain nous avons une longue traite à faire, ici je finirai ma letre... » (1627 : 266). Vaugelas, craignant « qu'on ne soit bien entendu, ou pour le moins, qu'on ne le soit si prontement » est catégorique : « *Par ce que*, separé en trois mots. Il ne le faut jamais dire » (1647 : 90-91). Dupleix approuve cette remarque, en ajoutant « Car quand *par* est separé de *ce* il a une autre signification, à sçavoir de moien, & d'instrument : comme *j'apprens par ce qu'il m'escrit* » (1651 : 681). Richelet (1680 : 131) reconnaît la distinction sémantique mais rejette toujours la forme en trois mots : « *Par ce que.* Ce mot se sépare par quelques-uns, et fait trois mots, et signifie *par les choses.* Mais en ce sens et lorsqu'il est ainsi séparé il ne vaut rien du tout ». La forme en trois mots est absente dans le *DAF* (1694), à part quelques exemples cités pour illustrer d'autres mots (e. g., *cloche, megisserie*).

ou il y en feint[69], on eût pû dire, *par ce qu'il y a des fantômes*, de méme *Je m'en vay au louvre le Roy y êt*, on eût pu dire, *car le Roy y êt.* Et les ont si souvent omises pour contrepointer l'excés, qu'aucuns ont creu que cette conjonction, *car* n'étoit plus recevable, de quoy ils se pourront [120] desabuser, son usage étant tres bon hors la trop frequente redite.

Pour la conjonction *si*[70], elle porte souvent le titre de conditionelle, auquel cas lors qu'elle est mise devant une verité de laquelle on ne veut pas alors discourir, elle à beaucoup de naïveté : Exemple, *S'il y a quelque moteur dans le Ciel comme personne n'en doute, ne croyez pas qu'il laisse &c.* ou bien quand on ne veut pas du tout asseurer une chose de soy incertaine, ou qui souffre quelque fois l'exception, Exemple, *S'il faut juger des causes par les evenemens on peut dire &c.* ou pour cacher avec bonne grace ce qui pourroit être imputé à quelque deffaut, Exemple, *Si je suis ennuyeux à mes amys, ce n'êt point par la longueur de* [121] *mes complimens*[71]. Cette conjonction *si* a aussi force d'affirmer, exemple, *cela si*, comme qui diroit, *pour cela, pour cet article, je vous l'avoüe*, elle a force d'excepter, & êt en ce cas de pareille valeur que *hormis*, exemple *Cela êt hors de creance, si ce n'êt qu'on veuille dire par là, &c.* Elle se prend aussi pour le mot *cependant*, exemple, *Quelque redoutable qu'il pût être, si fut il terrassé par un bergerot*, elle sert en outre à faire comparaison en lieu de ces autres mots, *comme*, ou à l'égal, exemple, *Ces châtimens ne me sont point si sensibles qu'êt le déplaisir de vous avoir offencé.*

Il y a plusieurs autres menus mots que les Grecs appellent en leur langue *Enclytiques*[72], léquels [122] donnent en diverses façons de la

69 C'est une citation de *Caractères de vertues et de vices tirez de l'anglois de M. Iosef Hall*, (1610 : 71) : dans l'original (1608 : 91) : « Some wayes he will not go, & some he dares not ; either there are bugs, or he faineth them ».

70 Wapy s'intéresse principalement au contexte social de l'emploi de cette conjonction. Vaugelas juge plusieurs emplois de *si* inacceptables. Dans trois remarques consécutives, il traite des aspects syntaxiques et stylistiques – la substitution de *que* à *si* pour éviter la répétition (1647 : 62), la substitution de *si* à *si est-ce que* (1647 : 62), l'emploi de *que* plutôt que *comme* après *si* + adjectif (1647 : 63). Cependant, dans la remarque *Si*, pour *avec tout cela* et *outre cela* (1647 : 449-450) il rejette l'emploi de *si* pour *avec tout cela* comme vieilli, « aujourd'huy on ne s'en sert plus, ny en prose, ny en vers » et *si* pour *outre cela* comme « bas ». Vaugelas trouve que *si* pour *ce que* a « moins de grace et de beauté », tout en admettant que les avis sont partagés (1647 : 307).

71 Voir la lettre de M. Racan à Mme des Loges : « Si je suis ennuyeux à mes amys, ce n'est pas par la longueur de mes compliments », (1637 : tome II : p. 159).

72 Les grammairiens et les remarqueurs se servent rarement du terme *enclitique*. Ce terme n'apparaît dans le *DAF* que dans la cinquième édition (1798). Seul Maupas l'emploie

gentillesse à nôtre langue : Ceux qui auront plus de loisir que moy, en feront recueil à leur ayse. Il n'êt pas jusqu'à ces deux-cy, le *pas* & le *point*, qui ne luy donnent de l'accroissement : Et bien qu'il [*sic*] semblent n'avoir été receus que pour servir d'ornement, & remplir l'oreille qui attendoit encor une syllabe, Neanmoins ces deux sons divers qui les rendent dissemblables servent beaucoup à la grace de la signification, l'un êtant employé en certains endrois, & l'autre en d'autres lieux où le premier ne peut convenablement servir[73].

---

pour désigner -*dà* (« enclitique intensive » (1618 [1607] : f° 180 v°), -*mon* (« *c'est mon* », qu'il trouve vulgaire (1618 : f° 71 v°)), et les pronoms complément d'objet direct après le verbe à l'impératif (1618 [1607] : f° 29 v°-30 r°).

73 Vaugelas consacre une remarque à l'emploi et l'omission de *pas* et *point* (1647 : 405-409), notant qu'« il est difficile d'en faire une reigle generale ». En effet, les auteurs de l'époque offrent plusieurs exemples contraires aux règles proposées par Vaugelas (voir les notes de Marzys 2009 : 644-652). Dans le manuscrit il observe judicieusement : « Quelquefois il ne faut mettre ni l'un ni l'autre, d'autrefois on peut mettre l'un et l'autre, et d'autrefois on doit mettre l'un et non pas l'autre » (1637(?) : f° 70 r°). Si Wapy reste assez vague (« l'un êtant employé en certains endrois, & l'autre en d'autres lieux où le premier ne peut convenablement servir »), les grammairiens et remarqueurs essaient de les différencier. Oudin les différencie de cette façon : « *point* se rapporte aux choses qui portent quantité, & *pas* conclud une negation simple, ou de qualité » (1640 [1632] : 288-289). Vaugelas, tout en admettant qu'« il est très-difficile de donner des reigles pour sçavoir quand il faut plutost dire *pas*, que *point* », trouve que c'est plutôt une question de la force de la négation : « *point* nie bien plus fortement que *pas* » (1647 : 409). Dupleix approuve la remarque de Vaugelas, la jugeant « une des plus utiles de tout cet ouvrage » (1651 : 432-434). Il rajoute quatre règles pour distinguer l'emploi de *pas* et de *point* : *point* peut s'employer seul comme réponse à une question ; *pas* est préféré devant l'infinitif et devant la préposition *pour*, sauf si le complément de la préposition est *tout* (*point pour tout, point du tout*) ; *pas* est préféré devant quatre mots monosyllabes (*peu, moins, plus, mieux*).

DES PETITS MOTS FRANÇOIS PRIS EN DIVERSES SIGNIFICATIONS. [123]

Troisieme partie.

Il y auroit presque icy autant à dire sur toutes les pieces du discours, à les prendre chacune en détail, comme nous avons fait en la precedente partie : n'êtoit que pour abreger je me suis proposé de toucher seulement les prepositions, léquelles entre les menus mots dont chaque discours êt tissu, contribuent autant par leur diversité que pas un des [124] autres à l'élegance & à la richesse de la langue françoise. Nous commencerons donc par la preposition *A*, pour d'elle passer aux autres suivant l'ordre de l'Afabet [*sic*].

A

La naturelle valeur[1] de cette preposition *A* êt exprimée par le datif des Latins, pour exemple, *Il êt à son usage*, ce que les latins rendent par ces mots, *est usui* ou cet autre, *se seoir à table*, *accumbere mensae* : Et

1 Wapy identifie une « valeur naturelle » de la préposition *à* : pour les autres prépositions il emploie les termes « l'usage ordinaire », « ordinairement », ou « la force ordinaire ». Ensuite il énumère les autres équivalences possibles, ainsi que d'autres contextes syntaxiques (devant l'infinitif) et sémantiques (l'habitude, l'inclination, la ressemblance (voir ci-dessous)). La valeur naturelle de *à* s'établit par la construction latine d'origine : le cas datif ou la préposition *ad*, l'étymon de la préposition *à*. Monet (1635), qui consacre 28 paragraphes à ce mot, décrit *à* comme « un petit membre de notre langue, ores preposition, ores article, ores ne l'un, ne l'autre », mais parmi tous les sens il ne choisit pas de « valeur naturelle », dont découleraient les autres emplois. La plupart des paragraphes traitent un contexte sémantique : marque de lieu (avec ou sans mouvement), marque de temps, l'instrument (*combattre à la lance*), la forme (*vaisseau à voiles*), etc., mais certains, comme Wapy, signalent une équivalence avec une autre préposition (*pour, selon*, etc.).

quelquefois aussi ils l'expriment par la preposition *ad*, Exemple, *Aller à la fontaine*, *ad fontem*.

Sa diversité se remarque en ce qu'elle est prise tantôt au lieu de *pour*, exemple, à n'en point mentir, à ne rien déguiser[2], tantôt pour *avec*[3] Exemple, *Il fait cela à toute peine*, [125] *cingler à toutes voiles*, tantôt pour *vers*, exemple, *Tirer à fond*, *grimper à mont*[4], tantôt pour *selon*[5], exemple, *Il l'a traité à mon gré*, pour dire selon mon opinion : *à la mode*, *à l'occasion*, *à la commodité*, à la *negligence*. Se prend aussi pour *contre*, exemple, *Corps à corps*[6], *teste à teste*[7], *l'un à l'autre s'oppose*. Pour *jusques*, Exemple, *Ces murailles se haussent à perte de veuë*. Pour *après*, exemple, *Les ennemys se deffont plus aysément un* à *un* : *marcher pas à pas*. Et souvent elle donne aux noms force d'adverbe, exemple, à l'*avanture*, pour dire *fortuitement*, ou cet autre, *comme il est plus à plein declaré*, pour dire *plus amplement*.

Davantage elle signifie l'habitude, ou l'inclination, exemple, *Nays* [126] *à la guerre*. Che*val à porter son homme armé*. Démontre la ressemblance aux habits, à la mine, à quelque formalité, ceremonie, ou coûtume[8] :

---

2 Chez Nicot (1606) : « *A* aussi signifie *pour*, comme il est tenu à perdu, A vil, A sot, A fable, A fils de Roy, Une vis à pressoueur, c'est à dire pour perdu, vil, sot, fable, fils de Roy, pour un pressoueur ». Dans sa grammaire Masset inclut un exemple similaire : « Quelquefois [*a* signifie] *pour*, comme *Je tiens ce bien a perdu* » (1606 : 31). Oudin signale un autre contexte où *à* et *pour* sont équivalents : « *Avoir, donner & bailler* veulent les prepositions *a* & *pour* : *J'ay eu un manteau à 4.* ou *pour 4. escus* » (1640 [1632] : 233). Selon Monet, *à* se substitue à *pour* pour traduire *ut* et *uti* en latin : « *A, vaut autant que, Pour* : Celticum, A, perinde valet, atque Francicum. *Pour* : hoc est Latinum, Vt, Vti. *A an dire ce qu'an est :* Vt dicimus, quod res est » (1635 : 3).

3 Nicot (1606) : « *A*, en outre se prent pour *Avec*, comme *il porte de synople à trois lyons d'argent... une chaire à accoudoirs. Une eschelle à crampons*, c'est *avec accoudoirs, avec crampons.* ». Dans la grammaire de Masset, publiée avec le *Thresor* de Nicot, « Par fois [*a* signifie] *avec*, comme *A loysir* » (1606 : 31).

4 Dans le corpus FRANTEXT il n'y a qu'un exemple de l'expression *grimper à mont* : « Ores il faut grimper à mont un rocher droit, ore il faut devaler par un chemin estroit... », dans *Les Juifves*, de Robert Garnier (1583 : 19 v°).

5 Masset (1606 : 31) : « Par fois *a*, signifie *selon*, comme, *A mon jugement* ». Monet (1635 : 4) : « *A*, se prend pour *Comme, Selon, & autres semblables mots... à votre discretion... à votre plaisir... Je ne disposerai pas de moi, qu'à votre gré* ».

6 Nicot (1606) inclut plusieurs exemples de *corps à corps* dans les entrées *bataille/batailler, combat, conquerir, loyalement* et *puissance*.

7 Dans l'entrée pour *Teste* dans son dictionnaire, Nicot (1606) définit *teste à teste* : « *Teste à teste*, c'est *front à front, vis à vis et selon cela on dit ils sont teste à teste comme deux fourbisseurs* ».

8 Nicot (1606) : « A prenant avec soy l'article du nom qu'elle precede, signifie semblance, façon, mode et maniere, comme, *il est vestu à l'Italienne*, c'est à dire, *à la semblance, mode et façon des Italiens*...en telles phrases, il y a ellipse et subaudition de ce mot, *façon* ou *maniere*... ».

exemples, à la *Mosaique, à la françoise, à la soldate, à la moderne* : où vous remarquerez qu'on use de l'adjectif & non pas du substantif, comme en ces autres, *à l'occasion, à la commodité.*

Son elegance consiste aussi, à être mise devant les infinitifs[9], exemple, *pront à ozer, & tardif à reprendre*[10]. Devant les adjectifs en lieu des verbes ou de participes : exemple, *le met à sec*[11] pour dire *le déseiche* : *mis au blan* pour dire *ruiné.* Car cet article *au* vaut autant que l'article à joint à celuy-cy *le.* En outre devant les substantifs, exemple, *Commander à baguette*[12].

---

9 Comme Nicot, Wapy omet l'emploi de la préposition *de* devant l'infinitif. Les grammairiens (Maupas, Oudin) décrivent plusieurs constructions où on met *de* devant l'infinitif : après un datif (« Vous luy avez trop permis de prendre ses plaisirs » (Maupas 1618 [1607] : f° 151 v°) ; après les verbes « exprimant deffense ou empeschement » (*prohiber, refuser*, etc., 1618 [1607] : f° 151 v°) ; pour exprimer « la cause efficiente ou materielle » (*se fascher, ordonner*, etc. (1618 [1607] : f° 151 v°) ; après certains noms et adjectifs (*envie, las*, 1618 : f° 152 r°) ; *ne faire que de* + infinitif, pour « infere[r] chose toute recente » ((1618 [1607] : f° 153 r°) ; *et de* + infinitif « pour signifier une soudaineté & hastivité d'action » (« Nous chargeons brusquement l'ennemi & luy de reculer, & nous de le poursuivre » (1618 [1607] : f° 154 r°). Oudin décrit plusieurs constructions où *de* se met devant l'infinitif : *avoir + nom +de* + infinitif (*j'ai envie de faire*) ; *estre +adjectif + de* +infinitif (*je suis content de faire*) ; *faire + nom + de* + infinitif (*faire cas de faire*) ; et une liste d'une vingtaine de verbes (*conseiller, permettre*, etc. ; (1640 [1632] : 243).

10 Maupas (1618 [1607] : f° 151 r°-v°) identifie certains verbes (une liste d'une vingtaine de verbes, y compris *commencer*) qui exigent la préposition *à* devant l'infinitif : « Aucuns [verbes] aiment la preposition *à* : *J'appren à parler François* », et également *à* devant l'infinitif complément d'un adjectif ou un nom : « Et bref tous verbes portans applique & adjointe à quelque chose. Comme aussi apres les noms signifians commodité, utilité, aptitude, ou au contraire, Nuisance & incommodité. *Diligent à chercher son profit. Facile ou difficile à apprendre*... Et où le Gerondif en *Do Latin* seroit souvent employé, ou la preposition *Ad. Passer le temps à estudier. Prendre plaisir à joüer.* » Oudin (1640 [1632]) : 250) se limite à deux verbes : « *Il commence & il reste* se construisent dans les infinitifs par l'entremise de la preposition *A* : *Il commence à pleuvoir ; il reste à discourir* ».

11 Par exemple, dans *Le declin de la maison de Charlemagne*, de Fauchet : « afin qu'ayans mis à sec le lieu où estoient les vaisseaux normans, ils les peussent assaillir plus aisément » (1602 : 105 v°).

12 Voir le *DAF*, première édition (1694) : « On dit, *commander à baguette*, pour dire, Commander avec hauteur & imperieusement », et Richelet (1680 : 59) « Commander à baguette. C'est-à-dire, commander absolument ». Par exemple, dans les *Essais* de Montaigne (1595 : livre III, chapitre 3, 25) : « Avec cette science, elles commandent à baguette et regentent les regens et l'eschole ».

DE [127]

La preposition *de* a beaucoup d'elegance outre sa force ordinaire qui êt de faire difference des cas que les Grecs & les latins ont observés en leurs noms[13] : car tantôt elle se joint au nom substantif pour prendre forme d'adjectif, exemple, *homme de campagne*, pour dire coureur & vagabond[14], *homme de sang;* pour dire sanguinaire[15], *Oyseau de passage*, pour dire passager. Tantôt elle represente la façon comme la chose se fait : exemple, *Il vint à luy de grand pour le frapper*[16], *Il tira de longue*[17], *& de course*[18] *vers le logis où êtoient les assassins*, ou ces autres, *Il les luy offrit de bon cœur*[19], *Il passa toute la nuit de genoux*[20]. Elle se rapporte quelquefois au

13 Comme pour la préposition *à*, Wapy identifie la « force ordinaire » comme l'emploi de la préposition pour représenter un cas (ici le génitif) des langues anciennes. Ensuite, il passe aux équivalences – avec d'autres parties du discours (adjectif, adverbe, déterminant), avec d'autres prépositions et son emploi comme préfixe.

14 En effet, *homme de campagne* est qualifié dans les textes du XVIIe siècle comme « pauvre » (Boisrobert, 1647 : 45) et « malheureux » (Boisguilbert, 1712 [1695] : 224).

15 Par exemple, dans *Les Tragiques* d'Agrippa d'Aubigné (1630 : 226) : « Appren, homme de sang, et ne t'efforce point à desunir les corps que le ciel a conjoint ».

16 Ni dans les dictionnaires, ni dans les grammaires, ni dans le corpus FRANTEXT, nous ne trouvons aucun exemple de *de grand* employé sans nom (*de grand noblesse*) ou pronom (*quelque chose / rien de grand*).

17 Dans son manuscrit Vaugelas trouve *tirer de longue* « moderne » (1637(?) : f° 59 r° ; Ayres-Bennett (2018 : 741 note 2169) mais dans les *Remarques* « fort basse » (1647 : 515) ; Macé (1651 [1635 ?] : 168) la considère « du stile bas ». Marzys trouve qu'au début du XVIIe siècle l'expression *de longue* signifie plutôt « durer trop longtemps, traîner en longueur » (2009 : 823, note 3). Au contraire, selon Vaugelas, *tirer de longue* « marque un progres fort pront, par le moyen duquel on parvient bien tost au but que l'on se propose ». Dupleix est de cet avis : « tirer de longue, *est acheminer promptement l'affaire, & lasser celuy qui ne peut pas faire un pareil progrez.* » (1651 : 676-677). Selon Macé ce sens s'exprime plutôt par *tirer à la longue*. Chifflet définit *tire de longue* et *aller de longue* comme « avancer le chemin, & gagner pays » (1659 : 98). Marzys croit que l'expression *tirer de longue* n'est pas attestée avant Vaugelas (2009 : 822, note 2) ; évidemment son emploi chez Wapy avance cette première attestation à 1634.

18 L'expression *tirer de course* n'est pas attestée dans le corpus FRANTEXT, ni dans les dictionnaires, grammaires et remarques du XVIIe siècle.

19 Oudin inclut *de bon cœur* dans ses « adverbes de facilité » (1640 [1632] : 296).

20 L'expression *à genoux* est plus fréquente, par exemple dans l'entrée *genouil* de Nicot (1606) : « *Se tenir à genoux.* Astare in genua » ; et Monet : « Etre à genou, à genous » (1635 : 413). Le corpus FRANTEXT, entre 1600 et 1630, contient 224 exemples de *à genoux* contre un seul de *de genoux*, employé comme adverbe. Oudin, dans ses listes d'adverbes, inclut *à genoux* parmi les adverbes qui signalent la « disposition de personnes » (1640 [1632] : 281).

lieu[21] Exemple, *Il luy crioit de la rue qu'il se* [128] *donnat de garde, l'autre au contraire le regardant de sa fenétre l'agassoit & l'injurioit.* Quelquefois au temps[22], *Il y est venu de nuit*[23], quelquefois à la nation *Il est des nôtres,* ou bien à la qualité, *c'êt un homme d'office, c'êt un homme de la lie du peuple.*

Par fois elle signifie *Pour.* Exemple, *Il se fache de rien*[24], d'autrefois elle se prend pour *Avec,* exemple, *Il ordonna qu'on se tint prest d'armes & de chevaux. Fierement le regardoit & de sa picque il l'attendoit*; Pour *par*[25], Exemple, *Il a fait cela de mon conseil.* Pour *sur,* Exemple, *Il s'appuyoit de son bâton*[26]. Aucunefois elle donne accroissement[27] comme il se voit en ces mots, *hors dehors, dans dedans, sus dessus, sous dessous, vers devers, &c.* d'autres fois, & le plus souvent elle êt [129] privative, retrenche & dit le contraire du mot où elle est ajointe[28], Exemple, *honeur, deshoneur, priser*

---

21 « Preposition locale » est le premier sens signalé par Nicot. Monet (1635 : 272) : « *De, marque de quantité & d'etanduë de lieu : … De long… De large… Un mille de longueur* ».

22 Nicot et Monet offrent des exemples similaires : « de cent ans en ça on ne vid telle chose » (Nicot 1606) ; « *De, note d'espace, & course de tams… De çant ans on n'a veu telle cherté… De trois jours vous ne me verrez…* » (Monet 1635 : 272). Cet exemple traduit une expression latine, *centum ab hinc annis* + participe passé, attestée dans plusieurs textes de l'époque.

23 Dans la grammaire d'Oudin (1640 [1632] : 271) *de nuit* figure dans la liste des adverbes de temps.

24 Dans la plupart des exemples de l'époque *de rien* est le deuxième élément d'une négation : *ne pas servir de rien* est la collocation la plus fréquente. Dans le sens positif, *pour rien* est plus commun. Palsgrave traduit *pour rien* par « for naught, in vayne, aboute a thynge of no value » (1530 : f° 159 r°). Pillot traduit le latin *ex nihilo* par *pour rien,* avec l'équivalent en français, *sans cause* (1561 [1550] : 221).

25 Nicot (1606) « *De aussi se prend pour Par, comme, Oncques mais nul si beau don ne fut donné de Prince, c. par aucun Prince* ».

26 Monet définit *baton* comme « piece de fust, piece de bois, menuë, et longue » avec cet exemple : « *Baton à s'appuier an marchant* » (1635 : 125). Le *DAF* met *sur* plutôt qu'*à* dans ce contexte : « s'appuyer sur un baston » (1694).

27 Wapy reprendra ces questions dans ses remarques sur les prépositions *dans, hors, sous* et *sur,* ci-dessous. Par accroissement (voir aussi « augmentation » sous la rubrique *dans*), Wapy veut dire que la forme composée sous-entend le nom : « il est dedans » = « il est dans la maison ».

28 Déjà en 1558 Garnier décrit cette fonction dans la composition des verbes (1558 : 94) : « *Porrò haec praepositio* de, *in compositione plerunque significationem contrariam efficit : vt* faire, defaire, lier, deslier … »., tout en notant d'autres exemples ou la préposition n'a pas cet effet, e. g., « secher & dessecher les habillemens ». Cauchie se limite aux verbes avec la signification de « *privationum contrariumq[ue]* », (*charger/décharger,* etc.) (1586 : f° 72 v°). Nicot distingue *de* de *des* en mots composés : « quand elle [la préposition *de*] est en composition, elle change aucunement la signification du verbe auquel elle est accouplée, comme Debattre, Desmentir, qui signifient quereler, contrarier ou agiter, reprocher la mensonge, là où battre et mentir signifient frapper et dire mensonges. Par où il appert qu'elle n'est pas destructive de la signification du verbe qui est joinct à elle, en quoy elle differe de la diction Des, laquelle apporte aux dictions qui sont composées avec elle

dépriser. Aucunefois elle se prend pour *quelque.* Exemple. *Nous sommes justes si nous nous accoutumons à faire les choses justes, & injustes si nous nous accoutumons à en faire d'injustes,* c'êt à dire, *quelques unes qui soient injustes.*

Tantôt elle se prend pour *aucun* ou *nul* ; exemple, *Je ne croy pas y pouvoir treuver de logement.* Tantôt elle fait sçavoir que la personne ou la chose dont elle parle est avantagée, & puissante par sa propre vertu, quand bien elle seroit privée de l'ayde d'autruy[29], Exemple, *Il est de soy tres-capable, La terre se soutient d'elle méme.* Par fois elle vaut autant dire si on disoit ; *quant à ce qui touche.* [130] exemple, *de moy je n'y empeche nullement.* Et dautrefois elle fait entendre seulement une partie de quelque chose, Exemple, *Je luy ay donné du mien.*

signification contraire, comme desfaire, desconforter. Et posé que la prononciation Françoise n'y face difference quand les dictions qui lui sont joinctes par composition, commencent par consonante, comme desfaveur, desservice ; si est-ce que là où les dictions joinctes à icelles commencent par voyele ou aspiration, la difference y est toute apparente, comme desordre, des-honneur… ». Maupas dit tout simplement que la prépositiion *des* : « change en sens contraire. Desordre, Despecer, Desdire » (1618 [1607] : f° 174 r°). Vaugelas approuve cette sorte de composition dans sa remarque sur *Devouloir* (1647 : 490-491), en disant que même si ce mot composé ne se rencontre que dans une phrase de Malherbe, « il est fort commode, & fort significatif, & il seroit à desirer qu'il fust en usage ». Il poursuit : « Selon l'analogie des mots il seroit aisé de l'establir parce que nous en avons quantité de cette nature en nostre langue, comme *destromper,* que j'ay veu venir à la Cour, & que l'on trouvoit aussi estrange au commencement, qu'on fait maintenant *devouloir,* mais qui est aujourd'huy entierement en usage ». Selon Vaugelas, la préposition *de* signifie « la destruction ou le contraire de ce que signifie le verbe simple ». Dans « De la force des quelques prepositions dans la composition des mots », Irson attribue à la préposition *de* le sens de « division, negation, ou une opposition » (1662 [1656] : 83).

29 Dans une remarque Vaugelas distingue *de soy* et *d'elles-mesmes,* pour le choix et le placement vis-à-vis l'adjectif : après l'adjectif au pluriel, *d'elles-mesmes* est préférable : *ces choses sont indifférentes d'elles-mesmes*

DANS

La preposition *dans* est mise ordinairement quand quelque nom qui en depend vient à la suivre, & rarement en tel cas se sert on du mot *dedans* en forme de preposition[30], Exemple, *Dans ma maison, dans ce pourpris dans la ville.* J'ay dit rarement car ce n'êt pas chose impossible de l'y faire

30 Ici et dans les remarques sur *hors*, Wapy, comme les autres grammairiens et remarqueurs de l'époque, décrit les contextes syntaxiques pour l'emploi des formes simples de ces prépositions et de leurs formes composées avec *de*. Avant Wapy, les grammairiens acceptent les deux formes comme équivalentes. Meigret (1980(1550] : 118) : « Au regard de la préposition ęn, elle a diverses significations : car outre ce qu'elle est locale, dénotant le lieu de retraite et résidence tout ainsi que *a, ao, aos :* comme *je m'en voęs ęn Çhampañe*, je suis ou vis *ęn Çhampañe* sonnant alors tout autant que *dedans* ». Serreius (1623 [1598] : 123-124) met *dedans, dessoubs, dessus, devers*, et *dehors* dans sa liste de prépositions, traduisant les formes simples et les formes composées par les mêmes mots latins. Maupas approuve les deux formes comme prépositions : « *Dans, dedans* se peuvent construire avec tous mots de quelque genre, nombre, ou maniére qu'ils soient » (1618 [1607] : f° 172 v°). Le corpus FRANTEXT inclut plus de cinq cents exemples de *dedans* comme préposition, dans les textes imprimés entre 1600-1635. Malherbe, par exemple : « La rigueur de ses loix après tant de licence / Redonnera le cœur à la foible innocence / Que dedans la misère on faisoit envieillir » (*Prière pour le roi Henri-le-Grand, allant en Limosin*, 1605 ; dans *Les Œuvres*, 1630 : 26). Mais il est évident, par les commentaires après 1630, que l'emploi des formes composées est de plus en plus restreint. Oudin préfère la forme simple comme préposition : « Il faut que je vous dise en passant une observation assez remarquable de ces derniers [*dehors, en dehors, la dehors*, etc.], & de leurs simples, *dans, & hors*, qui se mettent avec les noms & les articles : par exemple, *Dans le logis, hors du logis*, & sont beaucoup plus propres que *dedans le logis, & dehors du logis* : mais si on vient à interroger, *Est-il dans le logis ?* Il faut respondre par les composez, & dire, *Ouy, il est dedans, &* non pas, *il est dans.* Observez la mesme chose en *sur, & dessus, sous, & dessous. Le disner est-il sur la table ? Ouy, il est dessus : Le chat est-il sous la table ? Ouy, il est dessous* » (1640 [1632] : 262). Vaugelas consacre deux remarques à ces questions (1647 : 124-126 et 555-557). Dans la première, il reconnaît que « tout le monde presque employe indifferemment, & en prose, & en vers » les formes composées comme prépositions. Pourtant, il conclut que « ce n'est pas escrire purement » (1647 : 124). Pour la chronologie de cette évolution, voir Ayres-Bennett et Caron 2016 : 360-361). Arnauld et Lancelot ne précisent pas les contextes où les formes composées de *de* + *préposition* s'emploient comme prépositions, notant simplement « qu'il faut bien distinguer ces cinq prepositions, *dans, hors, sus, sous, avant*, de ces cinq mots qui ont la mesme signification, mais qui ne sont point prepositions, au moins pour l'ordinaire ; *dedans, dehors, dessus, dessous, auparavant* » (1676 [1660] : 91). À la fin du XVIIe siècle le *DAF* remarque que *dedans* est parfois préposition, avec les exemples : « J'ay cherché cela où vous m'avez dit, il n'est ni dedans ni dessus le coffre. Il passa par dedans la ville ». Les académiciens signalent toutefois la rareté de cet emploi : « il n'a guere d'usage que dans ces phrases ou autres semblables ».

passer sans reproche encore que deux bons écrivains du temps n'ayent usé qu'une fois entre toutes de l'une de ces deux manieres. *A l'écart & dedans les tenebres. Aux interessés dedans & déhors le Royaume*[31]. Mais il est vray qu'il êt sans com- [131] paraison plus en usage quand il êt devancé de quelque autre preposition[32], exemples, *Au dedans de son cœur, se retirer de dedans le bruit.* Encor pour ce dernier la preposition *De* peut suffire, Exemple, *Se retirer de la presse, du bruit, du bourbier &c.* Or à la fin d'une periode ou d'un sens accomply quand aucun nom ne vient en suitte de cette preposition *dans* on a coutume de luy en ajoindre une autre qui est *de*, laquelle sert à l'augmentation cy dessus touchée, tenant la place d'un nom qui est sous-entendu, & par ce moyen on fait de la preposition *dans* ce mot *dedans* qui prend lors nature d'adverbe, Exemple, *Jugeant que la forteresse êtoit au hasard il y accourut, & se jetta dedans*[33].

---

31 Voir, par exemple, Montchrestien (1615 ? : 145) : « Je ne mets point en conte combien il en faut pour medeciner le bestail de toutes sortes, combien pour saler tant de pourceaux et de bœufs, tant de tombes et de fromages, qui se font dedans et dehors le royaume ». Vaugelas observe que lorsqu'« on met deux contraires ensemble, et tout de suite », *dehors* peut s'employer comme préposition, avec un complément nominal (1647 : 125).

32 La troisième exception à la règle proposée par Vaugelas, que les prépositions *sur* et *sous* (aussi bien que *dans, hors,* et *vers*) « se doivent tousjours mettre simples », approuve l'emploi de la forme composée si elle est précédée par une autre préposition, « comme *il luy a passé par dessus la teste* » (1647 : 125-126 ; exception répétée 1647 : 556, avec *de (de dessus, de dessous)*). Dans la première édition du *DAF* (1694 ; voir ci-dessus, note 257), le deuxième exemple de *dedans*, comme préposition, correspond à cette observation.

33 Meigret conteste la catégorisation des prépositions composées comme adverbes, protestant que le nom gouverné par la préposition est sous-entendu. Si on dit « entre dedans », le lieu dans lequel on entre est sous-entendu. Il conclut : « Parquoi nous ne les pouvons pas dire proprement adverbes » ; mais il ne proteste pas trop : « Si toutefois on trouve bon les appeler ainsi, je n'y fais point d'instance » (1980 [1550] : 114). Pareillement Irson décrit cet emploi comme adverbial : « dehors, dedans, dessus, dessous, &c. sont pris proprement pour des Adverbes, qui peuvent finir un sens achevé » (1662 [1656] : 97).

EN [132]

La preposition *En* veut dire *dans*[34], quand on veut signifier le repos ou bien le mouvement qui n'êt pas fait hors du lieu qui êt en question[35]. Mais quand on veut parler d'un acheminement à tel ou tel lieu[36], si c'êt un nom de Royaume, de Province, d'Ile ou autre grand lieu, elle à la méme force que peut avoir la preposition *à* devant les lieux moindres, comme de villes, bourgs, &c. Exemples, *Aller en France, aller à Paris, aller en Poictou, aller à Poictiers.* Et pour les noms appellatifs[37], quand on

34 Comme pour les autres prépositions, Wapy commence par un sens de base, et ensuite passe aux autres équivalences. Nicot n'a pas défini cette préposition. Pour les équivalences il se contente de fournir une liste d'expressions où *en* traduit diverses prépositions latines (*per, cum, in, intra, ad*).

35 Cela dit, dans la correction de la traduction du *Quinte Curce* de Vaugelas, on substitue *dans* à *en* dans un contexte d'un « mouvement qui n'êt pas fait hors du lieu qui êt en question » : « il étoit contraint pour vivre de travailler à la journée en un jardin hors la ville » est corrigé par « dans un jardin » (livre IV, p. 394 ; Ayres-Bennett et Caron 1996 : 96) ; voir aussi *en la campagne* remplacé par *dans la campagne* (livre IV, p. 399 ; Ayres-Bennett et Caron 1996 : 128).

36 L'idée de mouvement et de repos se retrouve déjà chez Cauchie : « *Porrò praeponitur nominibus regionum cum verbis motus ad locum, aut quietis in locum* » (1586 [1570] : f° 71 v°). Cauchie, après avoir conseillé l'emploi de *à* devant les noms de villes et d'autres petits lieux, distingue également les grands lieux des petits pour la préposition *en* lorsque le verbe signifie l'acheminement signalé par Wapy : « *et praesertim si sit motus in regionum locumque ; majorem, ut* Il va en France » (1586 [1570] : f° 100 v°). Ramus reprend l'exemple des « petits lieux » : « En local nest guere devant les propres noms des villes : Car nous disons bien, Il est en chambre, en France, & non pas guere en Paris : mais à Paris » (1572 : 196). Les exceptions à cette règle sont notées par Maupas (*en Jerusalem, en Jericho* (1618 [1607] : f° 173 v°), et lorsqu'on entend « non transport ou demeure, mais une chose contenuë dans le pourpris de la ville », comme « il est le plus sçavant homme qui soit en Paris » (*ibid.*). Maupas précise que les *majora loca* sont les noms de « Region, Contree, Royaume, Isles », et les *minora loca* sont les « Villes, Bourgs, Bourgades, Villages & Chasteaux » (1618 [1607] : f° 173 r°). Oudin explique ces choix dans ses observations sur « quelques forces particulieres des verbes », et en particulier, les prépositions à employer après le verbe *aller* : « *Aller* se construit diversement, & il faut considerer le grand lieu & le petit : pour le grand lieu on dit, *aller en Allemagne…* : pour le petit, *aller à Roüen* » (1640 [1632] : 232). À la fin du XVIIe siècle, le *DAF* (1694) trouve que l'emploi de *en* devant un nom de ville est une « façon de parler tirée des Italiens qu'on n'est point obligé de suivre ». Dans le *Quinte Curce* de Vaugelas, l'Académie corrige *en Damas* par *à Damas* (livre III, p. 295 ; Ayres-Bennett & Caron, 1996 : 77, note 7) ; et *en Babylone* par *à Babylone* (livre IV, 369 ; Ayres-Bennett & Caron 1996 : 113).

37 Dans la terminologie de l'époque, le nom appellatif (commun) « denote chose convenante à plusieurs », e. g. *poète*, et se distingue du nom propre (qui signifie une seule chose),

les veut determiner en particulier on ne se sert jamais de la preposition *en*, Exemple, *Je vay à l'Eglise*, si ce n'et pour denoter le mouvement qui n'êt pas fait hors du lieu, [133] Exemple, *Il se promeine en l'Eglise.* Mais où l'on pourroit donner cette interpretation *dans* on mettra toujours *à*, au lieu de la preposition *en*, Exemple, *Se seoir à table.* En outre elle declare la façon comme la chose se fait, aussi bien que la preposition *à*, Exemples, *Danser en rond, parler en telle sorte que &c. Il l'a attaqué en homme de bien*[38] : ou bien elle signifie l'état que la chose porte à découvert, Exemples, *En chemise, En pourpoint* ; ou tient de la nature de l'adverbe, étant jointe à quelque nom, exemple, *Prendre en gré*[39], pour dire *agreablement* : vivre *en honeur* pour dire *honorablement :* Et se range aussi quelquefois devant les infinitifs, exemple, *La justice ne met jamais en nonchaloir les grans ny les petits, &* [134] *git en ne faillir pas de rendre à un chacun le droit qui luy appartient.*

Elle êt prise aussi pour *par*, exemple, *en derriere*, pour dire *par derriere*[40], Pour *vers*, exemple, *Pancher en devant*, pour dire, *vers le devant*[41]. Elle a de plus une grace qui êt fort particuliere à la langue françoise qui fait eviter deux écueils, dont l'un nous engageroit à des redites[42], & l'autre en evitant ces redites, à n'exprimer assez ce qu'on auroit intention de signifier : Exemple, après avoir parlé d'une mélée, *Il en êtoit des plus avant.* Cette enclitique *En*, êt icy mise pour ne redire le mot *mélée*, & d'autre part pour remplir ce qui seroit defectueux si on ne disoit que

---

e. g. *Paris* (Bosquet 1586 [1556 ?] : 43).

38 Meigret offre un exemple similaire : « *En* signifie davantage quelquefois similitude : comme *ç'ęt fęt ęn home, çęt vivr' ęn bęte* : qui vaut autant que *com' un home, com' une bęte* : et lors il ne requiert point d'article » (1980 [1550] : 119).

39 Avant la publication des remarques de Wapy (1634), dans le corpus FRANTEXT, nous trouvons douze exemples de *prendre en gré*, et deux de *prendre à gré.* À la fin du XVIIe siècle, Pierre de La Touche observe qu'« [o]n dit assez indiféremment *prendre en gré*, ou *à gré* » (1730 [1696] : 456). Le *TLFi* définit cette expression par « recevoir quelque chose avec résignation » ; il n'inclut aucune mention de *prendre à gré.* Palsgrave traduit cette expression : « *I take in worthe, or I take in good worthe* » avec l'exemple : « *Whan no better can be had, we must take in good worthe what so ever cometh* » (1530 : f° 384 r°).

40 Dans le corpus FRANTEXT, *par derrière* s'emploie beaucoup plus fréquemment qu'*en derrière* (trente-six attestations entre 1600-1630 contre trois).

41 *Pencher en devant* n'est pas attestée dans le corpus FRANTEXT ; la première attestation de *[se] pencher en avant* date du début du XVIIIe siècle.

42 Puisque Wapy écrit des remarques plutôt qu'une grammaire, et il ne fait pas de remarques sur les pronoms, il est obligé de distinguer le pronom *en* de la préposition *en*, dans un commentaire sur la préposition. Il reconnaît, toutefois, la fonction principale du pronom, d'éviter la répétition.

ce qui suit, *Il êtoit des plus avant*[43], sinon qu'on vint à y mettre *y* qui a pa-[135] reille force qu'*En*, ou bien l'article *le* en certaines occasions, exemple *Ayant mis en avant ces faux principes il en tire des raisons qui ne sont que pour luy.*

Cette preposition *en* êt prise d'abondant pour *à* où *apres*, exemple, *de jour en jour*, pour dire, *de jour à jour*[44], ou *jour après jour*[45] : *De temps en temps* &c. Pour *contre*, exemple : *On luy à mis cet homme en tête.* Pour *selon*, exemple, *En apparence*, pour dire, *selon toute apparence*[46]. On dit aussi *Tenir en cervelle*[47], *en haleine*[48] : De plus, *en lieu* pour dire *au lieu*[49] : & autres manieres sans nombre dont on peut tirer de l'elegance que je laisse aux plus curieux.

---

43 Plusieurs grammairiens et lexicologues de cette époque confondent la préposition *en* et le pronom *en*. Le *DAF* (1694) distingue nettement en « préposition servant à marquer le lieu & les choses qui sont considerées comme ayant quelque rapport au lieu » de *en*, « particule relative qui respond à l'article *De*, & qui sert à designer une chose dont on a desja parlée, & fait le mesme effet que si on repetoit la mesme chose ».

44 Pillot traduit *Diem ex die expectare* par *Attendre jour apres autre, de jour en jour* (1561 [1550] : 224). Maupas met ensemble, dans sa liste d'« adverbes d'ordre » *de jour à jour* et *de jour en jour* (1618 [1607]) : f° 162 r°) mais parmi les « adverbes de progrés et avancement » seule la préposition *en* peut traduire les adverbes en latin qui terminent en *-tim*, e. g., *ostiatim* « de porte en porte ». Vaugelas (1647 : 495-496) consacre une remarque à l'emploi de l'article dans cette construction : *d'un jour à l'autre* (avec l'article) exprimerait un changement rapide, tandis que sans article, *de jour à autre* décrirait un changement arrivé « peu à peu, et dans un espace de temps indefini ».

45 Le corpus FRANTEXT n'a aucune attestation de *jour après jour* entre Marot (1541 [1526] : f° XXVII v°) et Lamartine (1836 : 316).

46 En fait, *en apparence* s'emploie beaucoup plus fréquemment que *selon toute apparence.* La première attestation de *selon toute apparence* date de 1675, tandis qu'entre 1600-1630 il y a plus de cent attestations d'*en apparence* dans le corpus FRANTEXT.

47 *Tenir en cervelle* veut dire « donner des inquiétudes à quelqu'un » ; cette expression est attestée six fois dans le corpus FRANTEXT entre 1600-1630.

48 *Tenir en haleine* signifie « tenir dans un état d'incertitude ». Dans le premier tiers du XVIIe siècle, il n'y a que trois attestations de cette expression dans le corpus FRANTEXT.

49 Dans le sens « à la place de », *au lieu de* est beaucoup plus fréquent qu'*en lieu de* : entre 1600 et 1630, dans le corpus FRANTEXT, plus de huit cents attestations d'*au lieu de*, contre neuf d'*en lieu de.*

ENTRE

Entre, Cette preposition outre sa signification ordinaire[50] à une grace particuliere à se joindre aux verbes [136] & aux participes, tantôt pour en faire des composés, par exemple, *S'entre-méler, s'entremettre*, pour dire *se mettre entre*, d'où naissent par apres ces autres mots, *entre-metteur, entre-mise*[51] : tantôt pour signifier qu'une chose n'êt faite qu'à demy[52], Exemples. *Il entre-ouït une voix. Il entre-veit quelques cuirasses. La porte êtoit entre-ouverte.* Elle a aussi la méme force que cet adverbe *mutuellement*, comme l'on peut juger des mots suivans, *s'entre-ayder, s'entre-aymer, &c.*[53].

HORS

Hors[54] : On se sert de cette preposition (si quelque mot suit qui en depende) en la maniere qui êt dite en parlant de la preposition *dans* :

50 Wapy ne précise pas ce que c'est que la signification ordinaire d'*entre*. Monet signale plusieurs sens – dedans, au milieu, parmi – avec les équivalents en latin : *inter, intra, in medio, in* (1635 : 85).

51 Ce sens des mots composés avec *entre* manque dans le dictionnaire de Nicot et dans les grammaires de Maupas et d'Oudin.

52 Nicot reconnaît ce sens dans son *Thresor* (1606) : « *Entre*, en composition signifie quelque fois à demi, comme, *Le verre est entrecassée...porte entr'ouverte* ». Il poursuit : « l'energie de cette signification se doibt prendre de la seconde sorte de signifier de cette diction, *Entre*, qui est entredeux : si que le verre, le pot entrecassé, et la porte entr-ouverte, est le verre, le pot qui est entrécassé, non cassé, et la porte entr'ouverte, et non ouverte ». Maupas reprend cette idée en notant une « action diminutive » dans les verbes *entr'ouvrir, entr'ouïr, entre-voir* (1618 [1607] : f° 173 v°). Monet (1635 : 85) : « *Antre, à demi, comme à demi an la composition* ».

53 Après avoir présenté la préposition *entre* comme la traduction d'*inter* en latin, le sens de réciprocité est le premier sens des verbes composés avec *entre* dans l'entrée du *Thrésor* de Nicot (1606) : « en composition [*entre*] importe energie de reciprocation d'acte, comme, *Ils s'entreblessent...* ». Dans la grammaire de Maupas, il précise que le sens de réciprocité se limite aux verbes pronominaux : « *Entre*, signifie une mutuelle, & reciproque action moyénant que les verbes soient reciproquez, comme *S'entr'-aimer, S'entr'-haïr, S'entr'-aider, S'entre nuire* » (1618 [1607] : f° 173 v°) Pareillement Monet (1635 : 85) traduit le latin *mutuò, vicissim* par *antre*, « mutuelemant an composition ».

54 Wapy ne fournit pas de « valeur naturelle » ni de « force ordinaire » pour cette préposition. Il passe directement à la distinction de la forme simple et la forme composée, un sujet

Exemple, *Cela êt hors de saison*, & employe-t'on l'adverbe *dehors* quand [137] il n'y a point de suitte. Et je n'ay remarqué que pas un s'en soit servy en forme de preposition quand quelque nom, ou quelque pronom suit, fors une seule fois sçavoir en l'exemple sus-allegué, *Aux interessés dedans & dehors le Royaume*[55], si d'avanture on ne fait preceder ces autres prepositions *au, de, en, &c.* exemples, *murailles au dehors déquelles il avoit laissé ses gens, c'êt un homme venu de dehors pays.* On dit aussi, *Le dehors de la main, Les dehors d'une place*[56].

PAR

Cette preposition *par*, a souvent la méme force qu'*avec*[57], pour donner à entendre la maniere ou l'outil par lequel la chose êt faite[58], exemple, *Par impetuosité, Par le couteau du meurtrier.* Touche la cause, exemples,

---

déjà entamé dans son traitement de *dans* (voir ci-dessus p. 127-128).

55 Voir ci-dessus, note 33.

56 Arnauld et Lancelot remarque : « pour les quatre autres, *dedans, dehors, dessus, dessous*, je croy que ce sont des noms, comme il se voit en ce qu'on y joint presque toûjours l'article : *le dedans, le dehors, au dedans, au dehors*; & qu'ils regissent le nom qui les suit au genitif, qui est le regime des noms substantifs : au dedans de la maison, au dessus du toit » (1660 : 92).

57 Dans les *Nouvelles Remarques* un exemple du *Quinte-Curce* de Vaugelas, où il a mis *par* plutôt qu'*avec*, illustre ce choix, approuvé par les académiciens et par M de Priessac. Dans son commentaire sur cette remarque, Alemand s'y accorde, en notant que *par* signifie mieux l'instrument, et *avec* plutôt l'accompagnement. Tout en postulant qu'« il est vray que nôtre Langue permet *avec* dans le sens de *par* : mais il est toujours vray aussi que ce n'est que par tolérance, au lieu que l'usage de *par* est le premier, le plus naturel & le plus regulier », ce qui semblerait régler la question. Mais Alemand poursuit avec plusieurs exemples où *avec* est préférable. Tout en reconnaissant qu'« il n'y a aucune raison à nôtre usage, aucune regle certaine là-dessus, & ainsi il n'y a qu'à consulter l'oreille pour sçavoir ce qui est usité & le suivre », il propose sa propre règle, que la préposition *avec* s'emploie au sens propre, et *par* dans le sens figuré (1690 : 50-53).

58 Selon Nicot *par* « signifie induction, industrie et mediation de la chose signifiée par le mot qu'elle regit en construction ». Nicot décrit la signification de la construction *de par* et l'emploi de *par* comme préfixe verbal, les deux omis par Wapy. Monet invoque les causes aristotéliciennes : *par* serait un mot denotant « cause originale », traduction du latin *ex* et *per*, et « cause efficiante ; ou instrumentale », l'équivalent du latin *per* (1635 : 630). Dans le *DAF* (1694), le premier sens de *par* est « preposition de lieu », sans ou avec mouvement (*Dieu est par tout, il a passé par Paris*).

[138] *Par mauvais conseil : La trahison fut decouverte par son avis* : Il fut *delivré par un affranchy.* Declare l'état du temps[59], Exemple, *Il vint par un beau jour.* Elle sert aussi à jurer & conjurer[60], Exemple, *Par le Dieu vivant, Par l'honeur que vous devez à ceux qui vous ont mis au monde.* On dit de plus, *Par là il nous donne à connoître* : Aucuns disent aussi, à par *moy*[61], mais il m'êt avis qu'on doit écrire, *à part moy*[62], comme qui diroit *en mon à part*, ou *en mon particulier*, l'usage apprendra les autres manieres de se servir de cette preposition.

POUR

Pour : Outre sa force ordinaire, signifie être en lieu d'un autre, exemple, *Il le prit pour son ennemy*[63]. Quelquefois il vaut autant que si on di-[139] soit, quant à ce qui touche, ou appartient, Exemple, *pour moy je luy pardonne.* D'autrefois on s'en sert au lieu de *selon.* Exemple, *Chacun en receut le fruit pour la part & portion qu'il y avoit contribuée*[64].

---

59 Cet emploi de la préposition *par* ne se trouve ni dans Nicot, ni dans Monet, mais, en revanche, il est attesté dans la première édition du *DAF* (1694) : « *Par*, est aussi preposition de temps, & signifie, Durant. *Il faut labourer la vigne par le beau temps* ».

60 C'est un emploi remarqué par les grammairiens anglais (Barton 1415 : f° 319 v° b ; Palsgrave 1530 : f° 183 v°) : « By god, thou shalt abye and I catche the : Par Dieu, tu en auras si je te happe ».

61 Palsgrave inclut plusieurs exemples de cette expression, qu'il traduit par « *by myselfe, with myselfe, all alone* ».

62 Oudin, dans sa liste d'adverbes, trouve ces expressions « un peu antiques & vulgaires » (1640 [1632] : 299). Dans les *Nouvelles remarques* (1690 : 501), Vaugelas, citant Desportes, approuve *à part moy, à part soy* (« fort bons »), mais, encore plus catégoriquement que Wapy, il insiste qu'« il faut dire *part*, & non *par* ». Les *Nouvelles remarques* incluent plusieurs commentaires que Vaugelas a omis dans son texte de 1647 ; son approbation n'est donc pas sûre. Alemand observe qu'« on parle encore de la sorte, mais moins bien que si l'on disoit *en moy-mesme, en soy-m*eme, qui est bien plus usité ».

63 Nicot (1606) ne définit pas cette préposition. Monet donne comme équivalents *an lieu de* et *an la place* (1635 : 684). Dans le *DAF* (1694), ce sens « ordinaire » est cinquième dans sa liste de significations de ce mot. En première place les académiciens ont mis « preposition qui marque le motif, la cause finale, la destination ».

64 Nous ne trouvons pas cette expression dans le corpus FRANTEXT, mais il fait toujours partie du vocabulaire de la justice, par exemple dans ce jugement de la Cour de Cassation de Nîmes (2022) : « la solidarité doit être retenue entre les ex-époux qui se sont engagés

Se prend pareillement pour *d'autant que*, Exemple, *Pour ce qu'il êt vray, Pour ce qu'il en faisoit cas*[65]. Denote aussi la raison pourquoy, ou l'intention. Il y a bien difference entre dire *Le Roy s'en alla à Paris, & donna liberté à ces prisonniers* & dire *Le Roy s'en alla à Paris pour donner liberté à ces prisonniers*[66]. Elle sert en outre à diversifier exemple, *La vertu pour eminente qu'elle soit*, on eût pû dire *quelque eminente qu'elle soit.* Mais ce mot, *quelque*, peut treuver place ailleurs plus commodement, Exemple, *Quelques grandes* [140] *richesses que nous possedions, si nous n'en sçavons l'usage, ce sont plutôt des épines, que & c.*

PRES

Prés : quand cette preposition va devant le nom, elle vaut autant à dire que *auprés*, mais quand elle vient à suivre le nom, le pronom, &c. elle à une autre force, par exemple, *Il sçait à un denier prés tout ce que possedent les habitans de cette ville. Je me porte bien à mon estomac prés :* c'êt à dire, *horsmis mon estomac tout se porte bien. Je suis son serviteur à cela prés,* c'êt à dire, *ôtez ce point, je suis prés à le servir en toutes choses*[67].

---

respectivement pour la part et la portion de l'autre… » (RG numéro 21/03402 de la Cour d'appel, 1 décembre, 2022).

65 Monet trouve équivalents *pource* et *pour autant*, traduits en latin par *idcirco* et *ideo* « pour cette raison » (1635 : 684).

66 Maupas se plaint que « plusieurs nouveaux en nostre langue abusent bien souvent de la preposition *Pour*, l'amenans en jeu à tous propos où elle ne convient pas. Nous l'employons devant l'infinitif, pour declarer la cause finale, à sçavoir là où l'interrogation se pourroit faire par *Pourquoy*…On luy pourroit substituer *âfin* (1618 [1607] : f° 154 v°).

67 L'emploi de *près* pour exprimer l'exception est repris par les grammairiens et les remarqueurs de l'époque. Vaugelas se sert d'*à cela près* pour justifier l'expression *à peu près*, une des rares occasions où il se croit obligé d'ajouter à l'usage une explication rationnelle. Ce n'est pas le cas, dit-il, que l'expression *à peu près* est contre la raison : « il est aisé de monstrer qu'*à peu pres*, signifie, *il y a peu à dire*, par les autres phrases où ce mot de *pres*, est employé, comme quand on dit *à cela pres, il a raison, à cent escus pres nous sommes d'accord*, qui ne voit que le sens de ces paroles est, *Il n'y a que cela à dire qu'il n'ayt raison, il n'y a que cent escus à dire, ou il ne s'en faut que cent escus*, que nous ne soyons d'accord. Ainsi quand je dis, *je vous ay rapporté à peu près toute la substance de sa harangue*, j'exprime tout aussi bien *qu'il s'en faut fort peu*, ou *qu'il ne s'en faut que fort peu*, ou *qu'il y a peu à dire que je ne vous aye rapporté toute la substance de sa harangue* » (1647 : 228-230). Chiflet est d'accord (1656 : 111). Ce sens est repris dans le *DAF* (1694) : « À cela prés. Façon

SOUS

Sous t'apporte[68] *subter & sub* des Latins[69], exemple, *Sous la moyenne region de l'air*[70]. Elle represente aussi ce que les latins expriment par le [141] *per*, exemple, *sous couleur*, ce que les latins rendent en cette sorte, *per species*. Quand un nom ou quelque pronom suit, on se sert ordinairement de cette preposition *sous* (comme il êt deja touché des prepositions *dans & hors*)[71] & rarement en tel cas se sert on du mot *dessous :* Mais quand aucun nom ny pronom, ne vient à suivre, & que le sens êt ferme, la preposition *sous* n'a plus de vogue, mais en son lieu on employe ce mot *dessous*, lequel alors tient moins de la preposition que de l'adverbe. Il êt bien vray qu'il peut tenir rang de preposition & se mettre devant quelque nom ou pronom, mais c'êt seulement lors qu'une autre preposition devance, Exemple, *La brebis beuvant en la riviere bien* [142] *loin* au dessous *du Loup, le Loup vint à luy dire, pourquoy troubles-tu mon eau ?*

SUR

Sur & sus : Ce n'êt icy qu'une méme preposition[72], laquelle outre sa naturelle valeur, designe l'êtat du temps par exemple, *sur le point du jour.* Elle signifie aussi, *incontinent apres* Exemple *sur sa réponse il luy*

---

de parler dont on se sert pour dire, Excepté cela. *Il est un peu fantasque, mais à cela prés c'est un honneste homme. Il m'a fait payer à cent escus prés* ».

68 Wapy s'adresse directement au lecteur, qu'il tutoie.

69 Monet ajoute *infra* parmi les équivalents latins (1635 : 844).

70 C'est-à-dire, dans la science des anciens, la région entre la région du feu et la région éthérée. Nicot définit *air* comme « celuy des quatre elements qui environne l'eau & la terre », et fournit comme exemple « la basse, la haute, la moyenne region de l'air ».

71 Voir ci-dessus, p. 127-128, 132-133.

72 Marzys cite Thurot qui attribuerait la confusion des deux formes à l'amuïssement de la consonne finale (2009 : 835, note 5). Les grammairiens et les remarqueurs de l'époque condamnent *sus* comme préposition, sauf dans l'expression figée *sus pied(s)* (Vaugelas 1637 (?) : f° 85 r° : « c'est icy la seule exception qu'il y a en cette Reigle generale, qu'il

denonça, &c. Se prend pour joignant, exemple, *sur la rive du loire*, pour *vers* ou *environ. Sur la fin du soupper, sur l'heure du dîner.* Elle sert encor à l'encouragement, exemple, *Or sus, sus donc*[73]. Se change en adverbe comme font, *sous, dessous, hors, dehors*, & dit on *dessus, là sus :* Et souffre une preposition devant soy, comme font ces autres, *dehors, dedans, &c.* Exemple, *Placé au dessus de luy*[74] : *habiles hommes s'ils eussent peu retirer la main de dessus l'ouvrage. Au pardessus &c.*

---

faut toujours dire *sur* et non *sus*, ni *dessus* quand c'est une preposition qui va devant le substantif ». Pourtant, Marzys note plusieurs exemples où les écrivains qui servent souvent de modèle (Du Perron, Coëffeteau) emploient *sus* comme préposition.

73 Monet décrit *sus* comme un mot « excitatif pour reveiller, faire lever, ou marcher » (1635 : 861).

74 Voir par exemple la correction suggérée par les Académiciens au *Quinte Curce* de Vaugelas : « Sur qui il s'esleve. On devrait dire *Au dessus de qui il s'esleve* (livre VI, p. 83 ; Ayres-Bennett et Caron 1996 : 236, note 3).

DES TRANSITIONS OU LIAISONS [143] DU DISCOURS QUI SERVENT DE PASSAGE.

Quatrieme partie.

Il êt de ces liaisons de deux sortes, dont les unes & les autres contribuent plus qu'il ne se peut dire à l'embelissement du discours, & donnent au parler des agréemens à la mode qui sont plus ravissans que reconnus en leur source. Les plus menuës liaisons servent de passage d'une periode à l'autre[1], ou attachent leurs parties entre elles le tout dans un sens continué : Mais les plus remarquables viennent au [144] secours quand il êt question de vous faire passer de bonne grace à un sens contraire ou élongné dans une méme harangue, ou dans la continuation d'un entretien. Nous rangerons premierement les exemples des menuës liaisons suivant l'ordre de l'alfabet, pour ceux qui en ont moins de pratique ; Delà nous ferons un essay d'en deméler de trois sortes les unes plus propres pour les commencemens, les autres pour le milieu, & les dernieres de plus ordinaire usage vers la conclusion du discours. Voicy celles où nous n'avons égard qu'au seul ordre des lettres[2].

---

1 Chiflet emploie presqu'exactement la même phrase dans sa section consacrée aux « particules des transitions », « necessaires à toute sorte de stile, pour passer d'une periode à l'autre, & les lier ensemble de bonne grace ».

2 Chiflet dresse une liste de transitions, « [l]es Particules des Transitions estant necessaires à toute sorte de stile, pour passer d'une periode à l'autre, & les lier ensemble de bonne grace » (1659 : 150). Là où Wapy met les transitions par ordre alphabétique, Chiflet les range selon plusieurs contextes : « les Transitions de simple adjonction de ce qui suit à ce qui precede », les transitions « qui servent de passage à quelque preuve de ce que l'on a avancé », « les Transitions adversatives », la comparaison, les transitions « qui servent à conclure un raisonnement ».

A

A ces paroles le sang luy monta au visage[3].

A ce coup il tirera sa raison de l'outrage qui lui a été fait[4].

[145] *A chaque fois que ces veritables soubçons se representoient à sa pensée, il &c.*[5].

A côté de cet effroyable sejour il y avoit &c.

Au même temps sa maison fut environnée d'une trouppe de mutins[6].

Ailleurs les belles pensées s'estouffent les unes les autres, mais là &c.[7].

Apres quatre-vingts ans il seroit temps s'ils ne sont las de leur folie qu'ils le fussent de leur misere[8].

Attendu qu'en ces grandes difficultés la patience vaut mieux que la force[9].

---

3 Dans le corpus FRANTEXT des constructions similaires se trouvent dans deux textes de l'époque. Baro (1632 : 260) : « à ce mot une rougeur luy monta au visage » ; et dans *L'histoire des deux nobles et très vaillans chevaliers* (1631 : chapitre 75) : « Quand le Roy ouyt ainsi parler cestuy, le sang luy monta au visage ».

4 *À ce coup* paraît fréquemment dans les textes du corpus FRANTEXT, 210 exemples entre 1550-1630.

5 *À chaque fois que…* ne compte que quatre exemples avant 1635 dans le corpus FRANTEXT.

6 Wapy inclut un autre exemple *d'au mesme* temps p. 168. *En mesme/même temps* s'emploie beaucoup plus fréquemment qu'*au mesme/même temps* (558 exemples contre 156) dans la période 1550-1630. Pourtant, Ménage trouve les quatre variantes – *a mesme temps, au mesme temps, en mesme temps* et *dans le mesme temps* – acceptables : « toutes ces quatre façons de parler sont tres-bonnes, & tres-naturelles » (1676 : 423).

7 *Ailleurs* au début d'une phrase est assez rare à cette époque.

8 Cette phrase est tirée de la lettre de Malherbe à Racan, 10 septembre 1625. La lettre a été reproduite dans le recueil attribué à Nicolas Faret (Anon. 1638 : 46) : « Il me semble qu'apres quatre-vingts ans il seroit temps, que s'ils ne sont las de leur folie, ils le fussent de leur misere ».

9 Dans le corpus FRANTEXT *attendu que* s'emploie beaucoup plus fréquemment que *consideré que*, même avant 1600. Vaugelas signale un changement en cours dans les années 1620 et 1630. Dans son manuscrit, une dizaine d'années avant la publication de ses *Remarques*, Vaugelas trouve que *consideré que* « commence à n'estre plus tant en usage, mais elle n'est pas pourtant si mauvaise, qu'il la faille condamner absolument, en un grand Ouvrage ». En même temps, il condamne *attendu que* comme « pas de bon aloy », et il poursuit : « *attendu* en cet endroit là, n'est nullement François, car il est tout clair qu'il ne veut pas dire en Latin *expectatur*, auquel sens seulement *attendu* est François, mais c'est un mot entierement escorché du Latin qui dit *attendere* pour dire *considerer attentifvement*, de sorte que de dire *attendu que* pour dire *veu que*, ou *consideré que* est une façon de parler extremement barbare, et de fait je ne l'ois gueres dire à la Court. Certes j'aimerois incomparablement mieux user de *consideré que*, que d'*attendu que* » (1637(?) : f° 15 v° ; *cf.* Ayres-Bennett 2018 : 706 note 2025). Mais dans les *Remarques* publiées, notant que Coeffeteau (p. ex., 1621 : Livre cinquiesme, 62) et « plusieurs autres bons Escrivains » se servent de *consideré que*, il conclut que « Je ne conseillerois

Avant que l'âge l'eût dégourdy de sa premiere ignorance, il s'amusoit &c.[10].

Avec tout cela les discordes, les querelles, les debats, les combas sont leur [*sic*] *continuels exercices*[11].

---

pas aujourd'huy à qui que ce fût de s'en servir, si ce n'est dans un grand ouvrage de doctrine plustost que d'eloquence. *Attendu que*, commence à se rendre fort commun dans le beau stile » (1647 : *471-*472). Dupleix rejette la condamnation de *consideré que*, qu'il range dans les « Critiques trop scrupuleux & trop delicats » (1651 : 214). Dupleix emploie *consideré que* trois fois dans sa *Physique* 1603), et *attendu que* trente-sept fois dans la *Physique* et dans son *Ethique* (1610). Chiflet suit Vaugelas, remarquant qu'*attendu que* a remplacé *consideré que* (1659 : 124-125).

10 Les grammairiens et les remarqueurs de l'époque signalent quatre options : *auparavant que, avant que, devant que*, et *premier que*. Cauchie (1586 : 78) trouve *devant que* et *premier que* équivalents. Pour Maupas, *avant que* et *premier que* sont acceptables (1618 [1607] : f° 139 v°; et aussi f° 141 r°). Oudin (1640 [1632] : 270) trouve *premier que* « un peu rude ». Vaugelas n'approuve pas *premier que*, « C'est une façon de parler ancienne, dont plusieurs se servent encore aujourd'huy en parlant, & en escrivant mais ceux qui ont quelque soin de la pureté du langage, n'en usent jamais ». Dupleix confirme l'opinion de Vaugelas (1651 : 685). Vaugelas signale un changement en cours dans sa préférence pour *avant que* plutôt que *devant que* (1647 : 319-320) : « Tous les deux sont bons... mais *avant que*, est plus de la Cour, et plus en usage », une opinion que Dupleix ne conteste pas (1651 : 644). Corneille (Académie 1704 : 126) signale que *devant que*, au tournant du XVIIIe siècle, « n'est plus aujourd'huy du bon usage ». *Auparavant que*, selon Vaugelas, « n'est pas aussi du bel usage » (1647 : 475-476), meme si on en trouve des exemples chez Balzac. Vairasse d'Allais est du même avis : « c'est mal-parler que de dire *auparavant que* ; quoi-que plusieurs personnes, & même des gens d'ailleurs assez polis, se servent souvent de cet Adverbe, qui est toujours relatif & absolu » (1681 : 215). Alemand cite d'Andilly et Scarron, en approuvant *auparavant que*, « comme une infinité de gens qui parlent bien, disent & écrivent *auparavant que*, je crois qu'on le peut souffrir même dans un livre » (1688 : 199). Andry de Boisregard critique, sans le nommer, Saint Evremond pour son emploi d'*auparavant que* : « cét Ecrivain, tout habile qu'il est, n'est pas infaillible non plus que les autres » (1692 [1689] : 73). Pourtant, une dizaine d'années plus tard, Thomas Corneille conclut que l'emploi de cette conjonction doit être regardé non seulement comme hors du bel usage, mais comme une faute (Académie 1704 : 467). Voltaire critique la langue de Pierre Corneille dans sa tragédie de *Pompée*, pour son emploi d'*auparavant que* (Corneille 1644 : 36, acte 2, scène 4) « *Auparavant qu'à lui*, n'est pas français. Cet adverbe absolu n'admet aucune relation, aucun régime. Il faut, *avant qu'à lui* » (1785 : tome 50, 437 ; 1765 : tome III, 199). Au XIXe siècle, nous trouvons une autre version de ce commentaire : « *'De s'en plaindre à Pompée auparavant qu'à lui.* Il falloit *avant qu'à lui.* L'adverbe *auparavant* ne sert jamais de conjonction. On ne dit point, je passerai par Strasbourg, auparavant d'aller à Paris ; mais avant d'aller » (Voltaire 1837 : volume IX, 156).

11 Le corpus FRANTEXT a seize exemples d'*avec tout cela* entre 1600-1635, dont Coëffeteau : « Sous son nepveu Caïus qui avançoit les plus perdus hommes de la republique, il fut créé consul, et encore avec tout cela il se vid exposé à de grands outrages, et à souffrir beaucoup d'indignitez devant que de venir à l'empire » (1623 : 357). Le plus souvent *avec tout cela* est précédé d'un adverbe qui exprime le contraste, le contraire de ce qui est attendu : *mais, néanmoins, toutefois, encore.*

Avez-vous jamais pris garde à un babillard qui parle de tout indiscrettement, & qui ne se donne point la patience de rien écouter, il n'y pas un homme au monde qui soit plus importun : sa langue &c.

Aussi c'êt à faire aux esprits legers & pleins de vanité d'être pointilleux & de contredire opiniâtrement toutes choses[12].

Aussi tôt que la premiere nouvelle de la mort [146] *de ce jeune Prince luy vint frapper les oreilles, les larmes &c.*[13].

Ayant achevé de prononcer ces paroles[14], *il tourna toutes ses pensées à &c.* C'êt icy un exemple d'un participe à l'imitation duquel on en peut former une centaine d'autres.

B

Bien que la rage de ces furieuses bêtes semblent [*sic*] *nous menacer, ne prenons point resolution de rebrousser chemin.*

Bien souvent il alloit sur le bord de cette fontaine, & là &c.

Bien tôt après il apprit qu'il y a plus de delices à vivre d'herbes & de racines en la douce conversation de nos semblables, que de viandes exquises en la compagnie des personnes qui nous peuvent causer du trouble & de l'inquietude.

C

Ce fut alors que son infamie fut changée en excés d'honeur.

Ce n'êt pas tout le Roy voulut de sa pleine autorité &c.

Cela fait il alla donner ordre à &c.

Cependant cet homme rusé faisant semblant de &c.

Ce qui fut cause que par le commun mur-[147] *mure de la foule &c.*

---

12 *Aussi*, en tête de phrase, entraîne normalement, au XVIIe siècle comme aujourd'hui, l'inversion du sujet. Cet emploi est fréquent, mais pas obligatoire, chez La Mothe Le Vayer, une quarantaine d'exemples dans ses *Quatre dialogues faits à l'imitation des anciens* (1630).

13 La Touche [1730 [1696] : 592) note qu'*aussitôt que* s'emploie plus fréquemment que *si tôt que* « dans le discours soutenu ». Wapy n'inclut pas *si tôt que*. Le corpus FRANTEXT comprend 426 exemples d'*aussitôt que*, contre 327 de *sitôt que*, entre 1600-1699.

14 Nous trouvons cette expression, « ayant achevé de prononcer ces paroles », dans un texte du jésuite Jacques Noüet (1605-1680), mais la publication de ce texte date de 1674 (1674 : 300). Vital d'Audiguier (1616 : 644) emploie la formule « ayant achevé ces paroles ».

Ce qu'il souffroit ce rebut, n'étoit que pour arriver plus aysement à ses pretentions.

Certes la foiblesse de son âge auroit besoin.

C'êt là que l'honêteté commença de prendre racine en son ame[15].

C'êt en cette sorte que ce prisonnier innocent parut devant ses Juges.

C'êt pour cela que &c.[16], *C'êt pour ce sujet*[17], *C'êt pour cette occasion.*

C'étoit environ l'heure que les étoilles commencent à disparétre.

Cette response ne réjoüit pas moins le pere que la nouvelle avoit été aggreable au fils.

Ces gens transportés de je ne sçay quelles joyeuses pensées, sans proferer aucune parole contemploient &c.

Chacun s'efforçoit à sa venuë de gangner ses bonnes graces, l'un luy presentoit &c.

Chanter aux oreilles d'un homme affligé c'êt luy redoubler ses tristesses[18].

Voilà un exemple de l'infinitif.

Comment seroit-il possible qu'il se ressouvint de &c. qu'il ne se souvenoit pas méme &c. Contre tout ordre de nature le tonnerre donna [148] *si fort cette année au milieu de l'yver*[19].

---

15 *C'est là que* est rare avant 1600, mais fréquent après, une trentaine d'exemples entre 1600-1630, plus de deux mille après dans le corpus FRANTEXT.

16 *C'est pour cela que* est une structure particulièrement favorisée par Baltasar Baro, dans sa *Conclusion et dernière partie d'Astrée*. Par exemple : « Mon pere, la cause pour laquelle cette Nymphe vous a donné la peine de venir, nous touche elle & moy esgallement, c'est pour cela que je vous en feray le discours, afin que vous n'en soyez pas plus longuement en peine » (1632 : 539).

17 Voir, par exemple, Sorel (1623 : 318) : « C'est pour ce sujet seulement que vous me voyez ici » et (1627 : 518) : « La poesie est un art plein de fureur qui cherche ses ornemens dedans le meslange, et c'est pour ce sujet qu'Arioste qui ne vouloit pas nous ennuyer entre mesle ses narrations ».

18 Dans un commentaire sur les proverbes de Salomon de Nicolas Guillebert, prêtre dans le cercle littéraire rouennais de Pierre Corneille (van Roosbroeck 1920 : 90), nous trouvons « Chanter aux oreilles d'un homme affligé, c'est luy ramentevoir ses tristesses, & luy rendre encor plus sensibles les pointes de sa douleur… » (1637 [1625] : 272). C'est un commentaire sur le proverbe 25 : 19 : « C'est mettre du vinaigre sur du nitre que de chanter des chansons à un cœur affligé » (25 : 20 dans la Vulgate : « *Acetum in nitro qui cantat carmina cordi pessimo* »).

19 Pline l'Ancien inclut dans son *Histoire naturelle* une description du phénomène du tonnerre et des coups de foudre, traduite en 1581 de cette façon : « Aussi n'y a-il ny raison ny signification aucune es foudres, qui sortent de telles impressions d'air, venans ainsi contre tout ordre de nature » (1566 : 63).

D

Dans cette foule innombrable de ceux qui l'abordoient il n'y en eut pas un qui &c.[20].

Dans peu de temps il eut raccommodé tout ce qui &c.

D'abord une frayeur saisit tous les regardans, mais comme ils reconnurent que.

D'ailleurs peu s'en fallut[21] *qu'il ne &c.*

De fois à autres[22], *l'excés de la douleur qui l'opprimoit luy faisoit couvrir son visage, & lors elle donnoit liberté à ses soupirs.*

De jour en jour[23] *les rapports des langues envenimées semoient dans les courages de ces Princes des haines irreconciliables.*

Delà s'ensuivirent les tristes accidens qui desolerent cette Province[24].

Depuis ce temps là, au lieu des affrons & des paroles injurieuses il ne receut que des caresses.

Depuis qu[25]*'une fois on a pris l'ascendant sur ses passions, il êt aysé de &c.*

---

20 La traduction de la Bible de 1587 « approuvée par les Theologiens de Louvain » emploie une expression pareille dans Rois 10, 19 : « Maintenant appellez à moy tous les Prophetes de Baal, & tous ses serviteurs, & tous ses prestres, qu'il n'y ait aucun qui ne vienne », et légèrement différent, Rois 10, 21 : « Et appella, & envoya en tous les termes d'Israel, & tous les serviteurs de Baal vindrent. Il n'y en demeura pas un qui ne vinst ». On la trouve également dans Bodin (1576 : 212), Coeffeteau (1621 : Livre sixiesme, 109), et Sorel (1627 : 39).

21 *Peu s'en fallut* est encore une expression particulièrement favorisée par Baltasar Baro, dans sa *Conclusion et dernière partie d'Astrée* (1632), qui l'emploie douze fois, par exemple : « son esprit en demeura si troublé, que peu s'en fallut qu'il ne se perdist entierement » (1632 : 60).

22 Maupas (1618 [1607] : f° 171 v°) et Oudin (1640 [1632] : 298) incluent *de fois à autre* parmi les adverbes « iteratifs ». Dans leurs textes *autre* est au singulier. Dans le corpus FRANTEXT tous les exemples avant la publication des *Remarques* de Wapy emploient le singulier. Les six exemples du pluriel datent de 1669 à 1720, bien après Wapy.

23 Voir ci-dessus les remarques sur la préposition *en*, p. 129-131.

24 *Delà* peut être une préposition de lieu, *delà la Loire* ou un adverbe temporel. *Delà* tout court est beaucoup plus rare que les combinaisons *au-delà, par delà*, et *deça, delà*. Wapy l'emploie ici pour illustrer la connexion logique de cause et effet qui relie deux phrases.

25 *Depuis* est, selon la première édition du *DAF*, une préposition de temps, de lieu et d'ordre, mais *depuis que* « ne se dit jamais que du temps ». *Depuis qu'une fois* s'emploie rarement, quatre fois entre 1550-1635 dans le corpus FRANTEXT, contre 764 exemples de *depuis que* tout court. Voltaire a considéré cette expression un solécisme, dans ses commentaires sur le *Nicomède* de Pierre Corneille (1651 : 29, acte II, scène 1) : « "Et depuis qu'une fois elle nous inquiète, La nature est aveugle et la vertu muette" *Inquiète* n'est pas le mot propre ; *depuis* est ici un solécisme. Le sens est : dès qu'une fois cette passion s'est emparée de nous » (Voltaire 1797 : volume 8, 163). Ce commentaire est absent dans l'édition de 1765.

De quoy sert de procurer du déplaisir à autruy sinon à se rendre miserable soy-mémes & à se &c.

[149] *Déjà la venuë de ce messager avoit remply la Ville du bruit de la nouvelle election du Roy.*

Dés lors : dés l'heure même[26] *ce Prince genereux receut une inclination au bon gouvernement de son état, laquelle il fit paroître durant le cours de sa vie.*

De tous ceux qui l'avoient accompagné il n'y eût personne &c.

De tous les côtés on ne voyoit que magnificences, icy &c. là &c.

Devant que[27] *la nouvelle en fut venue chacun s'efforçoit &c.*

Dieu ! combien de regrets furent oüys en ce lamentable spectacle.

Disant cela les larmes luy tomberent des yeux[28].

Donques[29] *ô tyran impitoyable, tu ne t'es pas contenté &c.*

D'où venoit que comme la bouche du fou n'êt que trop feconde en paroles, ce causeur écervelé ne cessoit de lâcher la bonde à toute sorte d'impertinences.

Du depuis on ne le vit jamais bien venu dans les compagnies[30].

D'un côté on oyoit les tambours & les trompettes, de l'autre les luths & les voix.

---

26 *Dès lors* s'emploie fréquemment même aujourd'hui, mais *dès l'heure mesme* (*même*) a presque disparu après le premier quart du XVIIIe siècle : seul 5 exemples (sur 54) après 1711 dans le corpus FRANTEXT.

27 Vaugelas préfère *avant que* à *devant que*. Voir ci-dessus, p. 141, note 10.

28 Dans Baro (1632 : 612), nous trouvons : « disant cela les larmes luy vindrent aux yeux »

29 Les grammairiens et les remarqueurs contestent deux aspects de la forme de cette conjonction : la terminaison en *-que* et le s final si on garde la terminaison en *-que*. Dans le corpus FRANTEXT il n'y a que six exemples, sur 374, de la forme en *que(s)* de cette conjonction après 1663. Dès le milieu du XVIIe siècle les formes en *-que(s)* se limitent au parler rustique, comique ou régional (le latin déformé de Molière, dans *Le malade imaginaire* (1673 : 29), le « patois corse » de Paul Féval, dans *Les Habits noirs* (1863)). Vaugelas (1647 : 392), ainsi que et le père Chiflet (1659 : 129), condamnent la forme *doncque*, sans s, tandis que Dupleix est moins catégorique : « quant à *donques* je le trouve meilleur que *donque* » (1 51 : 245). Dans la première édition du *DAF* (1694), on approuve les deux formes (*donc, donques*) mais dans le *Nouveau Dictionnaire de l'Académie Françoise* (1718) les académiciens remarquent qu'« on disoit autrefois DONQUES ». Le s final est également l'objet de commentaires sur *avecque(s)* et *jusque(s)*.

30 Maupas approuve *du depuis* dans sa liste d'adverbes de temps (1618 : f° 161 v°). Vaugelas consacre une remarque à *du depuis*, concluant que, même si « encore aujourd'huy une infinité de gens disent & escrivent, *du depuis* », « le bon usage a banny cette locution » (1647 : 174). Il range *du depuis* parmi les barbarismes « de mettre des particules où il n'en faut point »(1647 : 571). Dupleix approuve cette remarque : « Il n'y a point de méchant mot en nostre langue qui se soit tant opiniastré à s'establir, ny qui ait esté si rebuté que cetuy cy ; de sorte que quoy qu'il soit encore usité parmy les ignorans, il est condamné à la Cour & par tous les doctes » (1651 : 661). La construction s'emploie de moins en moins au cours du XVIIe siècle, et l'Académie l'omet dans la première édition de son dictionnaire (1694). C'est une des critiques de Voltaire sur la pièce *Le Menteur* de Pierre

E [150]

Elle ne fut pas si tôt entrée dans la maison que la tristesse fit place à la joye[31].

En cette extremité il rendit de grandes preuves de sa force & de son courage[32].

En suite de cela une senteur incomparable s'épandit parmy l'air[33].

En tout cela rien ne sembloit si étrange que de voir &c.[34].

Encor que la crainte de Dieu maintienne l'homme en repos dans les contentemens de la vie, si est-ce qu'il ne la faut point embrasser pour ses contentemens[35].

En vain les sujets s'étudient à penetrer les inclinations du souverain, les cœurs des Roys ont des sentiments imperceptibles, & leur bienveillance êt un precipice à ceux qui s'en approchent avec plus d'affection de les tromper que de les servir.

Corneille (1644b : 23 ; acte V, scène 6) : « *Du depuis* a toujours été une faute ; c'est une façon de parler provinciale. Il est clair que le *du* est de trop avec le *de* » (1785 : 391 ; ce commentaire est absent de l'édition de 1764). *Du depuis* s'emploie de moins en moins souvent dans la deuxième moitié du XVIIe siècle, mais on en trouve plusieurs exemples dans *La Paysanne pervertie* de Rétif de la Bretonne (1784).

31 Cauchie a un exemple pareil : « Il ne l'eut pas si tôt dit, qu'il en fut fait » (1586 [1570] : f° 42 r°).

32 La première édition du *DAF* définit *extremité* comme « le plus triste état où l'on puisse estre reduit ». Dans *Andromede* (1651 : 100 ; acte V, scène 1), Corneille emploie cette expression : « En cette extremité, que prétendez-vous faire ? ».

33 Nous trouvons dans la première édition du *DAF* : « Ensuite. prep. Aprés. Ensuite de cela ». L'expression est rare, aucun exemple avant 1646 dans le corpus FRANTEXT.

34 Comme dans l'exemple de Wapy, tous les exemples du corpus FRANTEXT, entre 1550-1635, où *en tout cela* est en tête de phrase sont suivis d'une expression négative : Coeffeteau (1621 : Livre second, 187) « En tout cela Tibère n'emporta rien que les loüanges que les romains donnoient à Agripine » ; Garasse (1623 : 193) : « En tout cela il n'y a pas une seule parole de l'esprit de Dieu ».

35 La forme *encor*, sans e, est condamnée par Vaugelas (1647 : 252-253), même si cette forme est utile aux poètes, en fin de ligne. Dupleix approuve cette remarque (1651 : 662). Chiflet permet la forme sans e en poésie « principalement à la fin des vers, pour rimer avec *or* » (1659 : 107). Ménage offre un jugement plus nuancé, notant que la forme avec e est correcte du point de vue étymologique : « comme les Poëtes ont souvent besoin d'accourcir ou d'allonger les mots, ils ont dit *encor* & *encores*. Les Prosateurs à leur imitation se sont servis des mesmes mots. *Encores* n'est plus en usage, ny en prose ny en vers. Pour *encor*, il est tousjours usité en vers. Il est vray que M. Gombaud qui estoit un grand Poëte & un grand Juge de la Poësie, ne le pouvoit souffrir. Mais il est vray aussi que tous nos autres Poëtes modernes ne font point de difficulté de s'en servir. Il y en a mesme plusieurs ; comme M. Corneille & M. de Segrais ; qui s'en servent aussi souvent que d'*encore*. Pour moi, je ne le puis souffrir à la fin du vers, ayant observé qu'il estoit extrémement dur en cet endroit. Mais je l'employe volontiers dans les autres endroits, & particuliérement à la césure des grands vers, où je trouve qu'il a bonne grace » (1675 [1672] : 83).

Environ l'heure si attendue de toute la troupe parut cette belle Princesse[36].

Equippez-vous pour le jour du combat avec toute sorte d'avantage & de prevoyance, ayez des armes de fine trempe, & des boucliers à l'épreuve : ce n'êt pas ce qui vous garantira si [151] *la main de Dieu ne combat avecque vous.* Cet exemple servira pour tous les imperatifs.

Est-ce point qu'il desire, &c ? Non, son cœur êt trop plein de franchise pour[37].

Et certes ce n'êtoit pas sans raison qu'il êtoient si fort portés à &c[38].

F

Faveur qui le gaigna tellement au point de son courroux que changeant de maintien il jura de n'en vouloir effacer l'obligation par le souvenir d'aucune offence[39].

Feconde langue qui avez autrefois parlé en faveur de cette verité : retournés, venez icy pour convaincre ces opiniâtres esprits[40].

Fidele & incomparable fut le grand Abraham, qui pour obeyr &c[41].

36 *Environ l'heure* est, le plus souvent, suivi d'une heure précise : *de midi* (dans le quatrain de Jeanne d'Arc*), de minuit, de matines, de vêpres, de tierce.*

37 *Est-ce point que* alterne avec *n'est-ce point que* dans les textes de l'époque, parfois dans le même auteur, comme par exemple Baltasar Baro dans *La Conclusion et dernière partie d'Astrée* (1632) : 37 sans *ne*, et 234 avec *ne*). L'expression *avec ne* est plus fréquente, neuf exemples sur onze dans les textes avant 1635 du corpus FRANTEXT

38 Chiflet inclut *et certes* parmi les « conjonctions continuatives », « qui sont proprement les *Transitions*, ou Passages d'une periode à l'autre » (1659 : 122). Dans sa section sur les « perfections de Stile » il note l'importance des « Particules des Transitions », dont celles « de simple adjonction de ce qui suit à ce qui precede ». *Et certes* (avec *certes* et *certainement*) figure dans sa liste (1659 : 149). *Et certes* sert aussi à « conclure un raisonnement », la cinquième de ses catégories (1659 : 151).

39 Entre 1550-1635, dans le corpus FRANTEXT, nous ne trouvons qu'un seul exemple de *faveur* en position initiale de phrase : « Faveur que vous ne m'avez departie qu'apres m'avoir veu en des passions extrémes » (Sorel 1626 : 118).

40 *Feconde* est un des adjectifs qui qualifient *langue* dans la première édition du *DAF* (1694), avec *abondante* et *riche*. Les quatre exemples de *langue féconde* dans le corpus FRANTEXT datent de bien après Wapy, de 1678 à 1844. Dans tous ces exemples l'adjectif est post-posé ; Wapy, en renversant l'ordre normal, souligne le sens figuratif : il s'adresse à une personne qui a cette qualité.

41 L'inversion est une construction préférée par Wapy, comme, par exemple « Delà s'ensuivirent les tristes accidens ». ci-dessus, et « heureux est l'état » et « mal-aysement pourroit-on » et « O Dieu quelle merveille fut-ce… », « voilà comment », ci-dessous.

G

Grande Reine on veoit bien que cette verité vous regarde, vous êtes si remplie de charité & si accomplie en toutes vertus &c.

H

Heureux êt l'état[42] *où les justes ont le commandement & où les Princes mettent leur appuy plutôt en la crainte de Dieu, qu'aux faveurs de la fortune : Cecy s'êt fait reconnoître* [152] *autrefois aux regnes de &c. Et aujourd'huy il se fait veoir.*

I[43]

J'ay passé mon âge à considerer les divers états de vie, j'ai veu les accidens arrivés à toutes sortes de personnes : mais jamais je n'ay reconnu que le mal heur ait frappé rudement celuy qui a êté songneux d'invoquer Dieu en ses affaires, & qui n'a rien presumé de soy.

Je sçay qu'il peut arriver des accidens auquels l'Or & l'argent ne serviront de rien, & que la sagesse & la prudence sont toujours de mise : toutefois on peut avoir affaire à des hommes si barbares que & c.

Il tire donc à part son cher amy, & luy declare qu'il choisira plutôt la mort que.

Il y a des sondes pour des abymes de la mer, mais il n'y en a point pour les secrets de Dieu, croyez-moy &c.

Il méprise nos conseils, mais l'age & la fuite du mal le rendront tôt ou tard plus avisé : lors il reconnoîtra nos bons offices & sçaura discerner &c.

Jusques icy[44] *je n'ai cessé de disputer ma liberté, mais à present &c.*

---

42 Cette structure se trouve le plus souvent dans les traductions de la Bible (« bienheureux est celuy / l'homme qui… », quatorze sur vingt-sept exemples dans le corpus FRANTEXT entre 1550 et 1635. Il n'y a que deux exemples de cette structure avec un complément non-humain (*destin*, *sort*).

43 Les exemples dans cette section *I* illustrent le contraste entre ce qui est attendu et ce qui se produit, X *mais/toutefois/plutôt* Y, dans la rhétorique de Wapy.

44 Henri Estienne remarque que le s final de *jusques* n'est pas étymologique, l'adverbe étant dérivé du latin *usque*. Selon lui, c'est l'influence du grec, « lorsque ce mot est suivi d'une voyelle » (1582 : 197-198). Devant une voyelle l'usage au XVIIe siècle hésite entre *jusques* et *jusqu'*. Vaugelas approuve les deux : « Tous deux sont bons, seulement il faut prendre garde que si l'oreille desire une syllabe de plus ou de moins pour arrondir une

L [153]

L'image du peril & la crainte d'être découvert luy faisoient apprehender ce voyage.

L'abord de tant de vaisseaux effraya grandement le Roy de Pologne.

Lors qu'il[45] *se sentit enveloppé dans cés mauvaises pratiques il usa de toutes sortes d'artifices pour s'en retirer.*

M

Mal-aysément pourroit-on mieux témongner les effets d'un grand courage qu'en pardonnant à ses ennemis.

Malheur à ses ames rebelles qui ne reconnoissent point Dieu sinon quand elles sont affligées.

N[46]

Ne souhaitez les honeurs qu'on defere aux méchans, les secrettes génes qui les bourellent & les supplices que leur reserve la Justice divine pour venger leur impieté, vous doit ôter tout desir de leur ressembler. On décrira les secrettes génes.

Non il ne faut pas douter que son mal heur ne procede de &c.

Nul autre amour ne doit posseder une ame bien faite que celuy qui êt fondé sur la raison [154] *& le devoir : aucune consideration de beauté ny d'attraits ne la peut obliger, si elle veoit que la prudence & les vertus en soient élongnées.*

O

O Dieu quelle merveille fut-ce de veoir.

---

periode, on choisisse celuy des deux qui fera cét effet » (1647 : 21). Il rejette *jusques à icy* comme barbare.

45 L'évolution de l'usage, *lors que* (deux mots) vers *lorsque* (un mot), se voit dans le corpus FRANTEXT. Dans la première décennie du XVIIe siècle, il y a 377 exemples de *lors que* contre 19 exemples de *lorsque.* À la fin du siècle, de 1690-1700), il y a 198 exemples de *lors que* contre 1028 de *lorsque.*

46 La lettre N est consacrée à trois exemples de la négation : l'impératif négatif, l'adverbe *non*, et les adjectifs négatifs, *nul* et *aucune.*

On diroit à voir tant de hasards parmy léquels il a eté conservé, que Dieu à un soin particulier de sa personne.

Outre cela s'êtant jetté à ses pieds, il le supplie de vouloir &c[47].

P

Par ces discours ceux qui avoient le regard tourné sur luy, jugerent que[48].

Pendant que vôtre Majesté retourne toute rayonnante de gloire, après avoir heureusement reduit à son obeissance &c[49].

Peut être jettra t'il quelques larmes voyant en quel danger je me seray precipité pour l'amour de luy[50].

Pour ne laisser rien à oser à leur impieté, il falloit que leur rage se portât &c.

Plus cet homme s'efforçoit de délier sa langue, plus &c.

Plusieurs fois il tácha d'ôter cette épine de son esprit.

---

47 Chiflet inclut *outre cela* dans sa liste de « transitions de simple adjunction de ce qui suit à ce qui precede » (1659 : 159). Il approuve la substitution de *outre cela* à *outre ce*, trouvant que ce dernier ne vaut « plus rien » (1659 : 43). Vaugelas n'approuve pas *si* pour *outre cela* (1647 : 449-450), mais Dupleix fournit deux exemples où *si* est acceptable, même si cet usage est considéré « bien rude » (1651 : 562).

48 Dans le corpus FRANTEXT il n'y a qu'un exemple avant 1635 de *par ces discours* au début de la période, dans la *Chrysolite* d'André Mareschal (1627 : 530) : « Par ces discours, et beaucoup d'autres que Spinelle tint à Validor, il permist qu'elle luy fist voir chez elle Chrysolite… ».

49 Quatre options sont en concurrence au XVIIe siècle : *durant que (durant qu'), pendant que (pendant qu'), tant que (tant qu')* et *tandis que (tandis qu')*. Leur usage évolue au cours du siècle. Dans le corpus FRANTEXT, *durant que* s'emploie 455 fois, 100 fois avant 1650, et 355 fois dans la deuxième moitié du siècle. Il y a 1 851 exemples de *pendant que*, dont 369 avant 1650, et 1482 après. *Tant que* a plusieurs sens : dans le sens temporal que nous considérons ici cette conjonction a près de 3 000 exemples, presqu'également repartis entre la première et la deuxième moitié du siècle. *Tandis que* s'emploie 1 260 fois, mais son usage diminue au cours du siècle : 709 exemples avant 1650, 551 après. Au milieu du siècle, Dupleix croit que *pendant que* est plus usité que *tandis que* (1651 : 697), mais Marguerite Buffet trouve que *tandis que* est préférable à la cour (1668 : 52). Pourtant, au début du XVIII^e^siècle, l'observation de Thomas Corneillle (1704 : 79), sans parler de *durant que*, signale que *tandis que* s'emploie plus fréquemment que *pendant que* en poésie, et autant que *pendant que* dans d'autres contextes. Wapy ne fournit pas d'exemples de *durant que*, mais il inclut *pendant que*, *tandis que* et *tant que* (voir ci-dessous).

50 L'inversion du sujet quand la phrase commence par un adverbe est signalée par Maupas (1618 [1607] : 127 v°), qui conseille la prudence : « Il nous advient bien quelquefois de postposer le nomin. à son verbe, ce qui n'est pas trait d'apprenti, mais de bien versé en la langue, de le faire avec grace. C'est volontiers quand la periode commence par un adverbe, conjonction, ou autre partie indeclinable ».

Puis qu'il se laisse vaincre à nos persua-[155] *sions, n'ayons point de regret, &c*[51].
Puis tournant les yeux sur le peuple, il dit à haute voix.

Q

Quand vous verrez un jeune homme qui fait plus d'état de la verité que de l'apparence, & qui prefere un entretien de choses serieuses à de folles vanités, dites asseurement que ce sera quelque jour un grand personnage.

Quel est le perfide qui trahissant celuy qui met en luy sa confiance le trompe sous pretexte d'amitié ? sera-t'il quitte pour &.

Quelle fermeté pourroit-on attendre des choses qui ne subsistent que par l'inconstance Dieu seul est immuable.

Quelque artificieux que soit l'homme dissimulé, si vous y prenez bien garde, ses paroles vous découvriront la malice de ses intentions[52].

Quelques fois il se reposoit à terre, & bien tôt apres &c.[53].

Que sert au fou d'être riche puis qu'avec son argent il ne peut acheter la sagesse.

---

51 *Puis que* se range parmi les conjonctions causales chez Cauchie (1586 [1570] : f° 84 r°), étant l'équivalent du latin *quandoquidem*. L'orthographe de la conjonction évolue au cours du XVIIe siècle. Dans les dictionnaires de Robert Estienne et de Jean Nicot, *puis que* est cité comme un exemple parmi les emplois de *puis*. Wapy emploie la forme en deux mots. La forme en un seul mot devient de plus en plus fréquente dans la deuxième moitié du siècle. Selon les données du corpus FRANTEXT, dans la première décennie du siècle, la forme en deux mots est dix fois plus fréquente que la forme en un seul mot ; dans la décennie 1630-1640 les deux formes sont à égalité. À la fin du siècle (1690-1700), la forme en un seul mot domine fortement. (La seule anomalie est la décennie (1650-1660), ce qui s'explique par les 1 300 exemples de *puis que* dans l'œuvre d'une seule auteure, Madeleine de Scudéry.) La forme en deux mots disparaît des dictionnaires après la deuxième édition du *Dictionnaire de l'Académie Française*. Furetière (1690) a une entrée *Puis que*, tandis que la première édition du *Dictionnaire de l'Académie Française* (1694) a une entrée *Puisque*, mais utilise la forme *puis que* dans les exemples.

52 Dupleix (1651 : 509) ajoute aux commentaires de Vaugelas (1647 : 136-138) une distinction entre *quel* et *quelque* : « en parlant de quelque quantité, & mesme par exaggeration, il faut user du terme *quelque* : comme *quelque pouvoir qu'il ait* [avec un nom] … *quelque riche qu'il soit* [avec un adjectif] … Mais quand on fait relation à quelque qualité, dont on ait fait mention auparavant, tant pour les sujets animés que pour les inanimées, il se faut servir de ce terme *quel* ou *quelle* ».

53 Le choix entre *quelques fois* et *quelquefois* inspire toujours des commentaires (voir l'Office de la langue française du Québec : https://vitrinelinguistique.oqlf.gouv.qc.ca/24334/la-grammaire/les-homophones-grammaticaux/les-homophones-quelquefois-et-quelques-fois/ consulté le 19 juin 2023). Dans l'exemple de Wapy, en deux mots avec l'accord de *quelques*, l'expression signifie un petit nombre de répétitions. Le mot simple, *quelquefois*, signifie un nombre non-spécifié de reprises, l'équivalent de *de temps à autre, parfois*.

Que si les hommes de resolution supportent avec tant d'impatience &c. quelle pouvoit être la douleur[54].

Quiconque afflige ses parens se procure [156]*soy-méme du mal & de l'affliction*[55].

Qui êt heureux ira aux Indes sur une claye qui êt mal heureux quand il seroit dans le meilleur vaisseau du monde &c.

Qui plus êt, il n'êt rien de si juste que &c.[56].

Quoy qu'il en soit, tirant un bon presage de cette extraordinaire avanture il ne perdit pas courage[57].

R

Rien de tout ce qui est capable d'ébranler la bonne constitution d'un corps, nébranla jamais sa constance[58].

S

Sa modestie l'empéchoit d'interpreter en sa faveur les paroles de son amy.

Son bon heur l'ayant tiré de ce danger il se retira doucement.

Sans parler de ses autres avantages il avoit l'honeur d'être.

Si les preceptes que je vous donne vous semblent maintenant amers, vous reconnoîtrés un jour.

Si jamais la parole à de l'éclat & du merite c'êt lors qu'elle êt employée pour l'instruction d'un homme qui sçait faire son profit des remontrances.

---

54 Maupas inclut *que si* parmi les conjonctions « disjonctive ou dubitatives » (1618 [1607] : 174 v°) ; Oudin range cette expression parmi les conjonctions disjonctives et parmi les conditionnelles (1640 [1632] : 303-304). Chiflet (1659 : 128) trouve cette expression l'équivalent de *et si* et *mais si*.

55 Wapy omet le pronom *il* après *quiconque*, comme le veut Vaugelas : « Quand on dit, *quiconque*, il ne faut pas dire *il*, après, quelque distance qu'il y ayt entre-deux » (1647 : 328).

56 *Qui plus est* figure parmi les adverbes « d'abondant surcroist » dans la grammaire de Maupas (1618 [1607] : 171 v°), adverbes « d'abondant & de surcrois » chez Oudin (1640 [1632] : 298), des adverbes « pour exprimer l'ordre des choses » et ceux « de surcroist » dans la grammaire anonyme de 1657 (1657 : 112, 118) et parmi les « transitions de simple adjonction » dans les commentaires stylistiques de Chiflet (1659 : 149).

57 Vaugelas consacre une remarque à *quoi qu'il en soit*, approuvant également *quoi que c'en soit*, même s'il trouve ce dernier moins en usage et moins doux. Il rejette *quoi qui arrive* (1647 : 321-322).

58 Dans le corpus FRANTEXT, aucun des exemples avant 1635 met l'expression *rien de ce qui* comme sujet du verbe.

[157] *Si j'osoy comparer les choses saintes avec les profanes je diroy*[59].

Soit que la chose fut veritable, soit que ce bruit fut un effet du desir du peuple, le zele du Roy &c.[60].

Surtout, pour se saisir de sa personne. &c.

T

Tandis que les uns & les autres étoient occupés à &c. celuy-cy.

Tant que nos souhaits seront justes ne craignons &c.[61].

Tel & mille fois plus beau êtoit[62]

Tous estonnés qu'ils êtoient d'un succés si peu attendu n'osoient ouvrir la bouche[63].

---

59 Les trois exemples de *si* illustrent différents emplois de cette conjonction. Dans le premier cas, *si* a un sens adversatif et équivaut à *quoique* : le présent dans l'apodose est suivi du futur dans la protase. Dans le deuxième cas, *si jamais* est une façon emphatique de sa formulation positive : *la parole a un éclat particulier lorsqu'elle est employée….* Le troisième emploi de *si* exprime l'irréel : *mais je n'ose pas.*

60 Vaugelas conseille la substitution de *ou* à *soit* dans la deuxième phrase comme « la plus ordinaire et la plus douce façon de parler » (1647 : 30) : « *soit que vous ayez fait cela, ou que vous ne l'ayez pas fait…* ». Macé note les deux formes, sans préférer l'une à l'autre (1651 : 231). Vaugelas condamne comme redondant *ou soit que*; Pillot, presqu'un siècle auparavant, traduit « *Seu rectè perperàm facis nihil ad me* par *Soit que tu faces bien, ou soit que tu faces mal, il ne me touche en rien* » (1561 : 264-265).

61 Voir la discussion de la concurrence de *tant que* et *tandis que* avec d'autres conjonctions, ci-dessus, p. 150, note 49.

62 Nous trouvons dans le corpus FRANTEXT plusieurs exemples de *mille et mille fois*, mais aucun de *tel et mille fois.* Dans le quatrième chant d'*Acidalie ou la Fontaine de Montpellier* (Abbé Jean-Baptiste Castor Favre, *Œuvres complètes* 1877-1901 : volume 4, 108), un texte datant du XVIIIe siècle, « *Tel, et mille fois plus aimable / Est le séjour où mes trésors / Ont, d'une joie inaltérable, / Excité les plus doux transports.* »

63 Dans le manuscrit Vaugelas dit catégoriquement que *tout* comme adverbe est indéclinable (Ayres-Bennett 2018 : 364 note 391). Dans l'édition de 1647, Vaugelas n'approuve pas l'accord de *tout* devant un adjectif masculin pluriel : « C'est une faute que presque tout le monde fait, de dire, *tous*, au lieu de *tout.* Par exemple, il faut dire, *ils sont tout estonnez*, et non pas, *tous estonnez*, parce que *tout* en cét endroit n'est pas un nom mais un adverbe, et par consequent indeclinable » (1647 : 95-96). Pourtant, Vaugelas préfère l'accord quand l'adjectif est féminin : « au feminin il faut dire, *toutes, elles sont toutes estonnées, toutes esplorées*, l'adverbe, tout, se convertissant en nom, pour signifier neantmoins ce que signifie l'adverbe », une différence qu'il qualifie d'une « bizarrerie de l'Usage » (1647 : 96). Dupleix signale une différence sémantique entre *tout estonnés* et *tous estonnés* : dans celui-là, *tout* exprime la qualité, dans celui-ci, la quantité : « *Tout est quelquefois adverbe, & non pas adjectif, comme en ces phrases,* ils sont tout usés, tout entiers… : *car c'est autant à dire que* tout à fait entiers… : *parce qu'en telles locutions on regarde la qualité, & non pas la*

Toutes les fois qu'il jettoit les yeux[64].
Toute à l'heure méme il n'y avoit personne qui ne &c.[65].

V

Un enfant qui êt au berçeau rend l'ame avec plus d'effort que ne la rendit ce vieillard à l'instant que.

Voicy venir l'heure qu'on doit voir, non par representation, mais en verité les &c.[66].

Voilà comment fut abandonné à la rage de ses ennemis celuy &c.[67].

[158] *Voilà le moyen de remedier au mal-heur qui nous menace.*

Vous avez eu part à ses travaux, ayez-en aux joyes que sa prosperité rend aux gens de bien.

Voulez vous sçavoir d'où vient la desolation des peuples & les calamités publiques ? les impies & les moqueurs attirent la colere du Ciel sur les états qui les tolerent : la pestilence ne cause pas plus de destruction que la hantise de ces malheureuses personnes.

---

quantité, qui est le nombre. Que si on a esgard au nombre, ou à la multitude, on pourra fort bien dire, ils sont tous estonnés, *parlant de tous tant qu'ils sont ; autrement il faut dire aussi* tout estonnés » (1651 : 699). *Tout* est invariable devant une construction prépositionnelle (*tout à fait*) mais voir l'exemple de Wapy, *toute à l'heure*, ci-dessous.

64 Voir Urfé (1966 [1610] : 363) : « *toutes les fois que je tourne les yeux sur luy* ».

65 Estienne (1557 : 76), Cauchie (1576 : f° 77 r°), Maupas (1618 [1607] : f° 161 v°), Oudin (1640 [1632]) : 270) mettent *tout à l'heure*. La Grue (1669 [1655 ?] : 58 ; 61 ; 82 ; 175 ; 182) emploie les deux, mais préfère *tout* (quatre exemples contre un de *toute*). *Tout à l'heure* peut signaler le futur proche aussi bien que le passé proche exemplifié dans cet exemple. Dans le corpus FRANTEXT, entre 1600-1635, il n'y a que deux exemples de *toute à l'heure*.

66 Dans la traduction de Tacite, « Voicy venir l'heure de partir » (de la Plance et Fauchet 1612 : 1040 ; traduction de *has meditantibus aduenit proficiscendi hora, exspectatione tristior* (1612 : 1039) « Voicy venir le vray temps que nous nous pourrons donner le plaisir de les voir exactement comme ils meritent » (Peiresc 1888 [1628] : 274).

67 Dans le corpus FRANTEXT, entre 1550 et 1635, il n'y a que quatre exemples, sur soixante-six, où *voilà comment* entraîne l'inversion. Pour d'autres exemples de l'inversion du sujet, voir la note 50, ci-dessus.

DES MENUES LIAISONS REDUITES EN UN AUTRE ORDRE[1]

Outre la façon precedente de ranger les menuës liaisons, Nous essayerons de les reduire en autre methode, rapportans premierement celles qui semblent assez ordinaires au commencement des discours, puis celles qui semblent plus frequentes au milieu & en fin celles qui sont propres à fermer le sens[2].

---

1 Cette partie reflète la rhétorique de Wapy, élaborée dans deux ouvrages, *L'Addresse* (1625 ; 1636 ; 1646) et *Le stylle des bons orateurs* (1641 ?). Nous présentons ces textes, similaires, parfois identiques, dans l'Introduction, p. 21-22. Elles se situent dans les débats sur la rhétorique dans le deuxième quart du XVIIe siècle. Voir Beugnot 1999.

2 Dans son *Addresse* (1636 [1625] : 352-353) Wapy décrit les trois parties d'une harangue (le commencement, le milieu et la fin), et les deux ordres possibles de ces éléments (naturelle et artificielle) : « Il y a deux methodes pour ranger dans une harangue ce qu'on a volonté d'y enclorre, la premiere naturelle, & l'autre artificielle, *la naturelle* est quand l'ordre que la nature a mis aux choses de l'Univers est observé, soit au temps, soit en la superiorité, soit en la dignité & valeur, ou autrement. Au temps, comme parlant de la vie d'un homme, commencer par son enfance, passer à l'adolescence, de là à l'âge viril, ainsi du reste. En la superiorité, comme aux elemens, parlant premierement de la terre, puis de l'eau, de là montant à un element plus pur qui est l'air, &c. *L'artificielle* se fait en divisant la harangue en certains poincts qu'on desduira l'un après l'autre, selon sa volonté : ou bien quand pour le plaisir & admiration vous confondez la fin avec le commencement sans confusion, & entrelassez le milieu, mettant une de ses parties au commencement ou à la fin, & l'autre ailleurs, sans troubler les idées de l'escoutant, ce que vous ornez de diverses sentences & figures bien adjancées, ou bien quand pour l'utilité vous passez du total ou du genre à leurs parties, ou des parties à leur tout, des especes aux genres, des choses grandes aux basses, ou des basses aux grandes, ou faisant des allegories perpetuelles, des couronnes & pyramides, lors qu'on n'ose parler ouvertement, ou que l'on est de grand loisir. » Cela dit, ailleurs il énumère quatre parties d'un discours : « l'entrée, le faict, la preuve & l'issuë » (1636 [1625] : 358).

POUR LES COMMENCEMENS DE DISCOURS[3]. [159]

C'a toujours été l'avis des sages qu'on ne sçauroit trop penser à ce qu'on ne sçauroit assez bien faire.

Ce seroit un compliment injurieux de vouloir pour faire cesser vos plaintes mettre au rabais le merite de celuy qui les a occasionnées.

Ceux qui parlent les premiers en jugement font toujours leurs causes bonnes, il ne faudroit point entendre leur partie si on s'en rapportoit à eux : mais le bon Juge ayant l'oreille ouverte autant pour l'un que pour l'autre ; &c.

Entre toutes les coutumes qui se pratiquent parmy les hommes, une des plus belles & des plus loüables êt de &c.

J'apprens aujourd'huy qu'un porteur de tristes nouvelles participe à l'affliction qui se treuve renfermée dans son facheux discours.

Il n'y a personne au monde quelque excellent qu'il puisse être, qui &c.

L'homme de peu de jugement montre d'ordinaire par la mauvaise[4] *grace de toutes les actions combien son esprit êt en desordre.*

[160] *Nos peres avoient coutume lors que quelque signalé personnage &c.*

Nous sommes grandement obligés au Philosophe Platon de nous avoir appris que &c.

On peut remarquer en la suite des siecles plusieurs revoltes à l'encontre des tyrans abuseurs de leur autorité.

Quelque jugement que fasse le vulgaire d'un homme riche & malicieux, & quelque honeur que la crainte le pousse à luy rendre : le sage mieux appris preferera toujours &c.

Qui a veu une mere desolée au sort de la tristesse, à veu la contenance lamentable de &c. Tout homme aspire naturellement à son repas quoy que chacun y tende par des voyes differentes : Celuy qui par le sentier du vice se persuade d'y arriver se treuvera bien arriere de compte, il amassera des biens &c. Il &c.

Tres-sage êt le politique quand son principal étude êt de maintenir l'état en repos : le meilleur moyen dont il se puisse servir à cet effet êt d'abreger les procés & retrancher la chicane, laquelle Constantin a eu raison d'appeler peste publique. Cette mauvaise engeance met l'inimitié entre les familles : Elle &c.

---

3 Wapy trouve qu'au commencement d'une harangue « les escoutans ont l'oreille plus ouverte » ; il faut donc y mettre les arguments les plus forts (1636 [1625] : 354-355).

4 Dans l'original : *mauaaise.*

[161] *Une des principales marques de la benediction de Dieu sur quelque état que ce soit, êt quand &c.*

Vous n'aviez point mauvaise grace S. M. lors que ces étrangers vindrent[5] *à vous pour.*

POUR LE MILIEU[6].

Car de penser les comprendre toutes par un seul nom, ce seroit &c.

Ce qui fut cause que le peuple se souleva.

C'êt pourquoy ayant toujours reconnu en vous un parfaitement bon naturel, je n'ay garde &c.

C'est pour cela qu'il ne voulut jamais recevoir

De cela se peut recueillir.

Delà comme d'une feconde origine de maux procedent les tromperies & les erreurs.

De sorte que le point ou se termine leur grandeur n'êt que le premier degré de la vôtre.

Comme donc il fut endormy, ces traîtres sçeurent si bien conduire leur entreprise, que &c.

En ces entrefaites le Roy qui avoit pris la route de Sicile, arrive avec sa flotte au havre de la ville ou s'estoit retiré son ennemy.

En suite de cela toute la Cour jetta des cris de joye, & le Roy &c.

[162] *Et ne sert à dire qu'il n'y a point d'emprunt qui ne soit usuraire, & qui ne cause du déchet à l'emprunteur.*

Je sçay bien que la lice de la vertu est ouverte à tous les bons courages sans distinction de sexe.

Il est bien vray que ce retardement peut apporter un notable interêt à ses affaires.

La douleur qu'ils en ont conceuë leur a fait chercher les moyens de le perdre par une ouverte violence, ou par des artifices couverts.

---

5 Notons que cette forme est, dans les années 1630, en train de disparaître, en faveur de *vinrent* (Ayres-Bennett et Caron 2016 : 358).

6 Le milieu présuppose un argument déjà présenté, dont l'orateur poursuit la cause (*car, ce qui fut cause, cêt pourquoy, c'est pour cela, de sorte que, donc*), ou la progression (*en suite de cela, à peine… que voilà*).

Mais qui se pourroit vanter d'avoir vécu sans quelque deplaisir? il n'*et point de jour si serain qui n'ait ses nuages.*

Or d'autant qu'il n'êt sagesse si ferme que celle que nous acquerons a nos dépens.

Outre cela, les moyens dont il pretend se servir, sont &c.

Outre plus le monde & tout ce qu'il y a de grand dans le monde êt indigne d'arrêter une ame &c.

Par là, par cet accident on peut juger quelle fumée c'êt la gloire du monde.

Peut être mon cher amy vous imaginerez-vous que &c.

Que Dieu êt admirable en ses merveilles !

[163] à *peine eut-il proferé & que voilà.*

Sans luy, l'affaire que ce Chef avoit sur les bras n'êtoit pas moins dangereuse que

Si votre douleur n'estoit ce qu'elle êt, elle ne seroit pas ce qu'elle doit être, neanmoins.

S'il y eut jamais gens au monde qui fissent de bon cœur aucune demande à Dieu.

Que si la viellesse luy avoit imprimées quelques marques sur les beautez que la nature luy avoit departies, ce n'estoient que celle qui la pouvoient rendre plus venerable.

Sur le point qu'ils des-esperoient de pouvoir être secourus, voicy venir[7].

POUR LA FIN[8].

Ainsi les delices du boire & du manger vident de richesses les meilleures maisons, & ne les remplissent que d'ignominie & de pauvreté.

A la fin le fard de leurs paroles à mis en débauche vos plus fideles serviteurs, & suscité le desordre que vous voyez.

Après cela je ne croy pas que même les plus desesperés puissent avoir aucune volonté de se ranger â ce party.

Après tout il a bien montré qu'il avoit aussi [164] *bien les effets en la main que les paroles en la bouche.*

---

7 Pour *voicy venir* voir la note 6, p. 154.

8 Selon Wapy, il faut garder les raisons « les plus preignantes » pour la fin, et les exprimer « en peu de paroles » (1636 [1625] : 355).

Aussi quand nous aurons tout couru les vagues & les champs, nous n'apprendrons autre chose sinon que la guerre ne se fait que pour la paix.

Bref comme vous êtes au comble de la doctrine & de la vertu, vous voilà arrivé à celuy de la dignité.

Et je m'asseure n'ayant ouy ce discours il n'y a personne qui ne donne les mains, & qui n'avoüe &c.

Encor avec tout cela a-t'il la hardiesse de dire qu'il a remis les chevaux échappés soub le joug de l'ancienne obeyssance.

Finalement un homme Sage ne doit jamais rompre avecque le temps & la fortune. Parquoy il ne faut pas s'étonner s'il s'en alla si vîte aux mauvais conseils qui le ruinerent, puis qu'il n'avoit comme vous avez veu ny regle ny retenue.

Partant il me semble que ce peu de temps qui reste aux grands hommes aprés le tracas de tant d'affaires pour ravigorer & remettre leur esprit, ne leur doit pas être dérobé[9].

[165] *Tant y a que si j'y reüssy j'auray touché le but que je me suis proposé, sinon j'auray pour le moins fait voir.*

Tellement qu'ayant fait banqueroute à son honeur il a engagé toutes ses affections à l'ennemy. Voilà ce que j'avois à representer à vôtre Majesté, &c.

Voilà en un mot tout ce qui concerne cette affaire.

Voilà pourquoy on peut appeler cette hantise une école ou l'entendement & les sentimens ensemble sont instruis en toute sorte d'honêteté.

9 Dans son *Style* Wapy remarqua qu'on peut employer pour inférer « la fin & la conclusion du discours en bonne consequence ou convenable suite » ces mots de liaison : « *donc, partant, pour ce sujet, par consequent, & autres semblables* » (Wapy 1641(?) : 337). Badiou-Monferran (2012 : 176) cite la *Comédie des Académistes* de Saint-Evremond (1638, acte V, scène 2) : « GODEAU. – Je dis qu'"or" et "d'autant" sont sans delicatesse ; En ces mots je reprens leur tres grande rudesse. SILHON. – Inepte sentiment, absurde vision ! Je maintiens que ces mots font la conclusion ; L'un d'eux fait l'épilogue, ou bien la conséquence, l'autre sert à prouver dans le champ d'éloquence. GODEAU. – Le premier sent l'escole ; il suffit de "partant" ; Le second est trop vieux ». Dans l'édition de 1650 cette dernière phrase omet la mention de *partant* : « Le premier sent l'escole & tient trop du pedant ».

EXEMPLES DES PLUS REMARQUABLES LIAISONS QUI SERVENT À PASSER D'UN SENS À UN AUTRE[1].

Les Nobles ne sont qualifiés de ce nom que par les actions signalées & vertueuses, & la Noblesse prend son éclat & son origine de la vertu : toutefois je ne sçay par quel mal-heur il se fait que les Nobles sont bien souvent plus vicieux que les autres, ce que vous con[166]*noitrez clairement par les choses que je vous vay raconter.*

Et neanmoins il semble que comme cette science la plus importante de toutes ayant la religion pour objet, qui êt la base de la conduitte humaine, c'êt celle qui se treuve aussi la plus Sophistiquée de toutes : Entre ceux qui en font profession les uns se jettent sur l'extremité de l'injustice, comme tels & tels : les autres &c.

Ces diverses raisons ont mis si clairement au jour la vanité des honeurs du monde, la misere qui accompagne la volupté des sens & le peu de contentement qui se recueille des richesses : qu'elles ont persuadé à plusieurs qu'il n'êt au pouvoir de l'homme de se rendre heureux en cette vie. Je ne veux du tout point suivre leur opinion, car ce seroit se rendre coupable d'une extreme ingratitude envers l'autheur de la nature : mais vous ayant cy devant discouru des miseres où nous plonge le corps, je vous vay montrer comment si nous voulons le rendre sommis [*sic*] *comme il le doit être à la raison, nous pouvons atteindre à un état de bon-heur.*

Et s'il ne vous semble point que ce soit chose [167] *trop ravallée que les hommes prennent des exemples de la grandeur de courage des femmelettes rapportons des histoires &c.*

Or d'autant que cette science consiste à joindre avec dexterité l'utile & l'hônête, & à repousser toujours le mal sous quelque visage qu'il se presente : il importe de

---

1 Après l'ordre des parties d'une harangue, la bonne liaison des parties est essentielle : il faut « que les parties de l'Eloquence communiquent l'une avec l'autre ayans un enlacement inseparable » (1636 [1625] : 358).

conoître parfaitement les conditions de ce dernier, & de sçavoir ce qui êt mauvais par nature & ce qui l'êt par accessoire.

Il êtoit Prince de nom, mais en effet c'êtoit un esclave de la volupté : son cœur ne se portoit à rien de grand ; & comme s'il n'êtoit venu au monde que &c.

Voilà les regrés que son bannissement avoit causés : mais quand à luy outre la resolution que sa grandeur de courage luy fournissoit, il eut la consolation peu de jours aprés, de faire une amitié si forte & si constante, que l'appuy qu'il en receut fit voir que son élongnement luy fut une faveur plutôt qu'une disgrace de la fortune. Car il ne fut pas si tôt arrivé au pays où l'on l'avoit relegué, &c.

Ce peuple ne se souvenant plus des obligations qu'il en avoit receuës, commençoit à [168] *devenir insolent dans une trop longue prosperité : de sorte qu'abusant de la bonté de ses Princes, & méprisant leur autorité, il se procura des mal-heurs qui l'ont mis comme vous allez voir, à deux doigts de sa ruïne.*

Cela n'êtoit point encore arrivé qu'on ouyt des nouvelles d'un cas êtrange survenu en méme temps en cette contrée qui fut comme un presage de tout ce qui c'en êt ensuivy. On racontera icy ce cas êtrange.

Au méme temps que cela se passoit en D'almatie [*sic*], *les Maures ravageoient l'Orient.*

S'il usa de cette impieté envers Dieu, il ne fut pas moins injurieux & offensif envers les hommes : Ce fut luy qui le premier contraignit les peuples à &c.

Quelque imperfection qu'on ayt pû remarquer en cet homme Dieu à *montré qu'il ne l'avoit point exclus de sa grace, par ce qu'il êtoit miséricordieux & fidele : Ces deux beaux ornements ont tellement caché la deformité de ses defaux, que &c.*

N'agueres on n'eut sceu remarquer parmy ses deportemens une ombre de débauche & aujourd'huy, comme vous allez entendre, [169] *on auroit peine de rencontrer parmy ses continuelles dissolutions une action qui ressente son homme d'honeur.*

Ce n'êt icy que la montre de ces gros nœuds, qui à peu prés comme les noeus dont nous voyons que les Dames s'ajustent, servent possible moins à la necessité qu'à l'ornement. Si la curiosité d'en apprendre les inventions par metode se réveille dans les esprits, nous en découvrirons les sources quand ces Remarques auront assez de vogue pour être remises sur la presse.

Voila cependant ce que nous jugeons à propos pour donner entrée à *Parler à la mode & selon l'air du temps*. Il ne manqueroit plus pour l'accomplissement d'un *homme*, au gré d'un personnage de grand sens, que [170] *Retenir en ses mœurs l'air de la bonne Ancienneté.* Sur quoy nous esperons un jour faire un essay de nôtre plume, plus avantageux à la conduite de nôtre vie que ne sera jamais celuy-cy.

FIN.

REMERCIEMENTS

Nous tenons à remercier le soutien de la Commission Fulbright Franco-Américaine et l'aide de la Médiathèque du Grand Verdun et des Archives départementales de la Meuse. Le corpus FRANTEXT/ARTFL, le Grand Corpus des dictionnaires et le Grand Corpus des grammaires françaises, des remarques et des traités sur la langue (Classiques Garnier) ont été indispensables à nos recherches.

RÉFÉRENCES BIBLIOGRAPHIQUES

ŒUVRES DE WAPY

(1625) *Addresse pour acquerir la facilité de persuader et parvenir à l'éloquence*, par I. D. W. [Jean de Wapy] Verdunois et Citain de Verdun, Verdun, L'imprimeur de Monseigneur l'Evesque et Comte de Lorraine (Nicolas Jacquet).

(1636, 2e édition) *Adresse pour aquerir la facilité de persuader et parvenir a la vraye eloquence : Contenant les vrais preceptes pour bien haranguer, plaider, prescher & discourir eloquemment en public ou en particulier sur quelque sujet & matiere que ce soit, Par I. D. V. Seconde edition, reveuë & corrigée, Paris, Cardin Besongne.*

(1629) *Le secret de la cour saincte, pour acquerir & se conserver la faveur du Souverain Monarque. Tiré du Latin du P. Jeremie Drexel de la Compagnie de Jesus par J. de Vuepy. Dedié au Roy. Il est icy traitté de l'INTENTION qui est la reigle de toutes les actions humaines*, Verdun, Jacques le Marquis.

(1631) *Le bref usage de l'arithmetique par la plume et par les jettons, tiré de quelques escrits portant diverses questions d'Arithmetique laissés par feu le sieur J. de Waipy*, Verdun, L'imprimeur de Monseigneur l'Evesque et Comte de Lorraine (Nicolas Jacquet).

(1634) *Les Remarques sur la langue françoise, pour parler à la mode & selon l'air du Temps*, Pont-à-Mousson, Philippe Vincent.

(s. d., 1641 ?) *Le Stylle des bons orateurs, où sont comprises les vrayes idées de la parfaicte éloquence, avec la pratique d'icelles*, Paris, Martin Collet.

(Troisième édition, 1647 (?)) *Stile de l'orateur, ou Se voyent les Marques par lesquelles les Anciens & les Modernes se sont rendus Eloquens, capables de parler en Public, & monter en Chaire. Comme außi se voit une facilité de s'entre-tenir à la Cour sur toutes sortes de rencontres & sujets, avec la Politesse du temps, Troisiesme edition, Reveus & Corrigées* [*sic*] *de nouveau en ceste derniere Edition*, Paris, Martin Collet.

ŒUVRES IMPRIMÉES PAR WAPY (ORDRE CHRONOLOGIQUE)

Declaration de messieurs les princes, pairs, officiers de la couronne et deputez aux estatz assemblez en la ville de Paris, sur la publication et observation du S. Sacré Concile de Trente. Avec le serment desdits seigneurs pour la defense de la religion cathol. Apost. Et rom., et la continuation desdits Estats generaux, 1593.

ALVAREZ, Manuel, *De institutione grammatica*, 1593.

HADRIANUS [ADRIANO CASTELLESI], *De sermone latino epitome & modis latine loquendi*, 1594.

[PERSE], *Auli Persii Flacci in Satyras*, 1595.

RIBADENEYRA, Pedro de, *La vie du Reverend Pere François de Borgia, jadis Duc de Gandis, depuis Religieux, et Troisième General de la Compagnie de Jésus. Par le R. P. Pierre de Ribadenere. Avec un beau petit Traicté de la manière de bien prescher, composé par ledict P. de Borgia, le tout nouvellement tourné d'Espagnol en François, Et dedié à Monsieur le Cardinal de Lorraine*, 1596.

LORRAINE, Henri de, *Constitutiones editae et promulgatae in synodo virdunensi celebrata per illustrissimum et reverendissimum principem Erricum à Lotharingia episcopum & comitem virdunensem anno Domini*, 1598.

[SÉNÈQUE], L. Annei Senecae Cordubensis *Tragoedia prima, quae inscribitur, Hercules furens : Hactenus recognita & multo quam antehac castigatior*, 1599.

Constitutiones editae et promulgatae in synodo Virdunensi celebrata per illustrissimum & reverendissimum Principem Erricum à Lotharingia episcopum & comitem Virdunensem Anno domini, 1599 die 28. April, 1599.

Statuta synodi dioecesanae Virdunensis, Anno Domini 1600, Die II Aprilis per Illustrissimum et Reverendissimum D. D. a Lotharingia Espicopum & Comitem Virdunensem & Sacri imperii Principem celebratae, 1600.

[MARTIAL], *M. Valerii Martialis Epigrammata, ab omni rerum obscenitate verborumque turpitudine vindicata, opera et industria Andreai Frusii...Hac postrema editione quam plurimis mendis accuratius purgata et indice epigrammatum illustrata*, 1600.

[CICÉRON], *M. Tull. Ciceronis de oratore liber tertius*, 1600(?).

Breviarium secundum usum insignis ecclesiae Virdunensis. Excusum, authoritate & mandato Reverendi in Christo patris, et domini D. Nicolai Psalmaei, episcopi & comitis Virdunensis, anno 1560, Pars Aestivalis, 1600

Le gerson de la perfection religieuse & de l'obligation que chaque religieux a de l'acquerir. Composé par le P. Lucas Pinelli et nouvellement traduit d'italien en françois, 1601.

[BINSFELD, Peter], *Enchiridion theologiae pastoralis et doctrinae necessariae sacerdotibus curam animarum administrantibus, conscriptum a Petro Binsfeldio*, 1602.

MARIUS, Nicolas, *Praetensae D. N. Marii Virdunensis ecclesiae asserti decani apologiae, aut verius famosi libelli in confratres & capitula occidentalis orbis confutatio, & pro parte reverendi Virdunensis capituli animadversio*, 1606.

Reglement general pour l'administration de la justice es terres et seigneurie de l'eglise cathedrale Nostre-Dame de Verdun, 1606.

[CICÉRON], *Thesaurus contexendarum epistolarum ex M. T. Ciceronis Operibus*, 1609.

Theognidis Megarensis Sententiae, 1610.

Regula Sanctissimi Patris Benedicti, cum declarationibus et constitutionibus congregationis S. Justinae de Padua, prout nunc servantur in congregatione SS Vitoni et Hydulphi : quibus addita est vita ejusdem Patris, 1610. (Cité dans la *Revue Mabillon*, 1960, A t0 Ser. 3, N. 199, p. 103).

FUNDANUS, M. *Phrases poeticae seu sylvae poeticarum locupletionum uberrimae*, 1613.

Statuta primae e synodi dioecesanae Virdunensis à Carolo à Lotharingia, Episcopo Virdunensi, Virduni habitae anno 1616, 1616.

Ceremonial des religieuses reformees, de l'ordre de Saincte Claire, à Verdun, tiré de l'antiquité & coustume de l'ordre & accommodé, suivant les rubriques du breviaire, messel, & rituel, de nostre Sainct Pere Paul V, 1618.

Ceremonial, des religieuses reformees, de l'ordre de Saincte Claire. A Verdun. Contenant les Coeremonies de la vie Reguliere, de l'administration des Sacrements aux malades, & des Sepultures, Livre second, 1618.

Ordonnances d'illustrissime et reverendissime Prince Monseigneur Charles de Lorraine evesque et Comte de Verdun pour le règlement de la justice de son dict evesché et Comté le 1er juin 1619, 1619.

L'Idée de l'Écolier parfait, tiré du latin du B. P. Edmond, Capucin, 1620, [Selon Pérennès (1859, Vol. 2, 296), la traduction est de Louis Wapy ; nous n'en avons trouvé aucun exemplaire].

SOURCES PRIMAIRES

ACADÉMIE FRANÇAISE (1694) *Dictionnaire de l'Académie Françoise*, (Éditions : 1718, 1740, 1762, 1798, 1835, 1878, 1935)

ACADÉMIE FRANÇAISE [THOMAS CORNEILLE] (1704) *Observations de l'Académie Françoise sur les Remarques de M. de Vaugelas*, Paris, Coignard.

AISY, Jean d' (1685) *Suite du genie de la langue françoise*, Paris, Laurent d'Houry.

ALEMAND, Louis-Augustin (1688) *Nouvelles observations, ou Guerre civile des François, sur la langue*, Paris, Jean-Baptiste Langlois.

ANDRY DE BOISREGARD, Nicolas (1692 [1689]) *Réflexions ou Remarques critiques sur l'usage present de la langue françoise*, Paris, Laurent d'Houry.

ANDRY DE BOISREGARD, Nicolas (1693) *Suite des reflexions critiques sur l'usage present de la langue françoise*, Paris, Laurent d'Houry.

ANON. (1907 [1485]) *Maistre Pierre Pathelin. Réproduction en fac-similé de l'édition imprimée vers 1485 par Guillaume Le Roy à Lyon*, Paris, Société de Librairie et d'Édition.

ANON. (Philippe Pot ?) (1486) *Les Cent nouvelles nouvelles*, sans lieu, ni éditeur.

ANON. (1624) *Recueil général des caquets de l'accouché : ou, Discours facecieux, ou se voit les moers, actions, & façons de faire des grands & petits de ce siecle*, Paris, Imprimé au temps de ne se plus fascher.

ANON. (1631) *L'Hystoire des deux nobles et tres-vaillans chevaliers, nommez Milles et Amys, lesquels en leur vivant furent pleins de grandes prouësses*, Troyes, N, Oudot.

ANON. (1638) *Recueil de lettres nouvelles dédié à Monseigneur le Cardinal de Richelieu*, Paris, Au Palais.

ARISTOTE (*circa* 350 avant J-C) *De Anima* [Περὶ Ψυχῆς]

ARNAULD, Isaac (1614 [1611]) *Le Mespris du monde*, Paris, P. Chevalier.

ARNAULD, Antoine (1643) *De la frequente communion, ou, Les sentimens des Peres, des papes & des conciles, touchant l'usage des sacremens de penitence & d'eucharistie, sont fidelement exposez*, Paris, A. Vitré.

ARNAULD, Antoine et LANCELOT, Claude (1660) *Grammaire générale et raisonnée*, Paris, le Petit.

AUDIGUIER, Vital d' (1616) *Histoire trage-comique de nostre temps sous les noms de Lysandre et de Caliste*, Paris, Toussainct du Bray.

AUDIGUIER, Vital d' (1624 [1615]) *Histoire trage-comique de nostre temps*, Paris, A. Bourriquant.

AUDIGUIER, Vital d' (1626 [1624]) *Les Amours d'Aristandre et de Cléonice*, Paris, Rolet Boutonné.

BALZAC, Jean-Louis Guez de (1624) *Lettres*, Paris, Toussainct du Bray.

BALZAC, Jean-Louis Guez de (1626) *Lettre de Monsieur de Balzac à Monseigneur le Cardinal de Richelieu*, Paris, Robert Estienne.

BALZAC, Jean-Louis Guez de (1648) *Le Barbon*, Paris, Augustin Courbé.

BALZAC, Jean-Louis Guez de (1659) *Lettres familieres de M. de Balzac à M. Chapelain*, Paris, Augustin Courbé.

BALZAC, Jean-Louis Guez de (1663) *Les Lettres diverses de M. de Balzac. Derniere edition. Premiere partie*, Paris, Michel Bobin & Nicolas Le Gras.

BARO, Baltasar (1632) *La Conclusion et dernière partie d'Astrée. Troisième édition., reveuë & corrigee.* Paris, Augustin Courbé.

BARTON, John (1409 ?) *Donait françois*, Oxford ms. 182. (Édition critique, (2014), par Bernard Colombat, Paris, Classiques Garnier).

BEHOURT, Jean (1610) *Le Thresor de leloquence francoyse recueilly des Meilleurs autheurs françoys, avec une explication des mots plus difficiles. Seconde partie*, Rouen, Loys Coste.

BEMBO, Pietro (2001 [1525]) *Prose della volgar lingua : l'editio princeps del 1525 riscontrata con l'autografo Vaticano latino 3210*, Claudio Vela (dir.), Bologne, CLUEB.

BENSERADE, Isaac de (1647) *Paraphrases sur les IX leçons de Job*, Paris, A. de Sommaville.

BÉROALDE, François, sieur de Verville (1610 ?) *Le Moyen de parvenir*, sans lieu, sans éditeur.

BÉROALDE, François, sieur de Verville (2012 [1612]) *Le palais des curieux*, édition critique par Véronique Luzel, Genève, Droz.

BERNIER, François (1684) *Abrégé de la philosophie de Gassendi*, Lyon, Anisson, Posuel et Rigaud.

BÉRULLE, Pierre de (1623) *Discours de l'estat et des grandeurs de Jesus*, Paris, Antoine Estienne.

BINET, Étienne (1622) *Essay des merveilles de nature, et des plus nobles artifices, piece tres-necessaire, à tous ceux qui font profession d'Eloquence. Seconde édition, reveuë, corrigée, & augmentée par l'Autheur*, Rouen, Jean Osmont. [Publié sous le pseudonyme de René François].

BODIN, Jean (1576) *Les Six livres de la Republique*, Paris, Jacques du Puys.

BODIN, Jean (1578) *Discours de Jean Bodin sur le rehaussement et la diminution des monnoyes, tant d'or que d'argent & le moyen d'y remedier : & responce aux Paradoxes de Monsieur de Malestroict*, Paris, Jacques du Puys.

BOISGUILBERT, Pierre le Pesant de (1712 [1695]) *Le Detail de la France, sous le regne present*, Bruxelles, G. de Backer.

BOISROBERT, François le Métel, sieur de (1629) *Histoire Indienne d'Anaxandre et d'Orazie : Ou sont entre-meslees les avantures d'Alcidaris, de Cambraye, & les amours de Pyroxene*, Paris, F. Pomeray.

BOISROBERT, François le Métel, sieur de (1647) *Les Epistres du Sieur de Bois-Robert Metel, abbé de Chastillon. Dediees a Monseigneur l'Eminentissime Cardinal Mazarin*, Paris, Cardin Besongne.

BOSQUET, Jean (1586 [1556 ?]) *Elemens ou institutions de la langue françoise*, Mons, Charles Michel.

BOSSUET, Jacques-Bénigne (1693) *Lettre du 14 juin, 1693 à Madame d'Albert de Luynes*, https://www.bibliotheque-monastique.ch/bibliotheque/bibliotheque/bossuet/volume028/003.htm, consultée le 19 septembre, 2023).

BOUHOURS, Dominique (1671) *Les Entretiens d'Ariste et d'Eugene*, Paris, Sebastien Mabre-Cramoisy.

BOUHOURS, Dominique (1675) *Remarques nouvelles sur la langue françoise*, Paris, Sebastien Mabre-Cramoisy.

BOUHOURS, Dominique (1693 [1692]) *Suite des Remarques nouvelles sur la langue françoise*, Paris, Josse.

BUFFET, Marguerite (1668) *Nouvelles observations sur la langue françoise*, Paris, Cusson.

BUSSY-RABUTIN, Roger, comte de (1665) *Histoire amoureuse des Gaules*, Liege, Ph. Vleugart.

CALLIÈRES, François de (1693 [1692]) *Des Mots à la mode, et des nouvelles façons de parler. Avec des observations sur diverses maniéres d'agir & d'exprimer. Et un Discours sur les mêmes matiéres*, Paris, Claude Barbin.

CAMUS, Jean-Pierre (1613) *Les Diversitez de Messire Jean-Pierre Camus*, Paris, Claude Chappelet.

CAMUS, Jean-Pierre (1615a) *Homélie des desordres des trois ordres de cette Monarchie*, Paris, Claude Chappelet.

CAMUS, Jean-Pierre (1615b) *Homelie des trois fleaux des trois estats de France*, Paris, Claude Chappelet.

CAMUS, Jean-Pierre (1623) *Agathonphile, ou les martyrs siciliens, Agathon, Philargyrippe, Tryphine, & leurs Associez*, Paris, Claude Chappelet.

CAMUS, Jean-Pierre (1625b) *Alcime, relation funeste ou se descouvre la main de Dieu sur les impies*, Paris, Martin Lasnier.

CAMUS, Jean-Pierre (1625a) *Palombe, ou la Femme honnorable. Histoire catalane*, Paris, Claude Chappelet.

CASTIGLIONE, Baldesar (1528) *Il libro del Cortegiano*, Venise, nelle case d'Aldo Romano, & d'Andrea d'Asola.

CATHALAN, Anthoine (1566) *L'arithmetique et maniere d'apprendre à chiffrer & conter, par la Plume & par les Getz en nombre entier & rompu, facile à apprendre, & tresutile à toutes gens. De nouveau reveüe & corrigée par maistre Anthoine Cathalan és Arts & Mathematiques professeur*, Lyon, Thibault Bayan.

CAUCHIE, Antoine (1586) *Grammaticae gallicae libri tres*, Strasbourg, Jobin.

CHABANEL, Jean de (1601) *Traicté de la confession et communion du R. P. F. Louïs de Grenade, de l'ordre de Sainct Dominique*, Lyon, Jean Pillehotte.

CHABANEL, Jean de (1612) *Les sources de l'éloquence françoise ; ou du droict et naïf usage des principales parties du parler françois*, Toulouse, Colomiez.

CHARDAVOINE, Jehan (1588) *Le recueil des plus belles et excellentes chansons en forme de voix de ville, tirées de divers autheurs & Poëtes François, tant anciens que modernes*, Paris, Claude Micard.

CHARRON, Pierre (1601) *De la sagesse*, Bourdeaus, Simon Millanges.

CHIFLET, Laurent (1659) *Essay d'une parfaite Grammaire de la langue françoise Ou le lecteur trouvera, en bel ordre, tout ce qui est de plus necessaire, de plus curieux, & de plus elegant, en la Pureté, en l'Orthographe, & en la Prononciation de cette Langue*, Anvers, Jacques van Meurs.

CHORIER, Nicolas (1648) *La Philosophie de l'honneste homme pour la conduite de ses sentimens et de ses actions*, Paris, J. Remy.

COËFFETEAU, Nicolas (1620) *Tableau des passions humaines, de leurs causes, et de leurs effets.* Paris, Sebastien Cramoisy.

COËFFETEAU, Nicolas (1621) *Histoire romaine, contenant tout ce qui s'est passé de plus memorable depuis le commencement de l'empire d'Auguste jusques a Celuy de Constantin le Grand. Avec l'epitome de L. Florus depuis la fondation de la Ville de Rome jusques à la fin de l'Empire d'Auguste*, Paris, Sebastien Cramoisy.

CORNEILLE, Pierre (1637) *Le Cid. Tragi-comedie*, Paris, François Targa.

CORNEILLE, Pierre (1643 [1641]) *Cinna, ou la clemence d'Auguste. Tragedie*, Paris, Toussainct Quinet.

CORNEILLE, Pierre (1644a) *La Mort de Pompée. Tragedie*, Paris, Antoine de Sommaville et Augustin Courbé.

CORNEILLE, Pierre (1644b) *Le Menteur. Comédie*, Paris, Antoine de Sommaville.

CORNEILLE, Pierre (1651) *Andromede. Tragedie*, Rouen, Laurens Maurry.

CORNEILLE, Thomas (1704) voir Académie.

COTGRAVE, Randle (1611) *A Dictionarie of the French and English Tongues*, London, Adam Islip.

D'AUBIGNÉ, Agrippa (1616) *Les Tragiques donnez au public par le larcin de Promethee*, Au Dezert, par L.B.D.D.

D'AUBIGNÉ, Agrippa (1620) *Les Tragiques ci-devant donnez au public par le larcin de Promethee. Et depuis avouez et enrichis par le Sr. D'Aubigné*, Maillé, Jean Moussat.

D'AUBIGNÉ, Agrippa (1932) *Les Tragiques*, édition critique par Armand Garnier et Jean Plattard, Paris, Marcel Didier.

DANIELLO, Bernardino (1568) *Dante : con l'espositione di M. Bernardino Danielle da Lucca, sopra la sua Comedia dell'Inferno, del Purgatorio, & del Paradiso ; nuovamente stampato, & posto in luce*, Venise, Pietra da Fino.

DATI, Agostino (1470) *Elegantiolae*, Cologne, Ulrich Zell.

DE LA BRETONNE, Rétif (1784) *La Paysane pervertie, ou les dangers de la ville*, La Haie, sans éditeur.

DE LA PLANCE, Étienne et FAUCHET, Claude (trad.) (1612) *C. Cornelii Taciti Opera Latina*, Francfort, Hoffmann.

DE SALES, François (1875) *Œuvres complètes*, Nouvelle édition, Paris, Berche et Tralin.

DES MASURES, Louis (1582 [1566]) *Tragedies sainctes. David combattant. David triomphant. David fugitif*, Anvers, Nicolas Soolmans.

DES PERIERS, Bonaventure (1561) *Les Nouvelles recreations et joyeux devis*, Lyon, Guillaume Roville.

DORRY-D'ATTICHY, Louys (1624) *Histoire generale de l'ordre sacré des Minimes*, Paris, Sebastien Cramoisy.

DREXEL, Hieremia (1626) *Recta intentio omnium humanarum actionum Amussis*, Monachii (Munich), Melchior Segen.

DU BELLAY, Joachim (1558) *Divers jeux rustiques*, Paris, Morel.

DU BELLAY, Joachim (1584 [1549]) *Oeuvres françoises de Joachim du Bellay. Reveuës, & de nouveau augmentees de plusieurs Poesies non encores auparavant imprimees*, Paris, Federic Morel.

DU BOSC, Jacques (1632) *L'Honneste Femme*, Paris, Billaine.

DU CHESNE, André (1634) *Histoire d'Angleterre, d'Escosse et d'Irlande*, Seconde edition reveuë et augmentée jusques à present, Paris, Loyson.

DU MÈGE, Alexandre (1858) *Archéologie pyrénéenne*, Toulouse, Delboy.

DU PERRON, Jacques-Davy (1622) *Les Diverses oeuvres de l'illustrissime Cardinal Du Perron, archevesque de Sens, Primat des Gaules & de Germanie, & grand Aumosnier de France. Contenant plusieurs livres, conferences, Discours, Harangues, Lettres d'Estat & autres, Traductions, Poësies, & Traittez tant d'Eloquence, Philosophie que Theologie non encor veus ny publiez. Ensemble tous ses ecrits mis au jour de son vivant, & maintenant r'imprimez sur ses Exemplaires laissez reveus, corrigez & augmentez de sa main*, Paris, Antoine Estienne.

DU VAIR, Guillaume (1595) *De l'Eloquence françois*, Paris, Abel L'Angelier.

DUPLEIX, Scipion (1984 [1607]) *Logique, ou l'art de discourir et raisonner*, Paris, Fayard.

DUPLEIX, Scipion (1603) *La Physique ou science naturelle divisee en huict livres*, Paris, vefve Dominique Salis.

DUPLEIX, Scipion (1610) *L'Ethique, ou philosophie morale*, Paris, Laurent Sonnius.

DUPLEIX, Scipion (1620 [1610]) *Metaphysique ou science surnaturelle*, Lyon, Simon Rigaud.

DUPLEIX, Scipion (1651) *Liberté de la langue françoise dans sa pureté*, Paris, Denys Bechet. (Édition critique : Douglas A. Kibbee, et Marcus Keller (2018), Paris, Classiques Garnier.)

ESTIENNE, Henri (1565) *Traicté de la Conformité du language François avec le Grec*, [Genève], Henri Estienne.

ESTIENNE, Henri (1579) *Deux dialogues du nouveau langage François, italianizé, & autrement desguizé, principalement entre les courtisans de ce temps*, [Genève, Estienne].

ESTIENNE, Henri (1999 [1582] *Hypomneses de gallica lingua*, Introduction et traduction de Jacques Chomorat, Paris, Honoré Champion.

FARET, Nicolas (1630) *L'Honneste-homme, ou, l'art de plaire à la court*, Paris, Toussainct du Bray.

FAUCHET, Claude (1602) *Declin de la maison de Charlemagne. Faisant la suite des Antiquitez Françoises : contenant les faicts de Charles le Chauve & ses successeurs, depuis l'an 840. jusques à l'an 987. de Jesus Christ, & entree du regne de Hugues Capet*, Paris, Jeremie Perier.

FAVRE, Jean-Baptiste Castor (1877-1901) *Acidalie ou la Fontaine de Montpellier*, in *Œuvres complètes*, Montpellier, Publications de la Société pour l'étude des langues romanes.

FÉVAL, Paul (1863) *Les Habits noirs*, Paris, Hachette.

FOUGEROLLES, François de (1601) *Le Diogene françois tiré du grec ou Diogene Laertien touchant les vies, doctrines, & notables propos des plus illustres Philosophes compris en dix Livres*, Lyon, pour Jean Ant. Huguetan.

FOUILLOUX, Jacques du (1614 [1562]) *La Venerie de Jaqes du Fouilloux seigneur dudit lieu, gentilhomme du pays de Gastine en Poictou, par luy jadis dediee au tres-chrestien roy Charles Neufiesme, et de nouveau reveue, et augmentee, outre les precedentes impressions*, Paris, Abel L'Angelier.

FURETIÈRE, Antoine (1666) *Le Roman bourgeois*, Paris, Theodore Girard.

FURETIÈRE, Antoine (1690) *Dictionaire universel. Contenant generalement tous les mots françois, tant vieux que modernes, et les termes de toutes les sciences et des arts*, La Haye et Rotterdam, Arnout et Reinier Leers.

GABRIELE, Trifone (1993 [1529]) *Annotationi nel Dante fatte con M. Trifon Gabriele in Bassano : edizione critica*, édition critique par Lino Pertile, Bologna, Commissione per i testi di lingua.

GARASSE, François (1623) *La Doctrine curieuse des beaux esprits de ce temps, ou, pretendus tels*, Paris, Chappelet.

GARNIER, Jean (1558) *Institutio gallicae linguae in usum juventutis Germanicae*, Genève, Jean Crespin.

GARNIER, Robert (1580) *Antigone, ou la Pieté*, Paris, Mamert Patisson.

GARNIER, Robert (1579) *La Troade, Tragedie*, Paris, Mamert Patisson.

GARNIER, Robert (1583) *Les Juifves, Tragedie*, Paris, Mamert Patisson.

GODEAU, Antoine (1633) *Oeuvres chrestiennes de Godeau*, Paris, Jean Camusat.

GOMBAULD, Jean Ogier de (1624) *L'Endimion de Gombauld*, Paris, Nicolas Buon.

GOULU, Jean (1627) *Lettres de Phyllarque a Ariste. Où il est traité de la vraye & de la bonne Eloquence, Contre la fausse & la mauvaise du Sieur de Balsac.* Premiere Partie, Seconde édition augmentée, Paris, Nicolas Buon.

GOURNAY, Marie le Jars de (1626) *L'Ombre de la damoiselle de Gournay. Œuvre composée de meslanges*, Paris, Jean Libert.

GOURNAY, Marie le Jars de (1634) *Les Advis. Ou, les presens de la demoiselle de Gournay*, Paris, Toussainct du Bray.

GRENAILLE, François de (1639) *L'Honneste Fille dediee a Mademoiselle*, Paris, Jean Paslé.

GRENAILLE, François de (1642) *L'Honneste Garçon*, Paris, Toussainct Quinet.

GUEVARA, Antonio de (1558) *Épistres dorées*, sans lieu, ni éditeur.

HALL, Joseph (1608) *Characters of vertues and vices : in two books*, London, Melchisidec Bradwood.

HALL, Joseph (1610) *Caracteres de vertus et de vices. Tirez de l'Anglois de M. Josef Hall*, Paris, Tourval.

HÉDELIN, Francois, abbé d'Aubignac (1715 [1676]) *Conjectures academiques, ou dissertation sur l'Iliade, Ouvrage posthume, trouvé dans les recherches d'un Savant*, Paris, François Fournier.

IRSON, Claude (1662 [1656]) *Nouvelle methode pour apprendre facilement les principes et la pureté de la langue françoise contenant plusieurs traitez*, Paris, Baudouin.

LA CAILLE, Jean de (1689) *Histoire de l'imprimerie et de la librairie, Où l'on voit son origine & son progrés jusqu'en 1689*, Paris, Jean de la Caille.

LA GRUE, Thomas (1669 [1655 ?]) *La vraye Introduction à la Langue françoise avec Quatre Dialogues François & Flamans*, Amsterdam, Samuel Imbrechts.

LAMARTINE, Alphonse de (1836) *Jocelyn. Épisode. Journal trouvé chez un curé de village*, Paris, Furne et Charles Gosselin.

LA MOTHE LE VAYER, François de (1630) *Quatre dialogues faits à l'imitation des anciens*, Francfort, Jean Sarius.

LA MOTHE LE VAYER, François de (1669 [1647]) *Considerations sur l'Eloquence françoise de ce temps*, Paris, Louis Billaine.

LANDAIS, Napoléon (1834) *Dictionnaire général et grammatical des dictionnaires français*, Paris, Bureau Central.

LA PORTE, Maurice de (1602) *Les Epithetes de M. de la Porte*, Lyon, Pierre Rigaud. (Première édition 1571.)

LA TOUCHE, Pierre de (1730 [1696]) *L'Art de bien parler françois, qui comprend tout ce qui regarde la grammaire, & les façons de parler douteuses*, Amsterdam, Wetsteins & Smith.

LE BRET, Cardin (1632) *De la souveraineté du roy*, Paris, Jacques Quesnel.

LEVEN DE TEMPLERY, Joseph (1698) *Nouvelles remarques sur la langue françoise*, Paris, Martin & George Jouvenel.

MACÉ, Jean (1651) *Methode universelle pour apprendre facilement les langues, pour parler puremant et escrire nettemant en françois*, Paris, Jean Jost.

MAIRET, Jean de (1636) *Les Galanteries du Duc d'Ossonne vice-roy de Naples*, Paris, Pierre Rocolet.

MALHERBE, François de (1630) *Les œuvres de Mre.* François de Malherbe, *Gentil-homme ordinaire de la chambre du roy*, Paris, Charles Chappelain.

MARESCHAL, André (1627) *La Chrysolite, ou, le secret des romans*, Paris, Nicolas & Jean de la Coste.

MARGUERITE DE VALOIS (1994 [1586]) *Les Mémoires de Marguerite de Valois*, Toulouse, Éditions Ombres.

MAROT, Clément (1541 [1526]) *Trente pseaulmes de David mis en françoys par Clement Marot, valet de chambre du Roy*, Paris, Estienne Rosset.

MASCARON, Pierre Antoine (1632) *Marseille aux pieds du roy*, Avignon, J. Piot.

MASSET, Jean (1606) *Exact et tres-facile acheminement à la langue françoise*, Paris, David Douceur.

MATHIEU, Abel (1560) *Second devis et principal propos de la langue françoyse*, Paris, Richard Breton.

MAUPAS, Charles (1618 [1607]) *Grammaire et syntaxe françoise*, Orléans, Oliver Boynard et Jean Nyon.

MEIGRET, Louis (1980 [1550]) *Le traité de la grammaire française*, Franz-Jozef Hausmann (ed.), Tübingen, Gunter Narr.

MÉNAGE, Gilles (1675) *Observations de Monsieur Ménage sur la langue française*, Segonde Edition, Paris, Claude Barbin.

MÉNAGE, Gilles (1676) *Observations de Monsieur Ménage sur la langue française. Segonde partie*, Paris, Claude Barbin.

MERSENNE, Marin (1624) *L'impieté des deistes, et des plussubtils Libertins decouverte, & refutee par raisons de Theologie, & de Philosophie*, Paris, Pierre Bilaine.

MERSENNE, Marin (1634) *Les Preludes de l'harmonie universelle, ou questions curieuses. Utiles aux Predicateurs, aux Theologiens, aux Astrologues, aux Medecins & aux Philosophes*, Paris, Henry Guenon.

MIÈGE, Guy (1677) *A New dictionary French and English with another English and French according to the present use and modern orthography of the French inrich'd with new words, choice phrases, and apposite proverbs ; digested into a most accurate methode : and contrived for the both of English and foreiners*, London, Tho. Dawks, for Thomas Basset.

MOLIÈRE [Jean-Baptiste Poquelin] (1673) *Le malade imaginaire Comedie, Meslée de Musique, & de Dançe. Representée sur le Theatre du Palais Royal*, Paris, Christophe Ballard.

MOLLAN, Jacques (1585) *Cartel aux Judiciaires et Celoteurs Astrologues*, Lyon, Jean Stratius.

MONET, Philibert (1635) *Invantaire des deus langues, françoise, et latine : Assorti des plus utiles curiositez de l'un, & de l'autre Idiome*, Lyon, Claude Rigaud, & Philippe Borde.

MONTAIGNE, Michel de (1595) *Les Essais de Michel Seigneur de Montaigne. Edition Nouvelle, trouvee apres le deceds de l'Autheur, reveuë & augmentée par luy d'un tiers plus qu'aux precedentes Impressions*, Paris, Abel L'Angelier.

MONTAIGNE, Michel de (1965 [1595]). *Les Essais : Édition conforme au texte de l'exemplaire de Bordeaux avec les additions de l'édition posthume*, Pierre Villey et Verdun Saulnier (éd.), Paris, Presses universitaires de France.

MONTCHRESTIEN, Antoine de (1615 ?) *Traicté de l'oeconomie politique*, sans lieu, ni éditeur.

MONTMERAN, Antoine de (1645) *Synonimes et epithetes françoises, Recueillies & disposées selon l'ordre de l'Alphabet*, Paris, Jean le Bouc.

MURET, Marc Antoine de (1553) *Les Amours de P. de Ronsard, nouvellement augmentées par lui & commentées par Marc Antoine de Muret*, Paris, veuve Maurice de la Porte.

NICOT, Jean (1606) *Thresor de la langue françoise, tant ancienne que moderne*, Paris, David Douceur.

NOÜET, Jacques (1674) *L'Homme d'oraison. Sa conduite dans les voyes de Dieu. Contenant toute l'oeconomie de la Meditation, de l'Oraison affective, et de la Contemplation, Seconde partie*, Paris, François Muguet.

OGIER, François (1627) *Apologie pour Monsieur de Balzac*, Paris, Claude Morlot.

OUDIN, Antoine (1640) *Curiositez françoises. Pour supplement aux dictionnaires. Ou, recueil de plusieurs belles proprietez, avec une infinité de Proverbes & Quolibets, pour l'explication de toutes sortes de Livres*, Paris, Antoine de Sommaville.

OUDIN, Antoine (1640 [1632]) *Grammaire françoise rapportée au langage du temps*, Paris, Antoine de Sommaville.

PALSGRAVE, Jehan (1530) *Lesclarcissement de la langue françoyse*, Londres, Haukyns.

PASQUIER, Étienne (1996 [1560-1615]) *Les Recherches de la France. Edition critique commentée par Marie-Luce Demonet, Jean-Pierre Dupouy, Raymond Esclapez, Marie-Madeleine Fragonard, Pierre Gauthier, Catherine Magnien-Simonin, Olivier Millet, François Roudaut, Gilbert Schrenek, Jean Timotei et Luigia Zilli*, Paris, Honoré Champion.

PEIRESC, Nicolas Claude Fabri de (1888 [1628]) *Lettres de Peiresc. Tome premier, décembre 1617-décembre 1628*, Paris, Imprimerie Nationale.

PEIRESC, Nicolas Claude Fabri de (1894 [1633]) *Lettres de Peiresc. Tome cinquième. Lettres de Peiresc à Guillemin, Holstenius et à Menestrier, Lettres de Menestrier à Peiresc, 1610-1637*, Paris, Imprimerie Nationale.

PELLISSON, Paul (1672) *Relation contenant l'histoire de l'Academie françoise : augmentée de divers ouvrages du mesme auteur*, Paris, Thomas Jolly.

PESCHIER, Nicolas du (1629) *La Comedie des comedies*, traduites *d'italien en langage de l'Orateur François*, Paris, Nicolas La Coste.

PILLOT, Jean (1561 [1550]) *Gallicae linguae institutio, latino sermone conscripta*, Paris, Stephanum Grouleau.

PLINE L'ANCIEN (1566) *Histoire du monde de C. Pline Second, Collationee & corrigee sur plusieurs vieux exemplaires Latins, tant imprimez qu'escrits à la main, & enrichie d'annotations en marge, servans à la conference & declaration des anciens & modernes noms des Villes, Regions, Simples & autres lieux & termes obscurs compris en icelle*, Antoine du Pinet (trad.), Lyon, Claude Senneton.

PLUTARQUE (1870) *Œuvres complètes de Plutarque. Œuvres morales. Tome deux*, Victor Bétolaud (trad.), Paris, Hachette.

POMEY, François (1680) *Le Dictionnaire royal, augmenté de nouveau, et enrichi d'un grand nombre d'expressions elegantes, de quantité de mots François nouvellement introduits ; des Termes des Arts, & de cinquante Descriptions ; comme aussi d'un petit Traité de la Venerie & de la Fauconerie*, Lyon, Antoine Molin.

QUINTILIEN (1839) *Institution Oratoire de Quintilien*, C. V. Ouizille (trad.), Paris, Panckoucke.

RABELAIS, François (1533) *Pantagruel. Les horribles et espouventables faictz et prouesses du tresrenomme Pantagruel roy des Dipsodes / filz du grant geant Gargantua / Composez nouvellement par maistre Alcofrybas Nasier*, sans lieu, ni éditeur.

RABELAIS, François (1535) *Gargantua. La vie inestimable du grand Gargantua, pere de Pantagruel, jadis composée par L'abstracteur de quinte essence*, Lyon, Françoys Juste.

RABELAIS, François (1537) *Les Horribles faictz & prouesses espouvantables de Pantagruel, roy des Dipsodes, composez par feu M. Alcofibras, abstracteur de quintessence*, Lyon, Francoys Juste.

RAMÉE, Pierre de la (Ramus) (1562) *Gramere*, Paris, André Wechel.

RAMÉE, Pierre de la (Ramus) (1572) *Grammaire*, Paris, André Wechel.

RÉGNIER-DESMARAIS, François-Séraphin (1706) *Traité de la Grammaire Françoise*, Paris, Coignard.

RETZ, Jean François de Gondi, Cardinal de (1718 [1675-1677]) *Mémoires du Cardinal De Retz, contenant ce qui s'est passé de plus remarquable en France, pendant les premieres années du regne de Louis XIV. Augmentez considerablement en cette presente édition, Tome troisieme*, Amsterdam, sans éditeur.

RICHELET, Pierre (1680) *Dictionnaire françois, contenant les mots et les choses, plusieurs nouvelles remarques sur la langue françoise*, Genève, Jean Herman Widerhold.

ROZIER, Jean de (1640) *La consolation des honnestes gens : Ou Paradoxe Chrestien, En faveur de l'amour des ennemis, & du pardon des injures, qui preuve Que personne n'est offensé que par soy-mesme*, Lyon, Laurent Durand & Laurent Arnaud.

RYER, Pierre du (1632) *Lisandre et Caliste, ou la ressemblance. Tragi-comedie*, Paris, Pierre David.

SAINT-EVREMOND, Charles de (1650) *La Comédie des Académistes, pour la Réformation de la langue françoise, pièce comique*, sans lieu ni éditeur.

SAINT SIMON, Louis de Rouvroy, duc de (1856-1858 [1691-1723]) *Mémoires complets et authentiques du duc de Saint-Simon sur le siècle de Louis XIV et la régence*, Adolphe Chéruel, (ed.), Paris, Hachette.

SCUDÉRY, Georges (1631) *Ligdamon et Lidias. Tragi-Comedie*, Paris, François Targa.

SCUDÉRY, Georges (1637) *Observations sur le Cid. Ensemble l'excuse à Ariste & le Rondeau*, Paris, au despens de l'Auteur.

SCUDÉRY, Madeleine de (1660) *Clelie, histoire romaine, Suite de la premiere partie*, Paris, Courbé.

SENAULT, Jean-François (1641) *De l'usage des passions*, Paris, Christophle Journel.

SERREIUS, Ioannes (1623 [1598]) *Grammatica Gallica nova*, Strasbourg, Zezner.

SÉVIGNÉ, Marie de Rabutin, marquise de (1878 [1684]) *Lettres de Madame de Sévigné : avec les notes de tous les commentateurs*, Paris, Firmin Didot, frères.

SILHON, Jean de (1626) *Les deux veritez de Silhon, l'une de dieu, et de sa providence, L'autre de l'Immortalité de l'Ame*, Paris, Laurent Sonnius.

SOREL, Charles (1623) *Les nouvelles françoises où se trouvent divers effets de l'amour et de la fortune*, Paris, Pierre Billaine.

SOREL, Charles (1626) *L'Histoire comique de Francion. Ou les tromperies, les subtilitez, les mauvaises humeurs, les sottises, & tous les autres vices de quelques personnes de ce siecle, sont naïfvement representez. Seconde edition reveüe & augmentée de beaucoup*, Paris, Pierre Billaine.

SOREL, Charles (1627) *Le Berger extravagant. Ou parmy des fantaisies amoureuses on void les impertinences des Romans & de Poësie*, Paris, Toussainct du Bray.

SOREL, Charles (1664) *La Bibliotheque françoise de M. C. Sorel. Ou le choix et l'examen des Livres François qui traitent de l'Eloquence, de la Philosophie, de la Devotion, & de la Conduite des Mœurs ; Et de ceux qui contiennent des Harangues, des Lettres, des Oeuvres meslées, des Histoires, des Romans, des Poësies, des Traductions, & qui ont servy au Progrez de nostre Langue. Avec un Traité particulier, où se trouve l'Ordre, le Choix, & l'Examen des Histoires de France*, Paris, La Compagnie des Libraires du Palais.

SOREL, Charles (1877 [1646]) *La vraie histoire comique de Francion, composée par Charles Sorel, sieur de Souvigny. Nouvelle Édition, avec avant-propos et notes par Émile Colombey*, Paris, Garnier frères.

SPONDE, Jean de (1604) *Premier recueil de diverses poesies tant du feu sieur de Sponde que des sieurs Du Perron, de Bertaud, de Porcheres, & autres non encor imprimees, Recueillies par Raphaël du Petit Val*, Rouen, Du Petit Val.

SUAREZ, Cyprien (1562) *De arte rhetorica libri tres ex Aristotele, Cicerone & Quintiliano praecipue deprompti*, Conimbircae, Joannem Barrerium.

TALLEMANT, Paul (1698) *Remarques et decisions de l'Académie françoise, recueillies par M. L. T.*, Paris, Jean-Baptiste Coignard.

TYSSOT DE PATOT, Simon (1710 [1655]) *Voyages et avantures de Jaques Massé*, Bourdeaux, Jaques l'Aveugle.

URFÉ, Honoré d' (1607) *L'Astree de Messire Honoré d'Urfé gentilhomme de la chambre du Roy, Capitaine de cinquante hommes d'armes de ses Ordonnances, Comte de Chasteauneuf, & Baron de Chasteaumorand, &c. Où Par plusieurs Histoires, & sous personnes de Bergers & d'autres, Sont deduits les divers effets de l'honneste amitié*, Paris, Toussainct du Bray.

URFÉ, Honoré d' (1966 [1610]) *L'Astrée. Nouvelle édition publiée sous les auspices de la « Diana » par M. Hugues Vaganay. Deuxième partie*, Genève, Slatkine Reprints.

URFÉ, Honoré d' (1966 [1624]) *L'Astrée. Nouvelle édition publiée sous les auspices de la « Diana » par M. Hugues Vaganay, Quatrième partie*, Genève, Slatkine Reprints.

VAIRASSE D'ALLAIS, Denis (1681) *Grammaire Methodique contenant en abregé les Principes de cet art et les Regles les plus necessaires de la langue françoise*, Paris, Chez l'Auteur.

VALLA, L. (1480 [1440]) *Elegantiae linguae latinae*, Venise, Vercelli.

VALOIS, Marguerite de (1994 [1586]) *Mémoires de Marguerite de Valois*, Toulouse, Éditions Ombre.

VAUGELAS, Claude Favre de (1647) *Remarques sur la langue françoise utiles a ceux qui veulent bien parler et bien escrire*, Paris, veuve Jean Camusat.
Éditions critiques :
(2009) *Remarques sur la langue françoise. Édition critique avec introduction et notes par Zygmunt Marzys*, Genève, Droz.
(2018) *Remarques sur la langue françoise. Édition critique par Wendy Ayres-Bennett*, Paris, Classiques Garnier.

VAUGELAS, Claude Favre de (1690) *Nouvelles remarques de M. de Vaugelas sur la langue françoise. Ouvrage posthume, Avec des observations de M. Alemand avocat au parlement*, Paris, Guillaume Desprez.

VAUGELAS, Claude Favre de (trad.) (1996 [1718]) *Quinte Curce*, édition critique par Wendy Ayres-Bennett et Philippe Caron, Paris, Presses de l'École Normale Supérieure.

VAUGELAS, Claude Favre de (1738) *Remarques de M. Vaugelas sur la langue françoise. Avec des Notes de Messieurs Patru & T. Corneille*, Tome troisième, Paris, Didot.

VOLTAIRE (1765) *Théatre de P. Corneille, avec des commentaires et autres morceaux interessans*, Genève, [Cramer].

VOLTAIRE (1774) *Théatre de P. Corneille, avec des commentaires et autres morceaux interessans. Nouvelle Edition, augmentée*, Genève, sans éditeur.

VOLTAIRE (1785) *Œuvres complètes de Voltaire, Tome cinquantième*, Paris, De l'Imprimerie de la Société Littéraire-Typographique.

VOLTAIRE (1797) *Théatre de P. Corneille, avec les commentaires de Voltaire. Nouvelle édition, ornée de trente-cinq figures*, Paris, Bossange, Masson et Besson.

VOLTAIRE (1837 [1765]) *Œuvres complètes de Voltaire, avec des notes et une notice historique sur la vie de Voltaire*, Paris, Furne.

VOLTAIRE (1968 [1738]) *Elemens de la philosophie de Newton*. In *Œuvres complètes de Voltaire*, Ulla Kölving (éd.), Tome 15, Genève/Banbury, Oxford, Voltaire Foundation.

SOURCES SECONDAIRES

ABRAM, Nicolas (1870) *L'Université de Pont-à-Mousson. Histoire extraite des manuscrits*, Paris, L'Écureux.

ARMENGAUD, Françoise (éd.) (2007) *La pragmatique*, Paris, Presses universitaires de France.

AUROUX, Sylvain et MAZIÈRE, Francine (2007) « Une grammaire générale et raisonnée en 1651 (1635 ?). Description et interprétation d'une découverte empirique », *in* Douglas A. Kibbee (éd.), *History of Linguistics 2005*, Amsterdam, John Benjamins, p. 131-158.

AYRES-BENNETT, Wendy (1987) *Vaugelas and the development of the French language*, Londres, Modern Humanities Research Association.

AYRES-BENNETT, Wendy (2004) « De Vaugelas à nos jours. Comment définir le genre des remarques sur la langue française », *in* Philippe Caron (éd.), *Les Remarqueurs sur la langue française du XVIe siècle à nos jours*, Rennes, Presses universitaires de Rennes, p. 19-33.

AYRES-BENNETT, Wendy (2007a) « La modernité de l'usage linguistique de l'*Astrée* vue par les yeux d'un remarqueur », *Dix-septième siècle*, 235, p. 255-273.

AYRES-BENNETT, Wendy (2007b) « Vaugelas's Literary Sources : Anciens, Modernes and Demi-Modernes », *Zeitschrift für französische Sprache und Literatur*, 117, p. 225-238.

AYRES-BENNETT, Wendy et SEIJIDO, Magali (2011) *Remarques et observations sur la langue française. Histoire et évolution d'un genre*, Paris, Classiques Garnier.

AYRES-BENNETT, Wendy et CARON, Philippe (2016) « Periodization, Translation, Prescription and the Emergence of Classical French », *Transactions of the Philological Society* 114(3), p. 339-390.

BADIOU-MONFERRAN, Claire (2012) « "Plus d'amour, partant plus de joie" (La Fontaine, *Fables*, VII, 1 : *Partant* à l'épreuve du "raisonnement linguistique" et du "sentiment de la langue" », *Diachroniques*, 2, p. 173-195.

BALSAMO, Jean (2013) « L'épître de consolation dans le débat du meilleur style : Malherbe entre Du Vair et Coeffeteau », *Dix-septième siècle*, 260, p. 493-509.

BEAUPRÉ, Jean-Nicolas. (1845) *Recherches historiques et bibliographiques sur les commencements de l'imprimerie en Lorraine, et sur ses progrès, jusqu'à la fin du XVIIe siècle*, Saint-Nicolas de Port, Trenel.

BEAUPRÉ, Jean-Nicolas (1854) « Nouvelles recherches de bibliographie lorraine », *Mémoires de l'Académie de Stanislas*, 1853, p. 221-304.

BERNIS, François-Joachim de Pierre de (1904 [1777]) « Bernis à d'Angeviller. » *Correspondence des directeurs de l'Académie de France à Rome avec les surintendants des batiments publiée d'après les manuscrits des Archives nationales par MM. Anatole de Montaiglon et Jules Guiffrey sous le patronage de la direction des Beaux-Arts*, Volume 13, p. 308-309.

BEUGNOT, Bernard (1999) « La précellence du style moyen (1625-1650) », *in* Marc Fumaroli (dir.), *Histoire de la rhétorique dans l'Europe moderne 1450-1950*, Paris, Presses universitaires de France, p. 539-599.

BLANC, Jérome (1994) « La Complexité monétaire en France sous l'Ancien régime : étendue et modes de gestion », *De Pecunia*, 6(3), p. 81-111.

BOMBART, Mathilde (2006) « Des écritures en polémique : autour de la querelle des *lettres* de Guez de Balzac (1624-1630) », *Littératures Classiques*, 59, p. 173-191.

BOMBART, Mathilde (2016) « When writers gossip: authorial reputation in the literary polemics of the French 1620s », *Renaissance Studies*, 30(1), p. 137-151.

BRUNOT, Ferdinand (1891) *La Doctrine de Malherbe d'après son commentaire sur Desportes*, Paris, Masson.

CAPLAN, Harry et KING, Henry H. (1950) « French Tractates on Preaching: A Book-List », *Quarterly Journal of Speech*, 36, p. 296-325.

CARAYON, A. (1870) *L'Université de Pont-à-Mousson. Histoire extraite des manuscrits du P. Nicolas Abram de la Compagnie de Jésus*, Paris, L'Écureux.

CARON, Philippe (2002) « Vers la notion de chronolecte ? Quelques jalons à propos du français préclassique », *in* Rodney Sampson et Wendy Ayres-Bennett (éd.), *Interpreting the History of French. A Festschrift for Peter Rickard on the Occasion of his Eightieth Birthday*, Amsterdam / New York, Rodopi, p. 329-352.

CÉARD, Jean (1981) « Les transformations du genre du commentaire », in Jean Lafond et André Stegmann, *L'Automne de la Renaissance 1580-1630*, Paris, J. Vrin, p. 101-115.

CHATELAIN, Jean-Marc (2007) « Histoire éditoriale et tradition textuelle de la première partie de L'Astrée », *Dix-septième siècle*, 235, p. 225-253.

COWLING, David (2007) « Henri Estienne pourfendeur de l'emprunt linguistique franco-italien », in *Le langage figuré : actes du XIIe colloque international, Université McGill, Montréal 4-5-6 octobre 2004*, Montréal, Éditions CERES, p. 165-173.

DARRAS, Louis-Philippe (1898) *Histoire de la ville de Châtelet, Deuxième Volume*, Charleroi, Michel Hubert.

DAVIS, Natalie Zemon (1960) « Sixteenth-century French Arithmetics on the Business Life », *Journal of the History of Ideas*, 21(1), p. 18-48.

DESCAMPS, Benoît (2014) « 'Sera veu et extimé par les jurez et gens en ce cognoissans' Procédures de contrôle dans la boucherie parisienne à la fin du Moyen Âge », *in* Claude Denjean et Laurent Feller (éd.), *Expertise et valeur des choses au Moyen Âge : Le besoin d'expertise*, Madrid, Casa de Velásquez, p. 53-62.

FAVIER, Justin (1878) « Moeurs et usages des étudiants à l'Université de Pont-à-Mousson, 1572-1768 », *Mémoires de la société d'archéologie lorraine et du musée historique lorrain, Troisième série*, 6, p. 299-360.

FAVIER, Justin (1880) « Nouvelle étude sur l'Université de Pont-à-Mousson. Comment on y devenait maître ès arts ». *Mémoires de la société d'archéologie lorraine et du musée historique lorrain, Troisième série*, 8, p. 359-424.

FOURNIER, Nathalie (1998) *Grammaire du français classique*, Paris, Belin.

FRIZON, Nicolas (1886) *Petite bibliothèque verdunois. Recueil de documents inédits et de pièces rares sur Verdun et le Pays Verdunois, Tome 2*, Verdun, Laurent.

FRIZON, Nicolas (1888) *Petite bibliothèque verdunois. Recueil de documents inédits et de pièces rares sur Verdun et le Pays Verdunois, Tome 4*, Verdun, Laurent.

FUMAROLI, Marc (1980) *L'Âge de l'éloquence. Rhétorique et « res litteraria » de la Renaissance au seuil de l'époque classique*, Genève, Droz.

FUMAROLI, Marc (1981) « Blaise de Vigenère et les débuts de la prose d'art française : sa doctrine d'après ses préfaces », in Jean Lafond et André Stegmann (éd.), *L'Automne de la Renaissance 1580-1630*, Paris, Librairie Philosophique J. Vrin, p. 31-51.

GIRARDOT, Alain (dir.) (1982) *Histoire de Verdun*, Toulouse, Éditions Privat.

GREUB, Yan (2003) *Les mots régionaux dans les farces françaises : Étude lexicologique sur le Recueil Tissier (1450-1550)*, Strasbourg, Société de Linguistique Romane.

GUIRAUD, Pierre (1986) *Structures étymologiques du lexique français*, Paris, Payot.

HEBERT, Élisabeth (2005) « Le calcul aux jetons. La querelle des Abacistes et Algoristes », http://assprouen.free.fr/fichiers/classesP/9-calculj.pdf, consulté le 10 décembre 2023.

HERRIOT, Édouard (1950) « Troisième centenaire de Claude Favre de Vaugelas. Discours prononcé par M. Édouard Herriot au nom de l'Académie Française » https://www.academie-francaise.fr/troisieme-centenaire-de-claude-favre-de-vaugelas, consulté le 20 décembre 2023.

KIBBEE, Douglas A. (1995) « Dictionaries and Usage in 17th-Century France. *Le naïf françois* », in Jankowsky, Kurt (éd.), *History of Linguistics 1993. Papers from the Sixth International Conference on the History of the Language Sciences (ICHoLS VI)*, Amsterdam/Philadelphia, John Benjamins, p. 167-177.

KIBBEE, Douglas A. (2018) « Des "commentaires" aux "remarques" : la confluence des disciplines en linguistique appliquée », *Études de Linguistique Appliquée*, 190, p. 153-162.

KIBBEE, Douglas A. (2019) « Une étape dans l'évolution du genre "Remarques sur la langue" : *Les Sources de l'élégance* de Jean de Chabanel (1612) », *in*

Grammaticalia. Hommage à Bernard Colombat, Lyon, Éditions du CNRS, p. 125-131.

KUENTZ, P. (1968) « Esquisse d'un inventaire des ouvrages de langue française traitant de la rhétorique », *XVII*[e] *Siècle*, 80/81, p. 133-142.

LABANDE, Léon-Honoré et Vernier, Jules-Joseph (éd.) (1891) *Inventaire sommaire des archives communales antérieures à 1790, Meuse. Verdun : série AA-II*, Verdun, C. Laurent.

LEBÈGUE, Raymond (1941) « La traduction par Malherbe du 33e livre de Tite-Live », *Bibliothèque d'Humanisme et Renaissance*, 1, p. 173-185.

LE GUERN, Michel (1986) « La répétition chez les théoriciens de la seconde moitié du XVIIe siècle », *XVII*[e] *Siècle*, 152, p. 269-278.

LEPREUX, Georges (1911) *Gallia Typographia ou répertoire biographique et chronologique de tous les imprimeurs de France depuis les origines de l'imprimerie jusqu'à la Révolution. Série départementale. Tome II Provinces de Champagne et de Barrois*, Paris, Librairie ancienne Honoré Champion.

LITTRÉ, Émile (1873-1877) *Dictionnaire de la langue française*, Paris, Hachette.

MACPHERSON, Fiona (2011) « Individuating the senses », *in* Fiona Macpherson (éd.), *The Senses: Classic and contemporary philosophical perspectives*, Oxford, Oxford University Press, p. 1-43.

MATHIEU-CASTELLANI, Gisèle (1984) « Le Discours du commentaire, ou Malherbe contre Malherbe », *Cahiers de Littérature du XVII*[e] *siècle*, 6, p. 353-362.

MATHIEU-CASTELLANI, Gisèle (1990) « Le commentaire de la poésie (1550-1630) : l'écriture du genre », in Gisèle Mathieu-Castellani et Michel Plaisance (dir.), *Les Commentaires et la naissance de la critique littéraire France/Italie (XIV*[e]*-XVI*[e] *siècles)*, Paris, Aux Amateurs de Livres, p. 41-50.

MAZIÈRE, Francine (2014) « Travail du pouvoir et productions sur la "langue française" au XVIIe siècle », *in* Vadim Kasevich, Yuri Kleiner et Patrick Sériot (éd.), *Selected Papers from the 12th International Conference on the History of the Language Sciences, St. Petersburg, Russia, 2011*, Amsterdam/Philadelphia, John Benjamins, p. 27-36.

MÉTIN, Frédéric et GUYOT, Patrick (2005) *« Technique du calcul aux jetons »*, http://assprouen.free.fr/fichiers/classesP/9-calculj.pdf, consulté le 10 décembre 2023.

MOIGNET, Gérard (1973) *Les Signes de l'exception dans l'histoire du français. Nouvelle édition entièrement refondue*, Genève, Droz.

NICERON, Jean-Pierre (1729-1745) *Mémoires pour servir à l'histoire des hommes illustres dans la république des lettres*, Paris, Briasson.

O'KEEFE, Joseph M. (1998) « The pedagogy of persuasion : The Culture of the University of Pont-à-Mousson », *Pedagogica Historica*, 34 (2), p. 421-442.

PAYEN, Fernand (1939) *Le Barreau et la langue française*, Paris, Grasset.

PÉRENNÈS, François Marie (1859) *Dictionnaire de bibliographie catholique présentant l'indication et les titres complets de tous les ouvrages qui ont été publiés dans les trois langues grecque, latine et française, depuis la naissance du christianisme, en tous pays, mais principalement en France, pour et sur le catholicisme, avec les divers renseignements bibliographiques qui peuvent en donner l'idée la plus complète*, Paris, Jacques-Paul Migne.

PETITOT-BELLAVÈNE, M. (1891) « Verdun aux XVIIe et XVIIIe siècles. Finances », *Mémoires de la Société Philomathique de Verdun*, 12, p. 3-102.

PETITOT-BELLAVÈNE, M. (1891) « Deux siècles de l'histoire municipale de Verdun », *Mémoires de la Société Philomathique de Verdun*, 12, p. 139-627.

REICHARDT, Rolf (1987) « Der *Honnête Homme* zwischen höfischer und bürgerlicher Gesellschaft », *Archiv für Kulturgeschichte*, 69, p. 341-370.

RONSIN, Albert (1974) « L'Université de Pont-à-Mousson et les problèmes de son temps : l'éditeur Sébastien Cramoisy et l'Université de Pont-à-Mousson », in *L'Université de Pont-à-Mousson et les problèmes de son temps : actes du colloque organisé par l'Institut de recherche régionale en sciences sociales, humaines et économiques de l'Université de Nancy II, Nancy 16-19 octobre, 1972*, Nancy, Berger Levrault, p. 345-363.

RONSIN, Albert (1975) « Imprimeurs et libraires éditeurs à Verdun du XVIe au XVIIIe siècle », *Annales de l'Est*, mémoire n° 51, p. 47-85.

ROUSSEL, Nicolas (1863-1864 [1745]) *Histoire ecclésiastique et civile de Verdun, avec le pouillé, la carte du diocèse et le plan de la ville, Tome 2, Histoire de la ville et de l'église de Verdun*, Bar-le-Duc, Contant-Laguerre.

SANCIER-CHÂTEAU, Anne (2004) « Aux Sources des *Remarques* de Vaugelas sur le style », in Philippe Caron (éd.), *Les Remarqueurs sur la langue française du XVIe siècle à nos jours*, Rennes, Presses universitaires de Rennes, p. 89-100.

SCHAPIRA, Nicolas (2003) *Un professionnel des lettres au XVIIe siècle. Valentin Conrart : une histoire sociale*, Paris, Champ Vallon.

SCHWINDT, Frédéric (2012) « À la croisée des influences : l'évêché de Verdun entre l'Empire, la Lorraine, et la France. Une illustration du 'soft power' à l'époque moderne », in Catherine Bourdieu-Weiss (éd.), *Metz, Toul et Verdun : trois évêchés et la fortune de France (1552-1648)*, Metz, Centre de Recherche Universitaire Lorrain d'Histoire, p. 169-185.

SIMON, Jules (2105) *Histoire de la ville de Verdun : Des origines à la Révolution*, Cressé, Éditions des Régionalismes.

SIOUFFI, Gilles (2010) *Le génie de la langue française. Études sur les structures imaginaires de la description linguistique à l'Âge classique*, Paris, Honoré Champion.

SIOUFFI, Gilles (2013) « Malherbe : Entre sentiment de la langue, imaginaire linguistique et normativité », *Dix-septième siècle*, 260, p. 439-454.

SOMMERVOGEL, Carlos (1930-1932) *Bibliothèque de la compagnie de Jesus*, Bruxelles, Schepens.

SPITZER, Leo (1942) « Fr. Mitant 'the Middle,' 'the Half' », *Modern Language Notes*, 57(5), p. 356-358.

STEWART, Andrew (1978) « The Canon of Polykleitos : A Question of Evidence », *Journal of Hellenic Studies*, 98, p. 122-131.

ŠTICHAUER, Jaroslav (2004) « 'Si *abregement* est un bon mot' (Vaugelas et les remarqueurs face aux dérives nominaux) », *Études romanes de Brno*, 35, p. 7-18.

TEMAM, Daniel (2009) « La pascaline, la "machine qui relève du défaut de la mémoire" », *Bibnum [Online], Calcul et informatique*, consulté le 12 décembre 2023. URL : http://journals.openedition.org/bibnum/548.

THUILLIER, Juliette (2013) « Syntaxe du français parlé *vs* écrit : le cas de la position de l'adjectif épithète par rapport au nom », *TIPA : Travaux interdisciplinaires sur la parole et le langage*, http://tipa.revue.org/1066 consulté le 18 juillet 2022.

VAN ROOSBROECK, Gustave Leopold (1920) « Corneille's Early Friends and Surroundings », *Modern Philology*, 18(7), p. 73-93.

VIGNAL SOULEYREAU, Marie-Catherine (2004) *Richelieu et la Lorraine*, Paris, L'Harmattan.

VIGNAL SOULEYREAU, Marie-Catherine (2010) *Le cardinal de Richelieu à la conquête de la Lorraine. Correspondance, 1633*, Paris, L'Harmattan.

VIGNAL SOULEYREAU, Marie-Catherine (2021) « Bourbon : le parlement de Metz face à la justice de l'évêque en 1633-1634 », in Béatrice Fourniel, (éd.), *La Justice dans les cités épiscopales : du Moyen Âge à la fin de l'Ancien Régime*, Toulouse, Presses de l'Université de Toulouse 1 Capitole, p. 503-512.

VOGLER, Frederick W. (1964) *Vital d'Audiguier and the Early Seventeenth-Century French Novel*, Chapel Hill NC, University of North Carolina Press.

WADSWORTH, Philip A. (1940) « The *Car* Quarrel », *Modern Language Quarterly* 1(4), p. 527-538.

WALSBY, Malcolm (2017) « Promoting the Counter-Reformation in Provincial France: Printing and Bookselling in Sixteenth-Century Verdun », in Daniel Bellingradt, Paul Nelles, et Jeroen Salman (éd.), *Books in Motion in Early Modern Europe: Beyond Production, Circulation and Consumption*, Cham (Suisse), Springer, p. 15-37.

WARNER, J. C. (2012) « Quick eloquence in the late Renaissance : Agostino Dati's *Elegantiolae* », *Humanistica Lovaniensia*, 61, p. 65-240.

WOLFSON, Harry Austryn (1935) « The Internal Senses in Latin, Arabic, and Hebrew Philosophical Texts », *The Harvard Theological Review*, 28(2), p. 69-133.

INDEX DES NOMS

INDEX DES NOTIONS

INDEX DES MOTS ET DES EXPRESSIONS EXPLIQUÉS

TABLE DES MATIÈRES

LES REMARQUES SUR LA LANGUE FRANCOISE
Pour parler à la Mode & selon l'air du Temps.

LES REMARQUES TANT GENERALES QUE PARTICULIERES, SUR LA LANGUE FRANÇOISE POUR PARLER À LA MODE, & SELON L'AIR DU TEMPS

COLLECTION
« DESCRIPTIONS ET THÉORIES
DE LA LANGUE FRANÇAISE »

La collection « Descriptions et théories de la langue française » propose des éditions (avec introduction, annotation et indexation) de grands textes linguistiques français des XVIIe et XVIIIe siècles.

Retrouvez tous les titres de la collection en scannant ce code QR :

Et pour recevoir nos dernières actualités, abonnez-vous ici :

IMPRIM'VERT®

Achevé d'imprimer par Corlet,
Condé-en-Normandie (Calvados),
en Novembre 2025
N° d'impression : 189446 - dépôt légal : Novembre 2025
Imprimé en France